LA SITUATION JURIDIQUE DES RUSSES EN FRANCE

THÈSE POUR LE DOCTORAT

(Sciences juridiques)

présentée et soutenue le 1er Juin 1926 à 17 heures

PAR

Jean DELEHELLE

Président : M. CASSIN, Professeur.

Suffragants : { MM. AMIAUD, Professeur.
                  SIBERT, Professeur.

LILLE
IMPRIMERIE L. DANEL

1926

LA SITUATION JURIDIQUE DES RUSSES EN FRANCE

THÈSE POUR LE DOCTORAT

(Sciences juridiques)

présentée et soutenue le 1ᵉʳ Juin 1926 à 17 heures

PAR

Jean DELEHELLE

Président : M. CASSIN, Professeur.

Suffragants : { MM. AMIAUD, Professeur.
SIBERT, Professeur.

LILLE

Imprimerie L. Danel

1926

FACULTÉ DE DROIT DE LILLE

ENSEIGNEMENT

MM. MOUCHET (✳, O. I. ☘), Professeur de Droit romain.

GUERNIER (O. A. ☘. ✚), Professeur d'Economie politique.

MOREL (O. I. ☘), Professeur de Droit administratif.

APPLETON (✳, O. I. ☘, ✠), Professeur de Procédure civile et Voies d'exécution.

LÉVY-BRUHL (✳, ✠ avec palme, O. A. ☘), Professeur de Droit romain.

PRUDHOMME (✠), Professeur de Droit civil.

CASSIN (O. ✳, ✚, ✠ avec palme, O. A. ☘), Professeur de Droit civil.

DUEZ (✳, ✠, O. A. ☘), Professeur de Droit international public et de Droit constitutionnel,

AMIAUD (✳, ✠, O. A. ☘), Professeur de Droit commercial.

POLIER (✳, O. I. ☘), Professeur d'Economie politique et d'Histoire des Doctrines économiques.

LAVERGNE (O. A. ☘), Professeur à la Faculté de Droit de Nancy, chargé d'un cours d'Economie politique.

SIBERT (✳, ✠ avec palme, O. A. ☘), Professeur à la Faculté de Droit de Rennes, chargé du cours de Droit international public.

PICARD (✳), Professeur, chargé des cours d'Economie politique et de Législation industrielle.

DUFOUR (✠, O. A. ☘), chargé des cours de Droit criminel et Droit commercial complémentaire.

MAZEAUD, chargé d'un cours de Droit civil.

VALLAS (✳, O. I. ☘), chargé d'un cours de Droit civil.

ADMINISTRATION

MM. MOUCHET (✳, O. I. ☘), Doyen.

DUEZ (✳, ✠, O. A. ☘), Assesseur.

ROSEAU (O. I. ☘), Secrétaire.

DOYENS HONORAIRES

MM. VALLAS (✳, O. I. ☘).　　　　MM. JACQUEY (✳, O. I. ☘).
WAHL (✳, O. I, ☘).　　　　　　　PILON (✳, O. I. ☘).

PROFESSEURS HONORAIRES

MM. WAHL (O. I. ✳).　　　　　　MM. LÉVY-ULLMANN.
JÈZE (✳, O. I. ☘).　　　　　　　JACQUEY (✳, O. I. ☘).
DEMOGUE (O. I. ☘).　　　　　　AFTALION (✳, O. A. ☘).
COLLINET (O. I. ☘).　　　　　　VALLAS (✳, O. I. ☘).
PILON (✳, O. I. ☘).　　　　　　LACOUR (✠, O. I. ☘).

INTRODUCTION

Le droit international privé offre souvent des problèmes difficiles. Nous ne voudrions pas, en commençant ce travail, en exagérer l'importance. Cependant existe-t-il beaucoup de questions aussi intéressantes, aussi ardues, aussi nouvelles et aussi vastes que celle de la situation juridique des Russes en France depuis la Révolution bolchéviste de 1917 ? Y en a-t-il beaucoup dont les conséquences pratiques sont plus certaines ?

Les principes du droit international français commandent fréquemment aux tribunaux d'appliquer une loi étrangère. Il en est ainsi notamment pour l'état et pour la capacité des personnes, pour le statut des personnes morales étrangères, pour les contrats soumis à une loi étrangère. Ce serait une naïveté de penser qu'il suffit de mettre en œuvre les principes généraux établis pour des situations normales, quand il s'agit du droit russe.

Les perturbations fondamentales subies par ce droit, du fait du remplacement de l'ancienne loi impériale par une législation communiste, la manière violente par laquelle s'est effectué ce changement de législation, les principes du droit soviétique, l'attitude du nouveau gouvernement russe à l'intérieur de la Russie et dans ses rapports avec l'étranger permettent de se demander s'il est possible de soumettre les Russes à leur loi nationale, dans un pays comme la France. A supposer que ce soit admis, on peut encore hésiter et rechercher quelle loi russe, l'ancienne ou la nouvelle, doit être choisie. Les partisans des Soviets, ceux de l'ancien régime doivent-ils être soumis à la même législation ?

Depuis la Révolution, trois législations peuvent prétendre tenir la place du droit impérial russe : celle de l'ancien régime russe, celle du gouvernement soviétique, et, si l'on ne peut accepter l'une de ces deux lois, une autre (soit celle du domicile, soit celle du lieu de la situation d'un bien, soit la « lex fori ») qui, en pratique, serait le plus souvent la loi française.

La clé de ce problème ne peut pas être recherchée dans les principes du droit international privé ; elle se trouve dans le droit public ; la situation juridique des Russes en France, depuis la Révolution, a dépendu de la politique du gouvernement français envers la Russie ;

un acte politique, la reconnaissance du gouvernement des Soviets par la France, domine toute la question.

Cette question est nouvelle. La reconnaissance d'un gouvernement étranger nouveau, d'un gouvernement de fait et ses conséquences juridiques n'ont guère été étudiées jusqu'à la Révolution bolchéviste par la doctrine et la jurisprudence françaises. Il n'en avait pas été de même dans les pays anglo-saxons.

Une rupture brusque dans une législation, comme celle qui s'est produite en Russie en 1917, ne s'était présentée qu'une seule fois depuis fort longtemps, lors de la Révolution française. Mais, si la Révolution française peut être historiquement comparée à la Révolution russe, la position juridique des émigrés français ne peut pas servir de précédent pour déterminer celle des Russes à l'étranger et notamment en France, depuis 1917. Depuis plus d'un siècle, le droit international s'est considérablement développé. Des difficultés, qui passaient inaperçues à la fin du XVIII° siècle, sont aujourd'hui l'objet de l'attention de la doctrine et de la jurisprudence.

Lors de la Révolution française, l'activité industrielle et commerciale était peu développée ; elle apparaissait sous la forme individuelle. Le machinisme, la facilité des relations de pays à pays, la spécialisation de l'activité économique des différents peuples ont eu pour conséquence le développement énorme des sociétés. La situation des sociétés russes et de leurs succursales en France retiendra notre attention. Elle est sans précédent.

Le problème, que nous allons aborder, n'est pas seulement intéressant, difficile, et nouveau à bien des points de vue. Quoiqu'il soit très exactement délimité, il présente une grande ampleur. Il ne permet pas de se cantonner dans une matière spéciale du droit international privé ; il oblige d'étudier la situation du gouvernement russe vis-à-vis de la France comme celle des Russes en France, la condition des Russes comme leur statut, le régime des individus comme celui des personnes morales, des biens ou des contrats. Nous ne pourrons pas nous en tenir à ce qui a été fait ou à ce qui doit se faire en France ; il nous faudra aussi considérer ce qui s'est produit à l'étranger. Bien plus, notre sujet déborde le droit international privé et touche au droit public.

L'intérêt pratique des effets juridiques de la Révolution russe en France est indiscutable. Il suffit de constater que des Russes s'y sont réfugiés au nombre de plusieurs centaines de mille et que les sociétés russes y ont des biens et des intérêts très importants.

On rappellera, dans un Titre préliminaire, les particularités de la situation juridique des Russes avant la Révolution, particularités dont les sources furent les traités diplomatiques franco-russes et le caractère confessionnel de la législation impériale pour le statut du mariage.

Dans le Livre premier sera étudiée la situation juridique des Russes en France depuis la Révolution jusqu'à la reconnaissance des Soviets. Cette période s'est étendue de 1917 au mois d'octobre 1924.

Nous pensons qu'il ne sera pas inutile, avant d'examiner le système qui a été adopté par la France pour résoudre cette question, de connaître les principes communistes et leurs applications en Russie.

Avant la reconnaissance des Soviets, trois règles ont été admises, en France, à l'égard des Russes : l'existence de l'Etat russe et l'amitié pour les Russes malgré la Révolution ; l'ignorance des Soviets et de leurs actes ; le maintien de l'ancien droit, cette dernière règle n'étant que la conséquence logique des deux premières.

Mais les réalités obligeaient d'apporter des tempéraments aux principes admis. Malgré celui de la méconnaissance des Soviets, il fallait reconnaître certains actes accomplis sous leur empire, car la vie n'avait pas cessé en Russsie. L'ancienne législation russe ne pouvait plus être appliquée, comme elle l'était avant la Révolution, parce que le pouvoir, antérieurement chargé de lui donner la vie en Russie, était disparu ; la notion de force majeure y a remédié.

Nous essaierons, dans ce Livre, de montrer comment les différents organes de l'Etat français : le Parlement, le Gouvernement, les Tribunaux ont appliqué ces principes et quels tempéraments ils leur ont apportés.

Enfin, la méthode française sera comparée aux solutions adoptées à l'étranger, en particulier en Italie.

La période qui a précédé la reconnaissance est révolue. Nous aurons à envisager, dans le Livre deuxième, l'acte de reconnaissance des Soviets par la France et ses effets juridiques.

La France a longtemps retardé cette reconnaissance. D'autres Etats l'ont précédée dans cette voie. Serait-il prudent de négliger leur expérience, d'ignorer les causes qui les ont conduits à reconnaître les Soviets, de méconnaître les effets juridiques de leurs reconnaissances ? Nous ne le pensons pas, c'est pourquoi nous ferons au Titre premier l'étude des reconnaissances des Soviets par des gouvernements étrangers, de leurs causes et de leurs effets juridiques.

La reconnaissance a une importance décisive sur la situation juridique des Russes en France. Il faudra donc consacrer un Titre à l'acte de reconnaissance, pris en lui-même, abstraction faite de toute opinion politique. La reconnaissance a été effectuée par un échange de télégrammes entre le gouvernement français et celui de l'Union des Républiques Socialistes Soviétiques les 28 et 29 Octobre 1924. Serait-il possible, en droit, de la considérer comme sans valeur ?

Au point de vue juridique, l'acte de reconnaissance a une conséquence qu'il est indispensable de mettre en relief. Jusqu'à sa réalisation, tous les Russes ont été soumis en France au même régime. Il n'en est plus de même depuis. Les Russes sont divisés en deux catégories qui s'opposent : les ressortissants de l'U. R. S. S. d'une part, les réfugiés russes de l'autre.

La situation des ressortissants de l'Union soviétique et des biens russes en France, c'est le contact entre la législation communiste, avec ses nombreuses innovations, et les principes du droit français. Dans cette partie, qui formera le Titre troisième, nous trouverons des questions entièrement neuves. Bornons-nous, pour le moment, à les indiquer.

Peut-on appliquer en France le droit soviétique ? On verra pour quels motifs on ne peut pas le rejeter en bloc. Mais cette admission du droit soviétique, dans son ensemble, amènera de nombreuses oppositions entre les nouveaux principes russes et ceux admis en France. Il faudra donc rechercher les réactions de la notion d'ordre public français vis-à-vis de chaque disposition de la législation soviétique, et ces réactions devront être mises en lumière dans les cas de conflits de lois et dans ceux de droits acquis.

Est-il possible de rejeter les droits acquis suivant le droit soviétique, avant la reconnaissance ? C'est la question de l'effet rétroactif de cette reconnaissance, qui pourra se compliquer et aboutir parfois à des conflits de droits acquis en France et de droits acquis en Russie.

Enfin, les termes de l'acte de reconnaissance eux-mêmes font naître des difficultés, car la reconnaissance n'a pas été pure et simple. Des modalités particulières s'y trouvent, qu'il est difficile à bien déterminer. La plus remarquable est celle qui, à notre avis, a réservé à des conventions diplomatiques entre les gouvernements français et russe la solution de certaines questions particulièrement délicates, comme l'effet en France des nationalisations et de l'abolition des dettes d'Etat russes. Les négociations se sont ouvertes à Paris depuis plus d'un mois ; mais le secret en est bien gardé, et il est impossible de dire, à l'heure actuelle, si elles aboutiront, et, à plus forte raison, quels seront leurs résultats.

Les réfugiés russes sont dans une situation fort pénible. Nous rechercherons, dans le Titre quatrième, quelle est leur situation au point de vue de la nationalité, quelle doit être leur condition en France, et à quelle loi ils doivent être soumis pour leur statut personnel.

TITRE PRÉLIMINAIRE

PARTICULARITÉS DE LA SITUATION DES RUSSES AVANT LA RÉVOLUTION

CHAPITRE PREMIER

Traités Franco-Russes

La France et la Russie ont conclu, avant 1917, plusieurs traités diplomatiques, en vue d'améliorer la situation juridique des Russes en France et des Français en Russie.

Les uns ont eu pour objet la compétence des tribunaux à l'égard des nationaux de l'autre pays et l'exemption de la caution judicatum solvi : ce sont le traité de Commerce et de Navigation du 1er Avril 1874, la convention du 25/27 Juillet 1896 et la convention de La Haye du 17 Juillet 1905.

Un autre traité du 1er Avril 1874 a déterminé les attributions des Consuls.

Le 1er Avril 1874 a été également signée une troisième convention sur le règlement des successions des Russes en France et des Français en Russie. Et le 8/20 Novembre 1891 ont été arrêtées les dispositions d'une déclaration relative aux salaires et à la succession des marins respectifs de la France et de la Russie, décédés pendant leur embarquement sur un navire appartenant à l'autre pays.

Les trois traités de 1874 remplacèrent celui du 14 Juin 1857, dont les dispositions étaient devenues insuffisantes.

D'autres conventions furent conclues par les deux États, comme celle du 29 Novembre 1911 sur la publication des œuvres littéraires et musicales. Elles n'ont pas eu l'importance des précédentes, dont il est utile d'analyser les dispositions principales.

SECTION I

TRAITÉ DE COMMERCE ET DE NAVIGATION DU 1er AVRIL 1874.
CONVENTIONS RELATIVES AUX FACILITÉS D'ESTER EN JUSTICE

Le traité sur le Commerce et la Navigation du 1er Avril 1874 disposait que les Français en Russie et les Russes en France pourraient librement entrer et séjourner, et qu'ils jouiraient, pour leurs personnes et leurs biens, de la même protection et sécurité que les nationaux ; qu'ils pourraient notamment exercer l'industrie, faire le commerce, être propriétaires, disposer de leurs biens, sans être assujettis à d'autres charges que les nationaux. Il ne devait toutefois pas être dérogé aux dispositions spéciales applicables dans les deux pays à tous les étrangers.

Aux termes de l'article deux, « les Français en Russie et les Russes en France auront réciproquement un libre accès auprès des tribunaux de justice, en se conformant aux lois du pays, tant pour réclamer que pour défendre leurs droits, à tous les degrès de juridiction établis par les lois. Ils jouiront sous ce rapport des mêmes droits et avantages, qui sont ou seront accordés aux nationaux ».

Ce traité contenait, comme on peut s'en rendre compte, des dispositions générales, qui facilitaient le séjour des Russes en France et convenaient aux sujets d'une nation amie. L'exposé des motifs présenté à l'Assemblée Nationale le 15 Mai 1874, à l'appui du projet de loi portant approbation du traité, dit d'une façon assez plaisante, semblant tenir pour peu de chose ces dispositions générales : « N'ayant pu obtenir les dégrèvements et le tarif douanier souhaitables, le nouveau traité se borne donc à consacrer des principes. Les bases, sur lesquelles il repose, sont l'assimilation aux nationaux et la soumission aux lois du pays concernant les étrangers ». Cependant ces dispositions générales n'étaient pas sans importance.

Et les tribunaux français appliquèrent l'article 2 qui prévoyait pour les Russes en France le libre accès des tribunaux. Voulant que cette disposition du traité produise effet et rejetant la distinction fort subtile, qui a parfois été faite, entre « libre accès » et « facile accès », les tribunaux se servirent de cet article du traité pour dispenser les sujets russes en France de la caution *judicatum solvi* (1).

____

(1) Trib. corr. de la Seine (2ᵉ chambre), 22 Juillet 1896, de Zalewski c/Touzery, Journal Clunet, 1897, p. 121 : « Attendu, que les époux Zalewski sont de nationalité russe et appartiennent à un pays qui, par convention diplomatique, a stipulé le libre et facile accès des tribunaux français ; qu'en effet, l'article 2 de la loi des 17/20 Juin 1874, approuvant le traité du 1ᵉʳ Avril 1874 entre la France et la Russie porte en termes exprès que les Français en Russie et les Russes en France auront réciproquement un libre accès auprès des tribunaux ; attendu que ces dispositions ont eu pour but de lever l'obstacle résultant de l'obligation qui est imposée à tous les étrangers demandeurs en justice, par l'article 16 du Code civil ; que décider autrement serait refuser aux sujets russes la liberté d'accès qui leur est formellement accordée par le traité ».

L'interprétation de l'article 2 du traité avait amené les tribunaux français à appliquer au bénéfice des Russes l'article 14 du Code civil (1).

Ainsi interprété, le traité de 1874 pouvait paraître suffisant.

Cependant les 25/27 Juillet 1896 est intervenue entre la France et la Russie une nouvelle convention qui a exempté les Russes de la caution judicatum solvi en France.

La jurisprudence française étant déjà arrivée à ce résultat par application du traité de 1874, on peut penser que la convention était inutile en 1896, à moins qu'un des gouvernements français ou russe n'ait songé à cette époque à dénoncer le traité de 1874. Cette dénonciation, en réalité, n'a pas eu lieu avant le changement de gouvernement russe du commencement de l'année 1917.

Enfin, la France et la Russie ont toutes deux participé à la convention internationale, relative à la procédure civile, signée à La Haye le 17 Juillet 1905 et non dénoncée en bloc par la France.

Cette convention prévoit, dans son Titre premier, la manière dont doivent se faire les communications d'actes judiciaires et extra-judiciaires.

Son Titre deuxième a trait aux commissions rogatoires.

Et le Titre troisième dispense les nationaux de l'un des pays signataires de la caution judicatum solvi et de verser une provision pour garantir les frais judiciaires, quand ils agissent devant les tribunaux de l'une des autres puissances signataires.

Son article 17 prévoit que les conventions par lesquelles des Etats contractants avaient stipulé pour leurs ressortissants la dispense de caution judicatum solvi doivent continuer à s'appliquer.

Cette convention n'avait donc pas d'effet direct sur la condition juridique des Russes en France, puisqu'elle ne faisait pas disparaître le traité de 1874, ni la convention de 1896.

Dans les relations entre la France et la Russie, elle facilita cependant l'administration de la justice, par suite des dispositions de ses deux premiers titres.

---

(1) Trib. de la Seine (1ʳᵉ chambre), 25 Juillet 1916, Viercinski, Revue Lapradelle, 1919, p. 505 : « Attendu que les sujets russes se trouvant par suite du traité assimilés aux Français, relativement aux actions en justice, sont en droit d'invoquer à leur profit la disposition de l'article 14 du Code civil, aux termes duquel l'étranger même non résidant en France peut être cité devant un tribunal français pour l'exécution des obligations contractées en France avec un français ».

SECTION II

CONVENTION CONSULAIRE DU 1er AVRIL 1874

La seconde convention, signée le 1er Avril 1874, s'est appelée convention consulaire. Elle réglait dans leurs détails les attributions et les pouvoirs des consuls de l'une des deux Hautes Parties contractantes, résidant dans l'autre pays. L'une de ses dispositions, l'article 9 § 2, autorisait les consuls généraux, consuls, leurs chanceliers, vice-consuls et agents consulaires à recevoir, comme notaires et d'après les lois de leur pays, les testaments de leurs nationaux et tous les contrats les concernant. Elle spécifiait toutefois que les actes concernant les immeubles, situés dans le pays où résidait le consul, seraient soumis aux formes requises dans ce pays.

SECTION III

CONVENTIONS SUR LES SUCCESSIONS

La troisième convention, conclue à Saint-Pétersbourg le 1er Avril 1874, a concerné le règlement des successions laissées dans l'un des deux États contractants par des nationaux de l'autre pays.

Elle détermina d'une façon très précise les attributions respectives des autorités de chacun des deux pays.

D'après cette convention, les successions des Russes, décédés en France, devaient être réglées de la manière suivante :

Les immeubles dépendant d'une succession sont régis par la loi du lieu de leur situation, les biens mobiliers par la loi nationale du défunt, à moins qu'un sujet du pays du lieu du décès n'ait à faire valoir des droits sur cette succession (article 10). Dans ce cas particulier, la convention, faisant siennes les dispositions de l'article 2 de la loi du 14 Juillet 1819, autorise les tribunaux du lieu du décès à statuer conformément à leur législation.

Sitôt connu le décès d'un Russe en France, la première des autorités française ou russe qui en a connaissance, doit avertir l'autre.

L'autorité française (représentée par le juge de paix) et l'autorité russe (représentée par le consul de Russie ou son délégué) prennent ensemble les mesures conservatoires nécessaires. Elles apposent les scellés et font dresser l'inventaire des biens de la succession.

Cependant, en cas d'urgence ou d'absence de l'une des deux autorités, l'autre peut agir seule.

— 13 —

Quand l'inventaire a été dressé, l'autorité française compétente, qui est le tribunal civil (1), doit délivrer à l'autorité consulaire, sur la demande de celle-ci, tous les meubles dépendant de la succession.

Le consul est chargé de conserver ces meubles, à titre de dépôt, pendant un délai fixé à six mois, à partir de la dernière publication du décès, quand il en a été faites, et à huit mois à compter du jour du décès, quand il n'y a pas eu de publications.

Les articles 4 § 2, 5 et 6 précisent de manière très détaillée les pouvoirs du consul sur les meubles de la succession pendant ces délais.

Si un litige s'élève pendant cette période, au sujet de la succession d'un Russe, décédé en France, le tribunal français est compétent, mais les héritiers sont représentés de plein droit devant ce tribunal par le consul de Russie.

Les délais de l'article 5 écoulés, le représentant consulaire russe doit entrer définitivement en possession de la succession mobilière qu'il est chargé de liquider et de partager.

Si un litige est alors soulevé, le tribunal du pays auquel appartenait le défunt devient compétent.

Cette convention sur le règlement des successions donne lieu à quelques observations.

1° De l'article 10, le plus important au point de vue juridique, il résulte que les négociateurs ont voulu régler les successions des Français en Russie et des Russes en France, en distinguant les immeubles et les meubles ; cette distinction se comprend aisément, elle est traditionnelle. La loi applicable aux immeubles n'appelle aucune remarque, ce ne pouvait être que la loi du lieu de la situation, la loi territoriale. Il n'en est pas de même, en ce qui concerne les meubles. En 1874, la jurisprudence française admettait que la succession mobilière devait être régie par la loi du domicile du *de cujus*, qui était fictivement considéré comme le lieu de la situation des meubles (2). Dans la pratique, le domicile d'un étranger décédé en France était, il est vrai, fixé le plus souvent dans son pays d'origine. Influencés par la doctrine de l'Ecole italienne, qui classe la matière des successions dans le statut personnel, les négociateurs de la convention ont voulu que la

(1) Cour de Cassation, 17 Juin 1895, Sirey, 1895-1-337 (Note de M. Pillet) ; Cour d'Orléans, 7 Mai 1896, S. 1896-2-160.

(2) Voir : Cour de Cassation (Ch. des Req.), 21 Mai 1865, S. 1865-1-313 ; Cour de Riom, 7 Avril 1835, Affaire Onslaw, S. 1835-2-374 ; Cour de Pau, 14 Mars 1874, Affaire Forgo, Clunet, 1875, p. 357 ; Cour de Toulouse, 7 Décembre 1863, S. 1864-2-341 ; Cour de Pau, 6 Juin 1864, S. 1865-2-105 ; Cour de Cassation, 22 Mars 1865, S. 1865-1-175.

succession mobilière soit régie par la loi nationale du *de cujus*. Il est donc étonnant de lire dans l'exposé des motifs, présenté à l'Asssemblée Nationale, à l'appui du projet de loi portant ratification de la convention : « Le principe sur lequel reposent les stipulations de l'article 10 est conforme à la jurisprudence qui semble prévaloir en France actuellement, et d'après laquelle nos tribunaux appliquent au partage des successions mobilières des étrangers décédés sur notre territoire les lois de l'Etat auquel appartient le défunt, quand il n'y a pas de Français intéressés ».

Mais, si, en 1874, la jurisprudence française était contraire aux dispositions de la convention franco-russe, en ce qui concerne les successions mobilières des étrangers en général, elle n'a pas tardé à évoluer, à la suite de la célèbre affaire Forgo, et à admettre que la loi nationale est compétente pour régler la succession mobilière d'un étranger décédé en France.

2° La jurisprudence française, fidèle au principe qu'elle est incompétente pour interpréter un traité quand il s'agit d'intérêts publics, c'est-à-dire opposant l'une à l'autre deux souverainetés différentes, mais qu'elle peut l'interprèter quand il n'y a en jeu que des intérêts privés, n'a pas hésité à interpréter la convention de 1874 sur les successions dans les litiges qui lui ont été soumis.

Plusieurs jugements de nos tribunaux ont déterminé le rôle et les pouvoirs exacts des consuls de Russie vis à vis des créanciers ou des héritiers de Russes, décédés en France.

D'après notre jurisprudence, le consul n'agissait pas comme agent et comme représentant du gouvernement russe ; il représentait de plein droit les héritiers, même s'ils étaient majeurs et présents (1) ; mais il ne pouvait les empêcher d'assister à l'apposition des scellés ni aux opérations de l'inventaire (2).

Poussant plus loin les conséquences du principe de la représentation des héritiers par le consul, la Cour de Cassation, par un arrêt du 27 Mars 1900 dans une affaire Beiter, a décidé avec raison que les pouvoirs du consul s'appliquaient si l'existence d'héritiers était inconnue et sans qu'il ait à prouver cette existence. En effet, les mesures conservatoires et l'administration provisoire du consul sont d'autant plus utiles que les héritiers ne se sont pas encore révélés.

(1) Cour de Cassation, 17 Juin 1895, S.1895-1-337 ; Cour d'Orléans, 7 Mai 1896 (Affaire Sawicka), S.1896-2-160 ; Trib. de la Seine (Référés), 18 Mars 1893 et Cour de Paris, 1er Juin 1893, S.1896-2-160 ; Cour d'Aix, 19 Décembre 1906, S. 1908-2-13.

(2) Cour de Paris, 23 Juillet 1907, S. 1907-2-296.

Il semble que la jurisprudence française n'a pas toujours interprété la convention avec autant de bonheur. Dans plusieurs affaires, bien qu'elle ait soutenu qu'elle l'interprétait, on pourrait croire qu'en réalité elle n'a pas osé le faire et qu'elle s'est uniquement attachée à la lettre de la convention.

C'est ainsi que la Cour de Cassation, par un arrêt du 17 Juin 1895, et la Cour d'Orléans, statuant comme cour de renvoi, par un arrêt du 7 Mai 1896, ont, dans une affaire Sawicki, décidé que des papiers, ayant un caractère politique, devaient être remis au consul.

La Cour de Cassation a été plus loin et elle a décidé (1) que le consul de Russie avait été valablement envoyé en possession de l'administration provisoire de la succession d'un Russe, décédé en France, alors que ses héritiers étaient Américains. On peut croire que cet arrêt, s'il semble se conformer exactement au texte de la convention, est en contradiction avec son esprit. Les pouvoirs du consul lui étaient donnés dans un but de représentation et de protection des héritiers. Cette représentation et cette protection, qui se comprenaient facilement si les héritiers étaient Russes, n'avaient plus de raison d'être quand les héritiers étaient étrangers.

Le 8/20 Novembre 1891, la France et la Russie ont fait une déclaration, destinée à régler le mode de paiement des marins français et russes, embarqués sur un navire de l'autre nation, et la remise des successions des marins décédés. Cette déclaration conférait aux consuls plus de droits encore que ne leur en donnait la convention de 1874.

---

(1) Cour de Cassation, 18 Janvier 1911, S. 1913-1-441 (Note Audinet), Clunet, 1911, p. 939 (Note Perroud), R. Lapradelle, 1911, p. 684 et la note, D. 1918-1-73 (Note Pic).

CHAPITRE II

La Législation confessionnelle Russe
et la jurisprudence Française

Pendant un certain nombre d'années qui ont précédé la Révolution russe, la particularité la plus marquante de la condition des sujets russes, en France, a été la jurisprudence qui a proclamé l'incompétence des tribunaux français à l'égard des Russes, en matière de divorce. Cette incompétence était motivée, suivant notre jurisprudence, par la législation confessionnelle qui existait en Russie ; le Svod (code russe) soumettait le divorce des sujets russes à leur loi confessionnelle et à la juridiction de l'autorité religieuse.

Cette incompétence a donné lieu à un conflit aigu entre la jurisprudence et la doctrine françaises.

Depuis la rédaction du code civil jusqu'à une époque, dont on peut placer le commencement vers 1887, les tribunaux français se sont attachés à un principe très rigide : l'incompétence de la justice française à l'égard des étrangers, spécialement en matière d'état (1).

Les exceptions au principe étaient rares. Elles n'étaient admises que dans les cas d'admission à domicile en France d'un étranger, d'acceptation expresse de la compétence du tribunal français ou d'un traité entre la France et l'Etat étranger. C'était le cas des Russes depuis le traité de commerce et de navigation du 1ᵉʳ Avril 1874.

Plusieurs décisions avaient nié qu'un traité conçu en termes généraux pût entraîner la compétence de la justice française en matière d'état (2). En 1885 seulement, la Cour de Cassation a décidé que les clauses de « libre accès » d'un traité amenaient la compétence des tribunaux français pour les questions d'état (3).

---

(1) Voir la note de M. Pillet sous S. 1892-2-233 et les nombreuses décisions qu'elle mentionne.

(2) Tribunal de la Seine, 27 Décembre 1881, Clunet 1882, p. 309 ; 29 Avril 1882, Clunet 1883, p. 168.

(3) Cour de Cassation, 3 Juin 1885, S. 1885-1-417. Dans le même sens : Cour d'Alger, 13 Janvier 1892, S. 1892-2-153 (Affaire Pinéro) ; Tribunal de la Seine, 12 Mai 1892 et Cour de Paris, 5 Janvier 1893, D. 1896-1-377 (Rapport de M. le Conseiller Denis. Affaire Hubryseck) ; Trib. de la Seine, 5 Mars 1892, Revue pratique, 1892, p. 235 ; Cour d'Alger, 7 Mars 1898 (Affaire Mirallès) Clunet, 1898, p. 1102

Enfin, en 1887, les tribunaux français se sont déclarés compétents dans les litiges intéressant l'état des étrangers, même quand un traité diplomatique relatif à la compétence n'avait pas été conclu avec leur gouvernement.

« La jurisprudence a cédé sur ce point, comme le dit M. Pillet, à la force inéluctable de la nécessité des choses. Après avoir maintes fois proclamé le principe de l'incompétence, elle en est venu à l'énerver par un nombre si considérable d'exceptions qu'il n'en reste presque plus rien que le nom ». Les tribunaux se sont déclarés compétents quand l'une des parties était domiciliée de fait en France, ou quand elle y résidait sans esprit de retour dans sa patrie ; c'était, somme toute, appliquer purement et simplement le principe de la compétence du domicile (1).

Cette jurisprudence favorable, qui n'a fait que se développer depuis lors, ne fut pas appliquée longtemps aux Russes.

En 1902, intervint la célèbre affaire Levinçon.

Une Française avait épousé un Russe. Tous deux étaient Israélites. Le mariage civil avait été suivi d'un mariage religieux ; leur célébration avait eu lieu en France. Quelques années plus tard, la femme demanda le divorce. Par jugement du 5 Mars 1901, elle fut autorisée par le tribunal de la Seine à faire la preuve des faits qu'elle articulait. Mais le mari fit appel de ce jugement et la Cour de Paris le réforma, en se déclarant incompétente, par un arrêt du 17 Mars 1902. La Cour de Cassation a rejeté, dans un arrêt du 29 Mai 1905 (2), le pourvoi, qui avait été intenté par la dame Levinçon.

La Cour de Paris et la Cour de Cassation appuyèrent leurs décisions sur l'argumentation suivante :

L'état des étrangers, en France, est soumis à leur loi nationale, de sorte que les tribunaux français doivent leur appliquer cette loi ; mais ils ne le peuvent pas si l'ordre public s'y oppose. Or le principe de la séparation du spirituel et du temporel est d'ordre public en France. En Russie, au contraire, l'ordre public exige que le divorce ait lieu devant l'autorité religieuse. Il y a donc contradiction entre la loi française et la loi russe. Par conséquent un tribunal français ne peut pas appliquer la loi russe sur le divorce et, ne pouvant prononcer un divorce religieux, il doit se déclarer incompétent. Ces arrêts furent

____

(1) Cour de Dijon, 7 Avril 1887, S. 1882-2-93 ; Cour de Paris, 8 Août 1890, S. 1892-2-235.

(2) Cour de Paris, 17 Mars 1902, D. 1903-2-49 (note de M. Bartin), Clunet 1903, p. 342 ; Cour de Cassation, 29 Mai 1905, Lapradelle, 1905, p. 518, S. 1906-1-161 (Note de M. Pillet).

considérés comme des arrêts de principe par le jurisprudence. Les décisions de quelques tribunaux, qui essayaient de réagir, furent réformées par les Cours d'Appel (1).

Certains tribunaux tirèrent des conséquences exagérées des principes adoptés par la Cour de Paris et la Cour de Cassation dans l'affaire Levinçon.

Ainsi, plusieurs jugements ont été jusqu'à déclarer nuls des mariages contractés par des Russes, en France, devant l'officier de l'état-civil, quand ils n'avaient pas été suivis d'un mariage religieux, comme l'exigeait la loi russe (2).

Le tribunal de Caen s'étant déclaré incompétent pour prononcer le divorce d'Israélites russes, qui n'avaient été mariés que civilement, ceux-ci ne purent obtenir ce divorce du rabbin, puisqu'il n'y avait pas de mariage religieux. Ils cherchèrent alors à faire prononcer la nullité de leur mariage par un tribunal français, pour défaut de célébration religieuse ; mais ils ne purent obtenir l'assistance judiciaire du Bureau de Caen. Celui-ci déclara en effet que le mariage contracté en France par deux israélites russes uniquement devant l'officier de l'état-civil était un mariage inexistant et qu'il était, dès lors, inutile d'en demander la nullité (3).

Cette application outrancière des principes admis par les arrêts Levinçon dura peu de temps. Mais, jusqu'à la Révolution russe, nos tribunaux se refusèrent, sans interruption, à prononcer le divorce des Russes ; certaines décisions parlaient d'incompétence, d'autres d'irrecevabilité.

Les auteurs furent presqu'unanimes à condamner la jurisprudence inaugurée par les arrêts Levinçon (4) ; de savantes études ont été faites sur cette question pour combattre la jurisprudence.

(1) Trib. de la Seine (Aff. Olschwang), 18 Décembre 1902, Clunet, 1903, p. 805 ; Cour de Paris (Aff. Frenkel), 21 Juin 1910, R. Lapradelle, 1910, p. 837, S. 1912-1-132, sous l'arrêt de la Cour de Cassation du 20 Juillet 1911 ; Trib. de la Seine (Aff. Rosenbaum), 18 Novembre 1911 ; Trib. de la Seine (Aff. Levin), 9 Mai 1911, R. Lapradelle, p. 640, 1911 ; Cour de Paris (Aff. Levin), 26 Décembre 1912, R. Lapradelle, 1913, p. 434 ; Trib. de la Seine, 11 Mars 1913 (Aff. Mendelevitch), R. Lapradelle, 1913, p. 446 ; Trib. de la Seine, 13 Juillet 1911, Gaz. du Palais, 1914-1-255.

(2) Trib. de la Seine (Aff. Edinson), Clunet 1908, p. 1148, jugement du 25 Novembre 1907 ; Trib. de la Seine, 28 Avril 1906 (Aff. Mostickzer), R. Lapradelle, 1906, p. 751.

(3) Bureau d'assistance judiciaire de Caen, 23 Mai 1911, Recueil Caen, 1911, p. 174.

(4) Voir Pillet, note sous arrêt Levinçon, S. 1906-1-161 ; Bartin, note sous arrêt Levinçon, D. 1903-2-49 ; Maurice Soïffer. La Jurisprudence française sur le divorce des étrangers soumis à des lois confessionnelles (thèse) et Clunet 1917 ; Feraud-

— 19 —

Nous nous bornerons à en exposer brièvement les principaux arguments et critiques qui semblent décisifs.

1° *Confusion du problème de la compétence et de celui du conflit de lois.*

Dans l'affaire Levinçon, les tribunaux avaient deux questions à se poser. Le tribunal français est-il compétent? Si sa compétence est établie, quelle loi faut-il appliquer? La Cour de Paris et la Cour de Cassation ont confondu ces deux problèmes.

Laissant de côté le traité de commerce du 1er Avril 1874, ces juridictions se sont dit : « Le divorce est un acte qui intéresse l'état des personnes ; on admet en France qu'en cette matière, il faut appliquer la loi nationale de l'étranger ; la loi nationale des Russes exige que le divorce ait lieu devant l'autorité religieuse, mais en France l'autorité religieuse n'a aucun pouvoir et le tribunal, autorité civile, ne peut pas se substituer à elle ».

Comme le dit M. Pillet, nos juges ne se contentent pas de dire que la loi religieuse russe sera appliquée aux Russes en France, comme elle le serait en Russie, ils veulent qu'elle leur soit appliquée par la même juridiction, le tribunal rabbinique, comme si la désignation de la juridiction compétente dépendait de la loi applicable à chaque affaire religieuse. Dans l'affaire Levinçon, la règle du conflit de lois a absorbé la règle de la compétence alors que ces deux questions sont distinctes et qu'elles diffèrent par le motif qui les a fait adopter et par leur but.

2° *Erreur de qualification.*

MM. Pillet et Niboyet définissent la qualification : « La nature juridique reconnue à une institution», en prenant ce terme d'institution dans un sens particulier (1). Qualifier un rapport de droit, c'est déterminer sa nature juridique.

Depuis que M. Bartin a fait ressortir, en 1897 (2), l'importance du problème des qualifications, qui se greffe sur les conflits de lois, la plupart des auteurs ont admis la théorie des qualifications. La majorité d'entre eux s'est mise d'accord pour dire que, lorsque deux législations donnent à une institution des qualifications différentes, c'est celle de la « *lex fori* » qui doit l'emporter devant le juge saisi.

Giraud. De la compétence des tribunaux français pour connaître des contestations entre étrangers. Clunet 1880, p. 137 ; Chavegrin, Clunet, 1885 ; Regnault. Le mariage et la séparation de corps et le divorce, 1903 ; Mandelstamm, Clunet 1902, p. 243 et 463 ; Naquet, Clunet, 1908, p. 739 ; Surville et Arthuys. Cours élémentaire de droit international privé ; Weil. Le divorce des Israélites russes en France. Lapradelle, 1908, p. 761.

(1) Manuel de droit international privé, n°s 300 à 305, p. 373.

(2) Études parues au Clunet de 1897.

Les arrêts de la Cour de Paris et de la Cour de Cassation, dans l'affaire Levinçon, ont contrevenu à cette règle.

Les tribunaux russes qualifiaient de règle de fond la disposition du droit russe qui faisait dissoudre le mariage en Russie par l'autorité religieuse. Nos tribunaux n'avaient pas à se soumettre à cette qualification. Ils auraient dû rechercher quelle était la qualification française de cette loi russe. « Peu importe, dit M. Bartin (1), que, pour les jurisconsultes russes, l'institution se caractérise par ses règles de fond, c'est leur système de qualification, ce n'est pas le nôtre et, du moment qu'il s'agit de faire entrer l'institution dans le cadre de nos classifications juridiques pour lui appliquer nos règles de conflit, c'est notre qualification qui l'emporte nécessairement sur la leur ». Il est bien certain qu'en France une loi, ordonnant qu'une affaire sera jugée devant telle juridiction et non devant telle autre, est une loi relative à la compétence. Si la Cour de Paris et la Cour de Cassation s'étaient posé ce problème de qualification, elles auraient reconnu la compétence de la loi française. Elles ne l'ont pas fait, et elles ont été entraînées dans une confusion des règles de compétence et des règles de conflit de lois, qui a eu comme conséquence le principe de l'incompétence à l'égard des étrangers soumis à des lois confessionnelles.

3° Conception erronée de la notion d'ordre public.

La notion d'ordre public, en droit international, est essentielle, mais très vague. Les auteurs en admettent le principe (2) ; Ils sont rarement d'accord sur sa portée et ses applications. La jurisprudence française se sert fréquemment de cette notion ; mais elle ne l'a pas définie. La Cour de Paris et la Cour de Cassation se sont servies de la notion d'ordre public dans les considérants des arrêts qu'elles ont rendus le 17 Mars 1902 et le 29 Mai 1905. Elles s'en sont manifestement servies à tort.

« En effet, dit M. Pillet, il fallait expliquer comment, malgré le traité de 1874 qui permet aux sujets russes domiciliés en France de porter leur procès devant les juridictions françaises, le tribunal de la Seine ne pouvait pas connaître de la demande en divorce qui lui était soumise. La Cour de Paris et la Cour de Cassation sont obligées, pour y parvenir, d'émettre cette idée que la loi russe, qui réserve à l'autorité rabbinique le divorce des Israélites, est d'ordre public en France et que, par suite, nos tribunaux ne sauraient, en aucun cas, même sur fondement d'un traité leur accordant une compétence générale, en

(1) Note sous l'arrêt du 17 Mars 1902, D. 1903-2-49.
(2) Voir Pillet et Niloyet, n° 327, page 410.

connaître.... En effet, les lois d'ordre public sont territoriales. Et nos arrêts disent : En Russie, il est d'ordre public que les divorces des Israélites soient prononcés par le rabbin ; en France, il est d'ordre public que les divorces des Israélites soient soumis aux tribunaux civils ; s'agissant d'Israélites russes, nous leur appliquons la loi d'ordre public russe. Et ainsi, les lois d'ordres public de territoriales deviennent personnelles. On aurait pu croire cependant que loi d'ordre public voulait dire loi indispensable au maintien de l'Etat du tribunal qui doit l'appliquer ».

4° Contradiction entre les décisions rendues quand il s'agit de mariage ou de divorce.

L'arrêt Levinçon a entraîné certains tribunaux à considérer comme nul le mariage civil de Russes, en France, quand il n'était pas suivi de célébration religieuse. La violation des articles 165 et 194 du code civil, des articles 199 et 200 du code pénal était trop forte. Cette jurisprudence a été abandonnée (1).

Mais alors, pourquoi faire une différence entre le mariage et le divorce ? La loi russe prescrit le mariage religieux avec autant de force que le divorce religieux. Qu'on ne vienne pas dire que les textes, qui donnent le pouvoir de marier à l'officier de l'état civil, sont d'ordre public en France. Ceux qui donnent compétence aux tribunaux civils pour prononcer le divorce le sont tout autant.

Il y a donc une contradiction choquante entre les décisions relatives aux mariages et celles qui concernent des divorces. L'une de ces deux catégories de décisions doit être erronée. C'est évidemment celle qui déclare les juges français incompétents pour prononcer le divorce des Russes.

5° Conséquences funestes de l'incompétence des tribunaux français.

Enfin, et cet argument aurait dû être d'un grand poids auprès de nos tribunaux, leur jurisprudence en matière de divorce des Russes, aboutissait très fréquemment à des dénis de justice. Le tribunal français déclarait le rabbin russe compétent, mais souvent les parties ne pouvaient pas se rendre en Russie. Et parfois, si elle y allaient et qu'elles ne s'étaient mariées en France que civilement, elles ne pouvaient pas non plus obtenir le divorce en Russie, faute de mariage valable en ce pays ; c'était donc revenir pour certains étrangers, à qui nos tribunaux par suite d'un traité devaient le libre accès, au système

(1) Elle a été formellement condamnée par la jurisprudence récente. Voir : Cour de Paris, 1er Mars 1922, Basiliadis, S. 1924-2-65 ; Trib. de la Seine, 7 Janvier 1922 et Cour de Paris, 17 Novembre 1922, Abramovitch, et la note très importante de M. Audinet, S. 1924-2-9.

de l'incompétence absolue que la jurisprudence française avait délaissé depuis 1885.

En ce qui concerne les Russes israélites, on ne pouvait, dès l'abord, affirmer avec une entière certitude que les tribunaux français, compétents à leur égard, pouvaient prononcer le divorce. Car, on a dit que la loi mosaïque, à laquelle se référait la loi russe, ne permettait pas le divorce entre époux, mais seulement la répudiation par le mari, volontaire quand c'était lui qui recherchait la dissolution du mariage, donnée sous la pression du rabbin, quand c'était la femme qui avait à se plaindre. Mais, cette objection, sérieuse à première vue, ne pouvait se soutenir, car, si la loi mosaïque n'a admis, à l'origine, que la répudiation, elle s'est à la longue modifiée et, conservant la forme de la répudiation, en est arrivée, au fond, au divorce véritable. C'est ce qu'avaient compris les tribunaux russes, qui sanctionnaient, au besoin, le divorce des israélites russes par le rabbin, alors qu'ils n'auraient pas pu le faire pour une répudiation contraire à l'ordre public.

D'ailleurs plusieurs auteurs ont soutenu avec beaucoup de vrai-semblance que les rabbins, chargés des divorces en Russie étaient de véritables fonctionnaires, appelés « rabbins d'Etat », et non pas des ministres du culte ; ceux-ci existaient aussi et étaient appelés « rabbins spirituels » (1).

---

(1) Voir Soïfer, p. 172 et suivantes ; Cluzel, Clunet 1909, p. 1 ; Mandelstamm, Clunet 1902, p. 486 ; Jordan, Lapradelle, 1922-23, p. 672.

LIVRE PREMIER

SITUATION JURIDIQUE DES RUSSES
AVANT LA RECONNAISSANCE DES SOVIETS

TITRE PREMIER

LA RÉVOLUTION RUSSE

CHAPITRE PREMIER

Avènement des Soviets

En Mars 1917, des troubles se produisirent à Pétrograd. On peut en voir des causes éloignées dans le mouvement ouvrier et, surtout, dans le problème agraire, mal résolu en Russie et qui mécontentait la masse des paysans russes (1).

La mobilisation d'un trop grand nombre d'hommes exagéré, dont beaucoup ne pouvaient pas être armés et restaient dans l'inaction, groupés dans de grandes villes, l'emploi dans les usines de guerre d'ouvriers de fortune, sans conscience professionnelle et sans attache avec les usines où ils étaient de passage, avaient concentré, dans les centres industriels, des masses prêtes à subir toute propagande révolutionnaire et à suivre le premier mouvement de révolte.

Il n'y avait pas de classe moyenne capable de modérer l'agitation des paysans et des ouvriers.

De plus, des fautes commises en politique intérieure, les revers subis pendant les trois premières années de la guerre avaient énervé l'opinion entière.

(1) Voir : Alexinsky, Du Tsarisme au Communisme, Paris, Librairie Colin, 1923, et Milioukof, Histoire de la Révolution russe

La cause immédiate du soulèvement fut une désorganisation momentanée du ravitaillement. Il ne put pas être réprimé. Au contraire, les troupes envoyées pour le réduire, pactisèrent avec la révolution. Le gouvernement du Tsar ayant dissous la Douma, la popularité de celle-ci augmenta, et un comité provisoire de la Douma fut constitué. Le Tsar Nicolas II abdiqua pour lui et pour ses descendants. Le Grand-Duc Michel, à qui revenait alors le pouvoir, se désista. Un gouvernement provisoire fut constitué, dirigé par le Prince Lvow. A côté de ce gouvernement modéré, s'était formé un Soviet (comité) des députés ouvriers et soldats. La faiblesse du Gouvernement provisoire permit au Soviet de co-exister avec lui. Le Soviet, dirigé par des révolutionnaires mencheviks et bolcheviks, accrut sans cesse son influence. Par des émeutes, en mai 1917, il amena la démission de Messieurs Milioukof et Goutchkof, membres du Gouvernement provisoire ; en Juillet, celle du ministère du prince Lvow, qui fut remplacé par M. Kerenski, dont le ministère, beaucoup plus avancé, devait s'appuyer sur le Soviet. En réalité, il fut manœuvré par ce Soviet qui, le 7 Novembre 1917, par une nouvelle émeute, se substitua au Gouvernement provisoire.

En un temps relativement court, les Soviets réduisirent par les armes les officiers et soldats qui, en Russie, restaient fidèles au Gouvernement provisoire. Les fonctionnaires civils, leurs étant hostiles, furent soumis par la police et la justice soviétiques. A la fin du mois de Janvier 1918, les Soviets étaient maîtres de la Russie ; mais les Pays Baltes, l'Ukraine et divers autres territoires s'en étaient détachés. Pendant plusieurs années, des gouvernements blancs subsistèrent pour lutter contre les Soviets : ceux de l'amiral Koltchak, des généraux Denikine et Wrangel.

Au moment de leur arrivée au pouvoir, les Soviets étaient aux mains des Bolcheviks, dirigés par Lénine et d'autres révolutionnaires notoires, qui appliquèrent à l'extrême leurs principes communistes.

CHAPITRE II

La République Soviétique à ses débuts

Le gouvernement soviétique a passé par deux phases différentes. Pendant la première, qui nous intéresse en ce moment, de 1917 jusqu'en 1921, les dirigeants bolchevistes ont formulé les principes communistes et tenté d'appliquer ces principes avec rigueur ; mais, depuis 1921, et c'est la seconde phase, poussés par les nécessités de la vie des nations, ils ont dû évoluer et abandonner en fait, ou tout au moins mitiger, les applications des purs principes communistes ; ils ont glissé vers un capitalisme d'Etat.

Les puissances occidentales, pendant la première période, ont méconnu, et parfois combattu indirectement le pouvoir des Bolcheviks.

Quand le Bolchévisme a commencé à se faire moins intransigeant, la plupart des nations, les unes après les autres, sont entrées en pourparlers avec les dirigeants de Moscou.

Certaines puissances, comme la France, ont attendu plusieurs années ; néanmoins, on peut considérer que l'attitude des gouvernements, dits bourgeois, fut influencée par les changements qui se sont produits chez les Bolchévistes.

Il semble utile, avant d'étudier les premières réactions de ces Etats devant le phénomène russe, d'exposer, dans leurs grandes lignes, les principes qui ont guidé les dirigeants de Moscou après leur Révolution, et les applications de ces principes en politique, dans l'ordre économique et dans l'ordre juridique.

Pour Lénine, le maître de la Révolution communiste russe : « la dictature du prolétariat est une lutte acharnée avec ou sans effusion de sang, une lutte violente et pacifique, militaire et économique, pédagogique et administrative, une lutte contre les forces et les traditions de l'ancienne société ».

La constitution et les nombreux décrets des Soviets ont affirmé ce principe dont leurs dispositions ne devaient être que les applications pratiques.

La constitution des Soviets des ouvriers et paysans ne reconnait comme ses citoyens que les prolétaires, hommes et femmes, agés de dix huit ans. Tous les citoyens élisent les Soviets locaux. Ceux-ci exécutent les décisions prises par les congrès des Soviets, rangés hiérarchiquement en congrès du district, de gouvernement et de région, qui ont les mêmes attributions : celles d'exécuter les lois et décrets généraux et d'assumer le pouvoir. L'autorité suprême, exécutive et législative, est le Congrès panrusse des conseils des ouvriers, soldats et paysans, choisis par les Soviets ou les congrès de Soviets. Le Congrès panrusse élit le Comité central exécutif qui exerce le pouvoir central dans l'intervalle des Congrès panrusses et nomme les Commissaires du Peuple, responsables devant le Comité exécutif et le Congrès panrusse.

Il y a donc, sous le régime des Soviets, confusion du pouvoir exécutif et législatif, puisque le Congrès panrussse et, dans l'intervalle de ses sessions, le Comité central exécutif détiennent le pouvoir de légiférer et celui d'appliquer les décrets qu'ils ont pris ; pouvoirs qui sont délégués par le Comité central exécutif aux Commissaires du Peuple, véritables maîtres de la Russie.

En droit, les territoires soumis aux Soviets sont régis par la masse des citoyens soviétiques ; c'est une constitution populaire, avec cette réserve que tous les habitants ne sont pas citoyens, puisque ceux, qui ont été classés « bourgeois », n'ont aucun droit ; en fait, au contraire, la constitution de la République des Soviets, sous l'apparence trompeuse des mots, devait forcément engendrer la dictature des Commissaires du Peuple. Cette constitution, donnant le pouvoir le plus absolu à un nombre très restreint de personnes, peut sembler contraire à la notion même du communisme, qui suppose l'égalité parfaite de tous les hommes. Elle était indispensable pour assurer l'écrasement de la classe bourgeoise. Lénine disait : « Le parti communiste ne peut accomplir sa tâche que s'il est régi par une volonté de fer ». Un régime parlementaire n'aurait pas pu manifester l'unité de volonté, l'unité d'action intégrale, ni exercer l'autorité sans borne, dont ont fait preuve quelques Commissaires du Peuple.

La constitution soviétique consacrait l'autorité qu'avaient prise, en Russie, les chefs bolcheviks ; elle leur donnait le moyen de mener à bien et d'achever la Révolution russe, dont le but était de détruire tout ce qui avait existé en Russie sous l'ancien régime, ensuite d'instaurer un Etat modèle communiste. Il faut examiner comment ont été réalisés ces deux buts, l'un négatif, l'autre positif.

SECTION I

DESTRUCTION DE L'ORDRE EXISTANT

§ 1. *Par la Terreur*

Afin de durer, les Soviets devaient exterminer les partis appelés bourgeois. Si ceux-ci, écœurés par la politique de M. Kérenski, n'avaient rien fait pour défendre son gouvernement, lors de la Révolution, les Bolchévistes devaient craindre que ces partis, ne pouvant subir la dictature soviétique, ne se lèvent en masse pour rejeter le pouvoir des Commissaires, encore mal assis.

Les Bolchévistes ne reconnurent aucun droit aux bourgeois et les désarmèrent.

Ils abolirent les lois en vigueur et supprimèrent les institutions judiciaires existantes.

Pour juger les petits criminels de droit commun, ils établirent des « tribunaux populaires », où des juges illettrés, nommés par les Soviets, devaient prononcer selon leur conscience prolétarienne. Les procès politiques furent réservés aux commissions extraordinaires dites « Tche-Kas » (abrégé du Tchrezvychainaia Kommissiya) et aux « tribunaux révolutionnaires », dont les membres étaient nommés par le gouvernement (1).

Chaque ville, chaque province eut sa Tche-Ka sous la dépendance d'une Tche-Ka panrusse ; de même, un tribunal révolutionnaire supérieur fut érigé au dessus des tribunaux révolutionnaires locaux. L'armée eut ses Tche-Kas et ses tribunaux révolutionnaires.

A la tête de chaque Tche-Ka se trouvait un « Presidium », composé de trois membres, qui était chargé de rendre les jugements. Ces « Presidium » pouvaient, à l'unanimité, condamner à mort. La procédure, devant les Tche-Kas et les tribunaux révolutionnaires, était très sommaire, surtout devant les Tche-Kas qui pouvaient se dispenser même d'interroger un inculpé et dont les audiences étaient secrètes ; les tribunaux révolutionnaires rendaient leurs audiences en public, l'inculpé y avait son défenseur ; il est vrai que les défenseurs soviétiques, qui avaient remplacé le barreau, étaient de véritables fonctionnaires du gouvernement bolcheviste.

Par l'armée rouge, par le moyen des tribunaux révolutionnaires et des Tche-Kas, par le système d'espionnage chargé de pourvoir d'inculpés ces tribunaux, fut instituée une véritable terreur ; toute personne

____

(1) Alexensky, p. 85.

hostile ou présumée hostile aux Soviets était envoyée devant les tribunaux.

§ 2. *Lutte contre la famille*

A un Congrès panrusse des Soviets, il fut déclaré que « la famille est une institution bourgeoise inventée par l'Église », qu'il faut la détruire et que « aucune révolution ne sera possible tant que la famille et l'esprit familial existeront ».

Conformément à cette idée, les Soviets admirent l'égalité absolue des enfants légitimes et des enfants naturels, la reconnaissance des enfants adultérins ou incestueux. Le divorce par le désir de l'un des époux, sans cause légale, fut reconnu possible, ainsi que le divorce par consentement mutuel, réduit à une simple formalité.

Un jugement d'un tribunal révolutionnaire décida que la polygamie n'est pas punissable.

Bien plus, dans certaines villes, telles que Vladimir, Yékatérinodar, Kharson, des décrets locaux allèrent jusqu'à proclamer la socialisation des femmes et des enfants. Cette aberration ne put d'ailleurs s'étendre à des parties importantes de la Russie ; elle n'a pas duré.

§ 3. *Lutte contre la propriété privée*

L'un des buts principaux, on peut même dire le but essentiel de la Révolution bolchéviste, était la suppression de la propriété privée. En effet, celle-ci constituait, de toutes les anciennes institutions, celle qui faisait le mieux apparaître l'inégalité entre les hommes.

Comme le dit M. Pilenco, ancien professeur à l'université de Pétrograd, dans une brochure intitulée « *La Législation soviétique et la Conférence de La Haye* », pendant la première période communiste, les Bolchévistes ont édicté des décrets en vertu desquels les formes principales de propriété ont été nationalisées ; de plus, l'idée même de propriété a été sapée et ébranlée.

Il y a eu, pendant toute la durée du régime purement communiste, mais surtout dans ses premiers temps, abondance de décrets de nationalisation. Sous cette euphonisme, se cachent de véritables confiscations, puisque les anciens propriétaires ne sont indemnisés en aucune façon. Selon le mot de Lénine, « on vole les voleurs ». Les biens mobiliers corporels ou incorporels ont été nationalisés comme les immeubles.

A. — Biens immobiliers.

La nationalisation des immeubles ruraux a été réalisée par de nombreux décrets (1) ; le plus typique est celui du 19 Février 1918 qui a eu pour but de socialiser tous ces immeubles. Il suffit d'en citer quelques dispositions très nettes. Article premier : « Toute propriété du tréfonds, des terres, des eaux, des forêts et des forces vives de la nature sur le territoire de la République des Soviets est abolie pour toujours ». Article deux : « ....La terre passe aux travailleurs sans indemnité aucune pour les anciens propriétaires.... » Les articles trois et vingt n'accordent le droit d'user de la terre qu'à ceux qui la travaillent eux-mêmes, au gouvernement et aux institutions de bienfaisance et d'enseignement. Ce droit d'user de la terre ne peut être acquis par la vente, l'affermage, la donation et la succession ou par tout autre contrat de droit civil.

Le décret du 20 Août 1918 a nationalisé les immeubles urbains. Toute propriété sur les immeubles, bâtis ou non bâtis, fut abolie dans les villes de plus de 10.000 habitants, et dans les autres, si le revenu en excédait le taux prévu par les autorités locales. D'ailleurs, les propriétaires des immeubles, qui n'étaient pas nationalisés, n'étaient plus de véritables propriétaires, mais de simples usagers. Une particularité de ce décret, c'est de prévoir l'indemnisation jusqu'à concurrence de dix mille roubles des anciens propriétaires, incapables de travailler et dénués de toute autre revenu.

B. — BIENS MOBILIERS.

« En ce qui concerne la propriété mobilière, dit M. Pilenco, il faut noter qu'aucun décret général n'est venu annuler celle-ci. Cependant, une analyse attentive des décrets soviétiques nous autorise à dire que le droit de disposer de la propriété mobilière, sauf quelques exceptions minimes, a été aboli, même pour les choses meubles qui n'ont été ni confisquées ni nationalisées. De cette façon, ce qui restait aux particuliers était un droit vague d'usufruit pour les choses restées entre les mains de leurs anciens propriétaires ; ... Pratiquement parlant, le droit de propriété des meubles n'existait pas ».

La législation, qui a eu pour but de nationaliser les banques, n'est pas des plus limpides. D'ailleurs, l'interprétation qu'en a donnée la Chambre des Lords dans une affaire très importante, qui a duré en Angleterre de 1921 à 1924, ne devait pas l'éclaircir.

Un décret du 14 Décembre 1917 ordonna la fusion de toutes les banques russes par actions, alors existantes, avec la nouvelle Banque du Peuple. Mais ce décret pouvait paraître une déclaration politique plutôt qu'une disposition législative concrète. Son article quatre déclare

---

(1) Notamment décrets du 19 Février 1918 sur la socialisation de la terre, du 27 Mai 1918 sur les forêts, du 20 Avril 1920 sur le tréfonds.

que « la méthode de fusion des banques par actions avec la Banque d'État sera déterminée par un décret spécial ». Par ce texte, la fusion des banques était-elle seulement prévue pour l'avenir, ou bien le principe en était-il définitivement admis, quitte à renvoyer seulement les modalités de l'exécution à un décret ultérieur (1) ? Autrement dit, ce décret n'était-il qu'un programme politique ou constituait-il un acte législatif ? Il semble plutôt que le décret du 14 Décembre a été une véritable loi et que, après sa publication, la fusion des banques privées avec la Banque du Peuple fut juridiquement opérée. Cette fusion réalisée, il paraît difficile de soutenir que les banques privées ont conservé leur individualité.

D'après un avis, émis par le Commissaire de la Banque du Peuple le 12 Avril 1918, l'administration des banques privées, qui avait, en fait, continué de s'exercer, devait être abolie à partir du 1er Avril 1918.

Ainsi la situation de fait rejoignait l'état de droit.

Le décret du 26 Janvier 1918 n'a plus pour effet de socialiser les sociétés de banques ; il nationalise, toujours sans indemnité, les droits de leurs actionnaires. Ceux-ci, après que la fusion entre les banques privées et la Banque du Peuple eût été décidée, auraient dû normalement avoir des droits dans la Banque du Peuple. Ces droits sont eux-mêmes confisqués.

La Constitution de la République des Soviets paraît contraire aux deux décrets précités. Sans mentionner la Banque du Peuple, elle transmet directement la propriété de toutes les banques à l'Etat soviétique lui-même. Les auteurs de la Constitution ont-ils voulu abroger les dispositions des deux décrets ou bien ont-ils considéré la Banque du Peuple comme étant déjà un organe de l'État russe ? Cela est difficile à discerner, avec les connaissances imparfaites qu'on a en France de la Révolution russe. On doit cependant admettre, en adoptant l'une ou l'autre de ces solutions, que les banques privées avaient complètement cessé d'exister en Russie.

Les Bolchévistes, quand ils ont pris le pouvoir, considéraient les banques comme les forteresses du régime bourgeois ; ils les ont immédiatement attaquées. Bien d'autres formes de la propriété mobilière n'ont pas été épargnées. Par décret du 8 Février 1918, la flotte russe, les petits bateaux de pêche exceptés, fut confisquée ; le 19 Juillet 1918, ont été déclarés « propriété du Peuple », sans rémunération, tous les bestiaux de race, appartenant à ceux qui ne travaillent pas personnellement ; le 13 Décembre 1918, les compagnies d'assurances privées

---

(1) Bien des lois françaises renvoient à des décrets d'administration le soin de définir les détails de leur exécution.

furent déclarées monopole d'Etat ; toutes les sociétés d'assurances devaient être liquidées ; le 20 Février 1919, les corporations des commissionnaires en bourse furent socialisées (1).

Un décret du 28 Juin 1918 avait confisqué toute une série d'entreprises industrielles. Toutes les entreprises industrielles, appartenant à des particuliers ou à des sociétés ayant plus de cinq ouvriers avec moteur mécanique ou plus de dix ouvriers sans moteur, ont été nationalisées par le décret du 29 Novembre 1920, qui réglementa la nationalisation des industries. Aux termes de ce décret, « tout l'avoir, affaires et capital des entreprises indiquées dans l'article premier... sont déclarés propriété de la République des Soviets ». La direction était responsable de leur conservation devant le gouvernement soviétique et les contrats passés antérieurement ne pouvaient être maintenus qu'avec l'approbation de ce gouvernement.

Le commerce, étant un moyen d'enrichissement pour les particuliers, était contraire au régime communiste. Les dirigeants bolchévistes, ayant pour but essentiel de « supprimer toute exploitation de l'homme par l'homme..., d'écraser sans pitié tous les exploiteurs, » interdirent, en mai 1918, le commerce du blé appelé « la spéculation des porteurs de pain ». Tout détenteur de blé dut remettre l'excédent de sa consommation personnelle. Pour organiser l'approvisionnement de la population, un décret du 21 Novembre 1918 a nationalisé tout le commerce. Ce décret institua des organes d'Etat chargés d'organiser les échanges. Les fraudes étaient soumises à la juridiction des Tche-Kas, chargées de réprimer la spéculation.

Les paysans, par le décret du 5 Août 1919, perdirent le droit de disposer des produits de la terre qu'ils cultivaient. Il fut dressé une liste des produits agricoles dont la remise à l'Etat était obligatoire.

Enfin les bolchévistes, par le décret du 27 Avril 1918, ont voulu porter un coup définitif à la propriété privée en abolissant les successions et en décidant que toute la masse successorale devenait propriété de la République Soviétique, après le décès de son propriétaire.

(1) Le 6 Juin 1919 ont été socialisés les téléphones ; le 16 Août 1919 ont été nationalisées les œuvres musicales de plusieurs compositeurs ; le 10 Octobre 1919 ont été annulés tous les contrats relatifs aux propriétés littéraire, artistique et musicale ; le 18 Décembre 1919, un décret a annulé tous les contrats d'assurances.

SECTION II

APPLICATION DES PRINCIPES COMMUNISTES

En 1921, la République des Soviets avait presque effacé toutes traces de l'ancien régime. Comment avait-elle remplacé les anciennes institutions ? Au dire de ses dirigeants mêmes, une législation serait inutile à un peuple dont la conscience communiste serait suffisamment mûrie. Mais les dirigeants de la Révolution russe n'ont pas jugé qu'il en fût ainsi en Russie. Le peuple russe n'en était pas, après la Révolution du mois d'Octobre 1917, arrivé à ce point ; ses maîtres communistes se donnèrent pour mission de le préparer et de le former par de nombreuses dispositions législatives positives, qu'ils édictèrent en même temps qu'étaient abolies, l'une après l'autre, les institutions de l'ancien régime.

Il semble inutile d'insister longuement sur cette partie positive de la législation communiste pendant la première période du régime bolchéviste, car les dirigeants de Moscou, poussés par la nécessité, ont dû, en 1921, changer de méthode.

§ 1. *Organisation Sociale*

Durant les quatre premières années du gouvernement bolchéviste, celui-ci a cherché par des décrets nombreux à s'approcher le plus possible de l'idéal communiste : égalité présente et absolue entre tous ses sujets.

Cet idéal a motivé, dans la famille, l'égalité parfaite de l'homme et de la femme, l'égalité parfaite des enfants légitimes et des enfants naturels, l'éducation obligatoire de tous les enfants par les écoles et suivant les méthodes communistes.

Comme les immeubles avaient été socialisés, le droit au logement égal pour tous a été mis en vigueur. Chaque maison eut son commandant, qui devait la partager entre toutes les familles envoyées pour y demeurer.

La nourriture elle-même fut répartie par les soins du gouvernement communiste ; mais déjà, en cette matière, on trouve, dès le commencement du régime bolchéviste, dans les dispositions qui règlent la distribution des aliments, un manquement au principe de l'égalité (1) ; en effet, la nourriture ne devait pas être remise à tous dans les mêmes proportions ; la population fut divisée en catégories ou classes dont certaines étaient avantagées. Ainsi, sous le pur régime communiste, on trouve déjà des privilèges.

(1) Voir Livre blanc Anglais, p. 230.

§ 2. *Organisation économique.*

Les Soviets établirent aussi par décrets leur organisation économique, organisation basée toute entière sur des principes de droit public. On a pu remarquer que « tous les décrets de cette époque règlent les relations entre les citoyens et l'Etat et vice-versa. Aucun de ces décrets n'effleure, même d'une façon passagère, les relations entre citoyens comme entités de droit ; tout repose sur le principe d'autorité : l'Etat s'occupe de tout et monopolise l'ensemble de la vie économique ».

En vue de supprimer les classes parasites de la société et d'organiser la vie économique du pays, la constitution de 1918 a déclaré le travail général obligatoire. Une véritable mobilisation de travailleurs a été organisée. Il ne leur est pas permis de changer de métier ni même de se déplacer.

Dès le 14 Novembre 1917, un décret fut promulgué instituant le contrôle ouvrier sur les entreprises commerciales, industrielles ou agricoles qui n'étaient pas encore nationalisées. Le contrôle ouvrier de l'entreprise s'exerce par l'intermédiaire des comités ouvriers d'usine et de fabrique. Les organes du contrôle surveillent toutes les opérations : achats, production, ventes. Tous les livres et pièces comptables doivent leur être soumis. Ce contrôle ouvrier était un régime provisoire. Il ne devait durer que jusqu'à la confiscation des entreprises par l'Etat bolchéviste. En 1918 et 1919, le commerce a été aboli en fait ; les opérations de distribution et de répartition sont faites directement par l'Etat, aux mains duquel se trouvent les transports. Il devait, par la suite, être secondé, dans une faible mesure, par les coopératives communistes. On a vu que les entreprises industrielles nationalisées étaient également régies par l'Etat.

Le décret du 14 Février 1919, appelé règlement d'administration agraire, a organisé l'exploitation des terres nationalisées (1). A la différence de ce qu'ont été les nationalisations industrielles, Lénine explique dans un ouvrage sur le programme agraire que « la nationalisation n'est pas du socialisme dans l'agriculture et que le droit de propriété de l'Etat sur la terre ne supprime aucunement l'exploitation privée ». Le cultivateur est maître de cultiver son champs comme il l'entend. Il ne peut cependant pas disposer des produits qu'il en a tirés, car les décrets de 1917 et de 1918 ont réservé à l'Etat le monopole du commerce des céréales et autorisé les agriculteurs à ne garder du grain que pour les ensemencements et pour leur propre nourriture.

(1) Voir Alexinsky, p. 113-114.

Si l'on considère, au point juridique, la situation générale de la Russie en 1920, on peut donc affirmer qu'elle était entièrement nationalisée et que la gestion économique y était complètement monopolisée.

SECTION III

RÉSULTATS DE LA PÉRIODE DU COMMUNISME INTÉGRAL

La partie destructive du programme élaboré par les Bolchévistes, de 1917 à 1921, l'a emporté sur la partie constructive. A la fin de 1920, la première politique des Soviets porte ses fruits. Elle aboutit à une désorganisation profonde de la Russie.

L'absence de confiance (il faudrait plutôt dire la méfiance absolue) de chacun envers ses voisins paralyse la vie en Russie. Les innombrables nationalisations et le fonctionnarisme excessif, qu'elles ont engendré, ont presque détruit l'industrie, en particulier les transports. La guerre déclarée au commerce, sous le nom de spéculation, a fait disparaître toute activité commerciale. Enfin les réquisitions ont incité les paysans à limiter leur production à leur propre consommation (1).

A l'extérieur, la terreur rouge a été la cause d'une émigration très forte de sujets russes, hostiles aux principes et au gouvernement communistes. Ces émigrés, qui appartiennent à des partis très différents, font connaître aux nations, dites bourgeoises, les excès commis par la Révolution bolchéviste. Ces nations sont, de plus, irritées par la politique du gouvernement des Soviets à leur égard : celui-ci a répudié tous les principes admis dans les rapports entre Etats ; il a proclamé, notamment, l'abolition des dettes d'Etat russes.

En Octobre 1921, Lénine est obligé de constater que « le Gouvernement communiste a éprouvé une défaite sur le front économique » et que « la politique économique des Soviets a complètement échoué dans son essai de restaurer la production ». Une famine d'une rigueur exceptionnelle s'abat sur la Russie. Les Soviets ont détruit les anciennes organisations de prévoyance, dispersé les classes intellectuelles russes qui, peut être, eussent été capables d'organiser des secours, indisposé les Etats étrangers. Bien qu'ayant déjà tempéré leurs principes absolus, en adoptant la nouvelle politique économique, dont on retrouvera les idées au commencement du Livre deuxième, ils sont impuissants à empêcher la misère de la population russe.

(1) Voir Alexinsky, pages 100 et suivantes.

TITRE II

PROBLÈMES JURIDIQUES SOULEVÉS EN FRANCE PAR LA RÉVOLUTION RUSSE

CHAPITRE PREMIER

Généralités

La Révolution russe a placé la France, comme les autres pays étrangers, en face de problèmes très délicats : problèmes politiques, problèmes juridiques. Cette étude a pour but de s'attacher à la question de la législation applicable aux Russes en France. Nos tribunaux pouvaient se trouver en présence d'émigrés russes, de partisans des Soviets ; il pouvait aussi s'agir de personnes morales russes ou de biens russes situés en France. De quelle législation nos juges devaient-ils se servir quand les règles françaises du droit international privé leur faisaient un devoir d'appliquer la loi personnelle des intéressés, dans une situation normale ? La loi du domicile, l'ancienne loi russe, la nouvelle avaient chacune leurs avantages et leurs inconvénients. Mais nos magistrats ne pouvaient pas, dans chaque cas particulier, choisir et appliquer, suivant leurs préférences personnelles, une législation plutôt qu'une autre. On se fût bientôt trouvé devant un amas de décisions contradictoires, dont l'effet certain eût été de paralyser les rapports des Français avec les Russes et des Russes entre eux. Il fallait chercher à dégager les principes directeurs pour en déduire leur application.

La réponse à cette question devait dépendre de celle qui a été donnée au problème politique : ou bien le gouvernement entretient des rapports avec le gouvernement étranger, ou bien il le méconnaît. C'est la question de la reconnaissance d'un gouvernement. Si un Etat a reconnu un gouvernement étranger nouveau, les dispositions impératives édictées par ce gouvernement étranger, peuvent (sous certaines réserves provenant des règles du droit international privé, telles que l'ordre public ou la qualification), être appliquées dans l'Etat, auteur de la reconnaissance ; sinon, le gouvernement étranger étant ignoré en droit, ses actes doivent l'être également

Des auteurs allemands, il est vrai, ont émis l'idée que l'application, dans un pays, de la législation d'un nouveau gouvernement étranger ne doit être influencée en aucune façon par l'acte politique de la reconnaissance. Le docteur Freund, avocat à la Cour d'appel de Berlin, dit (1) : « En Allemagne, la question de la reconnaissance ou de la
» non-reconnaissance du gouvernement soviétique ne présente aucun
» intérêt pour notre problème...Il en serait autrement si l'Etat auquel
» appartient l'étranger n'était pas reconnu en tant qu'Etat..; cependant
» il n'en est pas question ici..., la Russie est reconnue en tant qu'Etat
» conformément à une tradition séculaire. Un changement de la forme
» gouvernementale ne peut rien y modifier. La reconnaissance de la
» Russie, qui s'était produite à l'époque de la monarchie, reste valable
» indépendamment des changements que subit la forme gouverne-
» mentale en Russie... On ne peut pas dire qu'il se soit constitué en
» Russie un nouvel Etat et que cet Etat est différent de l'Etat russe
» monarchique ou de l'Etat républicain du Gouvernement Provisoire.
» La continuité de l'Etat russe n'a pas subi d'interruption par la
» constitution d'un gouvernement soviétique ». .

Cette théorie confond à dessein la reconnaissance d'un état avec celle des gouvernements qui peuvent s'y succéder. Pour ses auteurs, la distinction entre la reconnaissance d'un État et la reconnaissance du gouvernement, qui y a pris le pouvoir, est erronée. Et la seconde de ces reconnaissances n'a pas à se produire, dès que la première a eu lieu ; lorsqu'un État a été admis au rang des nations civilisées, il doit y demeurer, quels que soient les gens qui le gouvernent.

M. Champcommunal, professeur à la faculté libre de Limoges, partisan de la doctrine classique de la reconnaissance des gouvernements, a répondu à ces auteurs allemands que leur théorie repose sur une pétition de principes. La distinction de la « personnalité permanente de l'État » et des « existences précaires et passagères des gouvernements » est fort juridique. « En la circonstance, dit M. Champcommunal, il s'agit précisément de savoir si le gouvernement, qui prétend diriger le pays, détient une autorité légitime ou s'il n'impose pas une dictature, une usurpation de la souveraineté populaire. Tout est là. De la réponse à cette question dépendent la validité des mesures prises et la force

(1) Article paru au Clunet, 1924, p. 51 ; Voir aussi un arrêt du Trib. féd. Suisse du 10 Décembre 1924, Banque internationale de Commerce de Pétrograd, Clunet, 1925, p. 489-490, « La non-reconnaissance du gouvernement soviétique a simplement pour sa conséquence que, dans les rapports de droit international, ce gouvernement n'a pas qualité pour représenter la Russie en Suisse. Elle n'empêche pas le droit soviétique d'exister ».

obligatoire des décrets et des lois. Les États étrangers font connaître leur opinion en accordant ou en refusant la reconnaissance ».

Cette théorie classique de la reconnaissance politique par les États étrangers et des effets juridiques qu'elle doit y produire repose sur les faits. Au commencement de 1924, M. André Prudhomme, professeur à la faculté de droit de Lille, l'a démontré d'une manière lumineuse en ce qui concerne la question russe et la façon dont elle avait été résolue dans les différents pays.

L'on peut dire même, que les allemands ont nié la question des effets de la reconnaissance politique, parce que l'Allemagne a reconnu officiellement le pouvoir bolchéviste, dès le premier jour de son existence. Dès lors, la question de la reconnaissance ne se posait plus en Allemagne.

La France n'a pas suivi la même politique à l'égard du gouvernement bolchéviste. Pendant sept années, elle s'est refusée à reconnaître le gouvernement des Soviets. M. Ernest Lagarde a montré le chemin suivi par la politique alliée, et ensuite par la politique française, depuis le début de la Révolution bolchéviste jusqu'en 1924 (1).

Pour les Alliés, en 1917, les Soviets sont les aides et les instruments de l'Allemagne. Ils dirigent de faibles forces contre ce pouvoir qu'ils considèrent illégitime. Ils prêtent leur concours aux forces russes qui combattent les Bolchévistes.

La guerre contre les puissances centrales terminée par la victoire des Alliés, ceux-ci envisagèrent le problème russe d'un point de vue différent. Ils considèrent alors les Bolchévistes comme nuisibles à l'humanité toute entière, à cause des principes qu'ils ont adoptés. Le 5 Janvier 1919, M. Pichon, ministre français des affaire étrangères, remarque dans une note remise à l'Ambassadeur d'Angleterre : « Le régime criminel des Bolchévistes, qui ne représente à aucun degré un gouvernement démocratique ou même une possibilité quelconque de gouvernement, puisqu'il s'appuie sur les plus basses passions, sur la négation de tous les principes de droit public et privé, ne peut prétendre à être reconnu comme un gouvernement régulier ». L'antipathie des Alliés pour les Soviets se manifeste par un blocus douanier, appelé « Cordon sanitaire ». Tous rapports entre les pays alliés et la Russie rouge sont interdits. Le commerce avec les Soviets est prohibé. Le 22 Juin 1919, les alliés reconnurent le gouvernement de l'amiral Koltchak, comme gouvernement « *de facto* » de la Russie.

(1) Ernest Lagarde, La Reconnaissance du gouvernement des Soviets, Paris, Payot, 1924.

Mais, de même que la politique d'intervention des Alliés avait échoué, de même leur politique d'isolement ne put aboutir. Le 16 Janvier 1920, le Conseil suprême économique des puissances alliées, sans reconnaître les Soviets comme gouvernement « *de facto* », autorisa le commerce privé avec la Russie.

Des différences de vue entre les chefs des gouvernements alliés amenèrent, en Juillet 1920, la fin de leur politique commune. Les Etats alliés purent alors développer des politiques russes différentes.

Le gouvernement français prit le parti de continuer l'ancienne politique des alliés. Cette politique a duré, en s'assouplissant peu à peu, jusqu'en 1924.

Il s'agit maintenant de montrer comment, en fonction de la politique de non-reconnaissance suivie par la France durant les sept premières années de la Révolution russe, les pouvoirs législatif, exécutif et judiciaire ont réglé la condition des Russes sur le territoire Français.

On peut dire que trois grandes idées ont formé l'armature du système qui a été adopté en France :

1° La Russie subsiste en tant qu'Etat et la France reste amie de la nation russe, son ancienne alliée ;

2° Le gouvernement soviétique et les actes qu'il a pu accomplir doivent rester inconnus en France, car on ignore si le parti, entre les mains duquel est tombée la Russie, la représente réellement ; on ignore même s'il est viable ; mais on sait que ce parti se refuse à admettre et à appliquer les principes les plus élémentaires du droit international ;

3° La Russie continuant d'exister, les Soviets étant volontairement ignorés, le dernier gouvernement légitime et reconnu de Russie est le gouvernement provisoire de M. Kerenski. Tous les actes et toutes les décisions, qui ont été pris par ce gouvernement ou par les gouvernements précédents, demeurent valables. Les gouvernements de l'amiral Koltchak et du général Wrangel, reconnus par la suite, n'ont pas légiféré.

Mais la méthode du droit n'est pas aussi stricte que celle des sciences positives ; ce serait fréquemment une erreur de tirer d'un principe de droit ses conséquences extrêmes. Des données nombreuses influencent souvent en sens contraires un problème juridique. Celui de la situation des Russes en France vérifie cette idée (1). Les pouvoirs français, qui

____

(1) Voir article de MM. Grouber, professeur à la faculté de droit de Dijon, et Paul Tager, avocat à l'ancien barreau de Moscou, Clunet 1924, p. 8 et suivantes.

ignoraient les Soviets en théorie, ont souvent dû constater le fait de l'existence du nouveau régime russe ; la constatation de ce fait, qui aurait dû être sans influence au point de juridique, si les trois principes admis par les organes de l'État français avaient été rigoureusement suivis, amena parfois les tribunaux français à tempérer leurs décisions.

Les principes, qui ont régi la condition des Russes en France avant la reconnaissance du gouvernement des Soviets, ont été formulés par les auteurs, qui se sont occupés de la situation des Russes. Il faut voir si les pouvoirs législatif, exécutif et judiciaire les ont régulièrement suivis et s'ils ont toujours été d'accord sur les solutions à donner aux différents aspects du problème de la condition des Russes.

CHAPITRE II

Principe de la continuation de l'État Russe

Le gouvernement et le parlement français n'ont jamais hésité à proclamer hautement l'existence et l'indépendance de la nation Russe.

Ils ont, dès le début de la Révolution d'Octobre 1917, distingué le peuple russe, qui conservait leur amitié, des gouvernants bolchévistes.

Il suffit, pour s'en convaincre, de parcourir quelques textes dont la plupart ont été publiés par le Journal Officiel.

L'article 116 du traité de paix de Versailles et l'article 87 du traité de Saint-Germain ont réservé expressément les droits de la Russie.

M. Noulens, ambassadeur de France, a dit avant son départ de Russie : « La Russie est appelée à bénéficier des avantages communs, non seulement au nom de l'équité, mais comme une amie qu'on n'abandonne pas dans la détresse ».

Le 29 Décembre 1918, M. Stéphen Pichon, ministre des affaires étrangères, déclare : « La Russie, notre alliée, est sortie de la guerre par l'action du gouvernement bolchéviste qu'elle subit ». Et, au sujet de l'intervention des troupes françaises à Mourmansk, à Arkhangel, il continue : « Rien de tout cela ne constitue une intervention contraire aux droits de la Russie ».

Une note, remise à l'ambassadeur d'Angleterre à Paris le 5 Janvier 1919, constate qu'en acceptant de reconnaître le gouvernement bolchéviste, nous donnerions un démenti à la politique que les alliés n'ont pas cessé de soutenir d'accord, en fournissant sur tous les points abordables de la Russie toute l'aide et le secours possibles aux éléments sains, honnêtes et fidèles de la Russie, pour les aider à échapper à la tyrannie sanglante et désordonnée des Bolchévistes et à reconstituer par eux-mêmes un gouvernement régulier.

Le 6 Février 1920 (1), en présentant son programme devant la chambre des députés, M. Millerand, président du conseil des ministres, déclare : « .... Parlant, non plus du gouvernement des Soviets, mais du peuple russe lui-même, quelles sont les directives de notre politique

____

(1) Journal Officiel, 7 Février 1920, Débats parlementaires, page 140.

vis-à-vis du peuple russe ?.... Nous avons le désir ardent de voir le peuple russe, ayant enfin reconquis la maîtrise de soi-même occuper la place qui lui appartient et qu'il laisse-vide ».

Deux ans après, expliquant les directives données au représentant de la France à la conférence de Gênes, M. Raymond Poincaré devenu président du conseil, fait connaître que tous les experts alliés ont reconnu que des garanties devaient être prises, non seulement dans l'intérêt des autres nations, mais aussi dans l'intérêt du peuple russe lui-même, pour le mettre à l'abri de toutes les tentatives de spéculation, qu'elles viennent du dedans ou qu'elles viennent du dehors.

Ainsi le gouvernement français, sous ses différents ministères (ceux de MM. Leygues et Briand ont suivi la même politique), a proclamé l'existence de l'Etat russe et lui a maintenu son amitié.

Ces déclarations étaient faites devant le parlement, organe législatif français. Elles y ont été approuvées par de fortes majorités.

Les Chambres ont voté une loi du 9 Mars 1918 sur les loyers, qui a autorisé les locataires à demander la prorogation de leurs baux. Un article l'a déclarée applicable aux sujets des pays alliés ; il s'en remettait au pouvoir exécutif, à l'effet de discerner quels étaient les pays alliés. Par une circulaire du 29 Août 1918, le Garde des Sceaux a fait rentrer la Russie au nombre des pays alliés. Cependant le traité de Brest-Litowsk avait été signé à ce moment et les Bolchévistes dominaient la Russie. C'est donc, encore une fois, qu'étaient distingués le peuple russe et les Soviets (1).

Il faut observer que l'ambassade de Russie à Paris fut officiellement maintenue jusqu'en 1922. Dans la suite, M. Maklakof, ambassadeur du Gouvernement provisoire russe auprès de la France, et ses collaborateurs furent considérés par le gouvernement français comme ayant gardé la charge de protéger, à titre officieux, les intérêts russes en France. L'immeuble de l'ambassade russe conservait sa destination diplomatique et jouissait des immunités habituelles ; il restait juridiquement la propriété de l'Etat russe (2).

La question de l'existence de l'Etat russe et la survivance de l'amitié pour le peuple russe ne s'est pas nettement posée devant les tribunaux français (3). On verra, cependant, au cours du chapitre

(1) Voir Clunet 1918, page 1480 ; R. Lapradelle 1919, page 325.

(2) Voir Lagarde, page 117.

(3) Voir cependant jugement du tribunal civil de la Seine, 3 Décembre 1923, Le Foyer c/ Grunwaldt, Clunet 1924, page 980 : « Si déconcertante qu'ait été l'attitude du gouvernement soviétique, trahissant l'Entente sous le feu de l'ennemi, G. n'en saurait subir les conséquences ».

troisième, que la jurisprudence française a été bien d'accord sur ce point avec les pouvoirs exécutif et législatif. Il ne faut pas douter qu'elle eût fait sienne, si l'occasion s'en était présentée, cet attendu de la troisième chambre de la Cour d'appel de Bruxelles : « Les puissances alliées et associées ont nettement établi la distinction qu'elles entendaient faire entre un gouvernement révolutionnaire, qu'elles ne pouvaient reconnaître, au point de vue international, et le peuple russe lui-même, à qui elles conservaient toutes les sympathies que lui méritaient l'aide et les sacrifices qu'il avait consentis à la cause commune ». On ne pouvait mieux exprimer ce principe fondamental de la distinction entre le peuple russe et le gouvernement des Soviets.

CHAPITRE III

Principe de l'ignorance juridique du Gouvernement des Soviets

Le gouvernement des Soviets a été juridiquement ignoré par le gouvernement et par les tribunaux français, durant la période qui a précédé sa reconnaissance par la France.

Les Soviets ne pouvaient avoir aucun des droits qui sont accordés sur notre territoire aux gouvernements étrangers ; ils n'auraient pas eu la faculté d'y être propriétaires.

Le gouvernement français n'a jamais accepté de représentant bolchéviste officiellement accrédité auprès de lui. Les personnes, qui ont pu être envoyées de Moscou en France, à des titres divers, n'ont joui d'aucune immunité diplomatique ; c'étaient de simples particuliers.

Nos tribunaux, qui ont eu à s'occuper assez souvent de la condition des Russes en France, ont toujours repoussé l'application de la loi soviétique, conséquence nécessaire de l'ignorance du gouvernement des Soviets.

Parfois même, ils ont été jusqu'à rendre des décisions qui manifestèrent non seulement la méconnaissance de la législation soviétique, mais encore l'ignorance de l'existence du gouvernement soviétique en tant que fait. C'est ainsi, comme on le verra plus loin, que, malgré le changement de régime en Russie, les tribunaux français se sont déclarés incompétents, dans certaines décisions, pour prononcer le divorce entre Russes, au risque d'aboutir à un véritable déni de justice (1).

Souvent les tribunaux français ont rendu leurs décisions, non seulement sans appliquer la loi des Soviets, mais même sans en faire mention ; c'était là, il semble, des cas saisissants d'ignorance absolue de la loi soviétique.

Dans certaines affaires, où l'une des parties cherchait, soit à faire appliquer la loi soviétique, soit à influencer la décision, à cause de la

---

(1) Dans ce sens pourrait paraître un arrêt de la Cour de Paris (3ᵉ Ch.) du 4 Juillet 1923 (Affaire Berthold c/ Stᵉ Prowodwik), Cl., 1924, p. 992. La Cour s'est déclarée incompétente au sujet d'une dette de la société défenderesse, ancienne société russe. Mais il faut remarquer que, le siège de cette société se trouvant à Riga, cette société n'était plus une société russe, mais une société lettone.

situation de la Russie, les tribunaux français ont motivé leur impossibilité d'appliquer la législation communiste.

Le 11 Juin 1921, la première chambre du tribunal de la Seine (1) a prononcé le divorce des époux Titoff, Russes orthodoxes, pour cause d'adultère du mari. Par crainte de commettre un déni de justice, le tribunal de la Seine a abandonné le principe de l'incompétence des tribunaux français pour prononcer le divorce entre Russes, alors que, d'après l'ancienne loi russe, ce divorce aurait dû être soumis à la juridiction confessionnelle. « Attendu, dit ce jugement, que cette substitution de la procédure française du divorce à la procédure purement religieuse du statut personnel des époux... se comprend d'autant plus que le gouvernement de fait qui existe actuellement en Russie n'est pas juridiquement reconnu ; que les tribunaux diocésains et le Saint-Synode sont dissous ; que les citoyens russes n'ont donc plus la possibilité de s'adresser aux autorités russes de leur pays pour faire statuer sur leurs demandes dans la forme religieuse prescrite par la loi russe ».

Dans une affaire, plaidée devant le tribunal correctionnel d'Arras, un français, défendeur, opposait à un sujet russe l'exception de la « *cautio judicatum solvi* », en prétendant que le traité du 15/27 Juillet 1896 et la convention de La Haye du 17 Juillet 1905 ne pouvaient plus produire d'effets depuis la Révolution d'Octobre 1917. Le tribunal, par un jugement du 9 Janvier 1923 (2), repoussa l'exception, attendu qu'on ne saurait, comme le prétend le demandeur, considérer ces traité et convention comme abrogés par le traité du 3 Mars 1918, conclu à Brest-litowsk entre les Russes et les Allemands, non plus que par la proclamation de l'indépendance de la République Ukrainienne ou par la disparition du gouvernement russe ; qu'en effet le gouvernement de la République Française n'a jamais reconnu le nouveau gouvernement ukrainien non plus que celui des Soviets, indiquant, en outre, par ses actes, en maintes circonstances, qu'il se considérait toujours comme lié par ses engagements envers la nation russe, notamment en payant les coupons des fonds d'Etat russe ».

Un jugement du tribunal de commerce d'Antibes, rendu le 21 Avril 1922, a fait, il est vrai, exception au principe de l'ignorance des actes du gouvernement des Soviets. Un émigré russe, créancier d'un autre émigré russe, en vertu d'un contrat passé en Russie avant la Révolution et dont l'exécution devait être accomplie en Russie, poursuivit son débiteur devant le tribunal. Celui-ci s'est déclaré incompétent en

(1) Clunet, 1921, p. 525.
(2) Clunet, 1923, p. 833, Affaire Tsourkanienko c/Battier.

alléguant qu'il n'est pas possible d'affirmer que la justice ait cessé de fonctionner en Russie et que les événements qui se déroulent dans ce pays ne peuvent ni directement ni indirectement modifier les règles de compétences des tribunaux français (1). On ne peut pas dire que ce jugement pousse la méconnaissance de la Révolution russe jusqu'à vouloir en ignorer l'existence ; il semble, au contraire, admettre la légitimité des tribunaux soviétiques, malgré la non-reconnaissance du gouvernement des Soviets. Le tribunal d'Antibes, par ses attendus, se rattache à la doctrine allemande de l'inutilité d'une reconnaissance politique, doctrine certainement fausse. Pour suivre à la lettre les articles 14 du code civil et 420 du code de procédure, ce jugement aboutit à un flagrant déni de justice. D'ailleurs, la Cour d'appel d'Aix, par un arrêt du 31 Mai 1923, à modifié la décision du tribunal d'Antibes qu'elle a déclaré compétent (2).

Une affaire importante et d'un grand intérêt fut jugée le 12 Décembre 1923 par la cinquième chambre du tribunal de la Seine (3).

La société Optorg avait reçu des Soviets, en paiement de marchandises, des balles de frisons et de déchets de soie, qui avaient été confisquées aux héritiers Bounatian en vertu des décrets de nationalisation. Ces balles, encore revêtues des marques des propriétaires dépossédés, avaient été, lors de leur arrivée à Marseille, saisies à la diligence des anciens propriétaires, les héritiers Bounatian, qui les revendiquèrent en justice.

Le tribunal de la Seine constata que le gouvernement des Soviets n'avait pas été reconnu par la France et qu'il ne pouvait être considéré que comme un groupement de forces, sans existence internationale, dans l'impossibilité de se prévaloir des attributs de la puissance publique ; il admit que, dans ces conditions, les expropriations pratiquées en Russie, par ordre de ce groupement, constituaient des actes d'usurpation et de violence, réunissant à l'évidence tous les éléments juridiques de la soustraction frauduleuse de la chose d'autrui, prévue et réprimée par les articles 379 et suivants du code pénal français. La transmission des biens acquis de cette manière devait être irrégulière, et le tiers acquéreur de ces biens ne pouvait arguer de sa bonne foi pour obtenir le remboursement du prix qu'il avait versé, car la bonne foi suppose la croyance pleine et entière du tiers acquéreur au droit de son auteur à la propriété des biens qu'il transmet, ce qui implique l'absence de toutes circonstances de nature à éveiller des

(1) Clunet, 1923, p. 534, Affaire Jouditski c/Givatowski.
(2) Clunet, 1924, p. 104.
(3) Gaz. du Palais, 6-7 Janvier 1924, Clunet 1924, p. 133.

soupçons sur la légitimité de la possession de l'objet par le vendeur.
C'est pourquoi le tribunal a déclaré recevable, conformément à l'article.
2279 du code civil, l'action en revendication intentée par les héritiers
Bounatian ; il a débouté, d'autre part, la société Optorg de sa demande
en remboursement du prix versé par elle, parce qu'elle ne pouvait
pas invoquer le bénéfice de l'article 2280, le gouvernement des Soviets
ne pouvant pas être considéré comme exerçant réellement et habituel-
lement, aux termes de cet article, la profession de marchand.

Le dispositif du jugement du tribunal de la Seine est exact ; on ne
pouvait tenir aucun compte en France des décrets de nationalisation.
Mais nous pensons, avec MM. Pillet et Niboyet (1) et avec
M. Lagarde (2), que son argumentation prête à la critique. De quoi
s'agissait-il ? De la validité internationale d'un droit acquis en Russie, en
vertu d'un décret de nationalisation soviétique. Le tribunal a eu raison
de considérer la situation politique des Soviets vis-à-vis de la France.
L'absence de reconnaissance retirait toute valeur juridique, en France,
aux actes législatifs pris par le pouvoir bolchéviste. Cet argument
suffisait à donner un fondement solide à la décision du tribunal.
Puisque, du fait de la non-reconnaissance des Soviets, leurs actes
étaient inexistants en France, les anciens propriétaires devaient avoir
gardé leur propriété ; ils n'avaient qu'à apporter la preuve de leur
ancienne propriété, et cette preuve était faite par l'apposition sur les
objets litigieux des marques de ces anciens propriétaires. Si le tribunal
voulait renforcer sa décision par d'autres arguments, il pouvait se
servir de l'ordre public ; il aurait pu affirmer avec force que la
reconnaissance en France des effets d'une confiscation brutale, faite
dans un but politique par un pouvoir étranger, était contraire à
l'ordre public français.

Le tribunal a commis une lourde erreur de droit, en s'appuyant
sur la législation française pour déterminer la propriété d'un bien
dont l'acquisition avait eu lieu en Russie. La transmission de la
propriété (c'est incontestable), est soumise à la loi du lieu de la
situation du bien au moment de cette transmission. Le transfert
postérieur de ce bien dans un autre pays n'y peut rien changer. Et les
articles 2279 et 2280 du code civil, établis pour l'acquisition des
meubles sur le sol français, ne sont certainement pas faits pour régir
l'acquisition de biens en Russie, même si ces biens sont ensuite
importés en France.

(1) Manuel, n° 677 page 739.
(2) La reconnaissance des Soviets, page 126.

Heureusement, comme on l'a déjà dit, l'erreur juridique du tribunal de la Seine n'a pas faussé sa décision elle-même, qui déniait tout effet en France aux décrets de nationalisation.

La législation si touffue de la République des Soviets n'a donc eu aucun effet en France. On ne pouvait pas y appliquer les règles nouvelles sur l'état des personnes ou le régime des biens. Cette exclusion de la loi soviétique donnait au juge français l'avantage de ne pas avoir à l'interpréter ni à discriminer ce qui, dans cette législation, était acceptable. La cause de cette exclusion fut l'opinion défavorable que s'est formé des Soviets et de leurs lois le gouvernement français, approuvé et soutenu par le parlement. En résumé, au point de vue juridique, le gouvernement français, en ne reconnaissant pas les Soviets, est arrivé à rejeter en bloc leur législation.

CHAPITRE IV

Principe du maintien de l'ancien droit Russe.

Quel droit devait alors régir les Russes, à quelque parti qu'ils appartinssent ? La logique commandait de les soumettre à l'ancienne loi russe. En effet, d'une part, on ne discutait même pas la question de l'existence de la Russie comme État civilisé. Il fallait donc appliquer aux Russes leur loi nationale. D'autre part, la loi soviétique était exclue, parce que les Soviets n'avaient pas été reconnus. Il n'y avait pas d'alternative : la seule législation russe qui pût avoir effet, en France, était celle qui avait été appliquée en Russie jusqu'à la Révolution bolchévique. D'ailleurs, le gouvernement français n'avait-il pas reconnu, à deux reprises différentes, des gouvernements russes, qu'il considérait et qui se considéraient eux-mêmes comme les successeurs des gouvernements provisoires du prince Lvow et de M. Kerenski : le gouvernement de l'amiral Koltchak et celui du général Wrangel ? Ceux-ci n'avaient pas modifié l'ancien droit.

En fait, c'est l'ancienne loi russe qui a été appliquée aux Russes quand les principes du droit permettaient de leur appliquer leur loi nationale. Ce principe a été suivi sans discussion et sans interruption. Il n'a jamais été formulé par les pouvoirs français comme les deux premiers. On peut parcourir toutes les décisions françaises relatives aux Russes ; en général, elles ont appliqué l'ancien droit russe ; il ne s'en trouve pas qui expliquent pourquoi c'est cet ancien droit qu'elles ont suivi. Il semble bien que la raison de ce silence est la logique même qui, les deux premiers principes admis, entraînait naturellement le troisième.

Il serait trop long d'énumérer et d'étudier un à un les nombreux jugements français, qui ont fait application de l'ancien droit russe. Mieux vaut essayer de les grouper et montrer comment a été déterminé le statut des Russes depuis le mois d'Octobre 1917 jusqu'au moment de la reconnaissance des Soviets à la fin de 1924.

On passera en revue : 1° Les décisions relatives aux traités et conventions franco-russes ; le sort de ces accords ;

2° Les décisions concernant l'état des personnes ;

3° Les successions des Russes en France ;

4° Les contrats soumis à l'ancien droit russe.

SECTION I

APPLICATION DES TRAITÉS FRANCO-RUSSES

Des décisions assez nombreuses ont eu à résoudre la question de la persistance ou de la caducité des traités qui avaient été conclus entre la France et la Russie.

La doctrine était divisée. Une partie considérait surtout le fait de la Révolution bolchéviste, avec les pertubations fondamentales qu'elle avait produites en Russie, et la défection de la Russie dans la guerre mondiale. Ses partisans ont dit que l'état des relations entre la France et la Russie avait été profondément modifié et que, les traités franco-russes n'étant plus appliqués en Russie, il y avait lieu de faire jouer la règle « *Clausula rebus sic stantibus* ». Ils ont fait remarquer que certaines crises politiques, comme la guerre, font tomber, *ipso facto*, les conventions passées antérieurement entre les pays belligérants (1). Ils ont cherché à assimiler les troubles occasionnés par la Révolution russe à ceux qui sont amenés par la guerre. Une note, insérée à la suite de l'arrêt de la Cour de Paris du 9 Février 1921, dans le Journal de droit international privé, dit (2) : « La non-reconnaissance d'un Etat étranger considéré (à raison de son origine et de ses agissements) comme en dehors de la communauté des Etats civilisés et le défaut de relations diplomatiques avec cet Etat « out-law » n'équivalent-ils pas, quant aux conséquences juridiques de cette situation spéciale, à celles résultant de l'état de guerre ? On pourrait croire que l'affirmative doit l'emporter. Le fait pour une nation d'être tenue juridiquement pour inexistante semble, au point de vue moral, plus dirimant encore, dans les relations internationales que d'être belligérante ».

Cette thèse spécieuse n'a cependant pas triomphé (3). La caducité des traités, par suite de guerre, est un cas spécial, une exception admise par la coutume internationale ; on ne doit pas l'étendre à des cas nouveaux. Les modifications, qui surviennent dans la forme du gouvernement et dans l'organisation interne d'un Etat, n'exercent aucune influence sur ses droits et ses obligations découlant des traités (4). Il appartenait au gouvernement seul de juger de l'utilité de

(1) Champcommunal, Lapradelle, 1924, p. 324-325.

(2) Il en a été ainsi pour les traités conclus entre la France et l'Allemagne avant 1914. Il a fallu une notification du gouvernement français, en vertu d'une clause expresse du Traité de Versailles, pour les remettre en vigueur après la paix de 1919.

(3) Clunet 1921, p. 231.

(4) Grouber et Tager, Clunet, 1924, p. 9-10.

dénoncer les traités. Une règle, depuis longtemps admise par la jurisprudence française, ne permet d'ailleurs aux tribunaux d'interpréter les traités diplomatiques que lorsqu'il s'agit d'intérêts privés, non quand des intérêts publics sont en cause. A plus forte raison ne peuvent-ils donc pas répudier des conventions diplomatiques ratifiées par le gouvernement français. Enfin, si les tribunaux avaient d'eux-mêmes cessé d'appliquer les traités russes, ils auraient contrevenu au principe de la continuation de l'Etat russe. La magistrature française ne l'a pas voulu.

A. — TRAITÉ DE COMMERCE DU 1er AVRIL 1874. — CONVENTIONS DU 15 JUILLET 1896 ET DU 17 JUILLET 1905.

Nos tribunaux ont appliqué sans réserves l'article 2 du traité de commerce et de navigation du 1er Avril 1874, aux termes duquel les Russes devaient avoir « libre accès » devant la justice française (1).

En droit, la solution était juste ; les juges, sachant que ce traité n'avait pas été dénoncé par le gouvernement français, en conclurent, conformément à la règle normale d'interprétation, qu'il restait en vigueur. C'était cependant, en fait, une erreur ; car le traité de commerce du 1er Avril 1874 avait été régulièrement dénoncé par le gouvernement de M. Kerenski, reconnu par la France. Cette dénonciation n'avait pas été publiée en France ; elle y était complètement inconnue.

Un russe, M. Nossovitch, ayant demandé des explications au ministère des affaires étrangères, en reçut le 22 Mai 1923 la réponse suivante : « Par lettre du 7 de ce mois, vous avez bien voulu me demander des informations sur les motifs qui ont provoqué la dénonciation du traité de commerce franco-russe du 1er Avril 1874 et notamment si le gouvernement russe, en dénonçant cet accord, ne s'était pas proposé uniquement d'obtenir l'annulation de ses clauses économiques. J'ai l'honneur de vous faire savoir que le traité de commerce du 1er Avril 1874 a été dénoncé purement et simplement

---

(1) Trib. de la Seine, 11 Juin 1921, Aff. Titoff, Clunet, 1921, p. 525 ; Trib. de la Seine, 24 Décembre 1921, Aff. Bermann, Clunet, 1922, p. 117. « Attendu qu'une pareille solution (l'incompétence du tribunal) équivaudrait à un véritable déni de justice, alors que, d'une part, les sujets russes bénéficient devant les juridictions françaises de la clause du libre accès, stipulée dans la convention franco-russe du 1er Avril 1874 » ; Trib. de la Seine, 9 Décembre, 1921, Aff. Tournansky, Clunet, 1922, p. 116 ; Trib. d'Antibes, 21 Avril 1922, Aff. Jouditski, Clunet, 1923, p. 534 ; Trib. de Bordeaux, 12 Juin 1919, Aff. Fridberg, Clunet, 1919, p. 1068.

par le gouvernement provisoire russe, le 24 Octobre 1917. Quelles qu'aient été les intentions de ce gouvernement, la dénonciation a eu pour conséquence de faire tomber le traité tout entier. Il n'aurait pu subsister partiellement qu'en vertu d'un accord entre les parties. Or, aucun arrangement de cette nature n'a été conclu. Le traité, dénoncé par le gouvernement russe, conformément à une des clauses du traité même, a cessé d'être en vigueur sans que le gouvernement français ait dû pour cela notifier de son côté une dénonciation au gouvernement russe. D'autre part, aucune disposition légale n'exige que la dénonciation d'un traité soit publiée au Journal Officiel. J'ajoute enfin que, si quelques décisions judiciaires ont continué à invoquer le traité en question, on doit en conclure uniquement que les parties ont été insuffisamment renseignées sur l'état du droit ».

Cette façon de considérer la dénonciation d'un traité par un Etat étranger a prêté à la critique. On y a vu « matière à réforme utile pour le renom de la justice et pour la sauvegarde des intérêts particuliers ». Il eût été désirable que le gouvernement français, qui n'y était pas obligé en droit, publiât par n'importe quel moyen, par exemple par instruction ministérielle ou même par la voie de la presse, la dénonciation du traité de commerce de 1874.

Cependant, des décisions avaient été rendues. Elles étaient définitives. Elles s'appuyaient d'ailleurs, comme l'insinue le dernier paragraphe de la lettre du ministère des affaires étrangères, sur le principe « *Error communis facit jus* ».

La dénonciation du traité de commerce ne devait pas avoir une grande influence sur la condition des Russes. On verra plus loin (1) que les tribunaux ont pu remédier à l'absence du traité du 1er Avril 1874.

Toutefois, les Russes ne pouvaient plus profiter des dispositions de l'article 14 de notre code civil, comme les tribunaux leur en avaient reconnu la possibilité tant que l'article 2 du traité de commerce avait été en vigueur.

On a pu se demander, lors de la conclusion de la convention du 15-27 Juillet 1896 sur la caution *judicatum solvi*, quelle était son utilité en France, puisque la jurisprudence française avait interprété largement le traité de commerce de 1874, et dispensait, en vertu de ce traité, les Russes de la caution *judicatum solvi*. La convention de 1896, et celle conclue à La Haye en 1905, doublaient le traité de 1874. La dénonciation de ce traité a mis en relief les conventions de 1896 et de 1905. Par suite de la disparition du traité, ces conventions demeurèrent

____

(1) Voir Infra Ch. V, Section II, § 1, Compétence. Domicile.

seules (1). Un jugement rendu le 9 Janvier 1923 par le tribunal correctionnel d'Arras a fait application des deux conventions (2).

B. — CONVENTION DU 1ᵉʳ AVRIL 1874 SUR LE RÈGLEMENT DES SUCCESSIONS.

En ce qui concerne la convention sur les successions (3), les premières décisions rendues ont été contraires au principe de la survivance de l'ancien droit russe.

Une dame d'Akmatoff, émigrée Russe, étant décédée à Nice en 1919, après avoir institué son fils pour son légataire universel, le consul de Russie à Nice, conformément aux termes de la convention, prit possession des biens meubles de la succession. Sur ces entrefaites, M. d'Akmatofl, se prétendant saisi des droits héréditaires, demanda au consul la remise des biens successoraux entre ses mains. Le consul s'y opposa. L'affaire vint devant le tribunal de Nice. Celui-ci a condamné le consul de Russie à se dessaisir des biens héréditaires, « attendu que l'absence de gouvernement constitué en Russie et de tribunaux organisés a rendu inapplicable la convention de 1874 ; que les consuls maintenus en exercice ne sont pas reconnus par l'autorité qui s'exerce en Russie ».

Cette décision est en opposition avec toute la jurisprudence. Il faut considérer, il est vrai, l'époque à laquelle elle a été rendue. C'est un des premiers litiges, concernant les Russes, qui aient été portés devant un tribunal français. Le tribunal de Nice ne pouvait pas s'appuyer sur des précédents. Il a tranché l'affaire, qui se présentait devant lui, de la manière qui lui a semblé la plus pratique et, tout en réservant l'avenir, pris « les dispositions nécessaires conformes à la loi française de nature à sauvegarder les droits des intéressés ». La solution adoptée n'en est pas moins criticable ; car le tribunal s'est adjugé le droit d'abroger, par lui-même, un traité et ce droit n'appartient qu'au pouvoir exécutif.

La Cour de Paris (4) a décidé, dans un arrêt rendu le 9 Février 1921, que la convention de 1874 devait continuer malgré la Révolution russe à avoir son plein et entier effet. Un des motifs de cet arrêt fait

(1) Des doutes se sont élevés en ce qui concerne la convention de La Haye. Le traité de Versailles l'a abrogée entre la France et les Empires centraux. On s'est demandé si cette abrogation ne devait pas s'étendre à la Russie. C'est peu probable. Il n'y a pas de raison d'assimiler la Russie aux pays qui avaient été en guerre contre la France.

(2) Aff. Tsourkanienko c/ Battier, Clunet 1923, p. 833. Voir aussi Trib. de commerce de la Seine, 10 Avril 1919, Aff. Leczinski, Clunet 1919, p. 1084.

(3) Voir Grouber et Tager, Clunet 1924, p. 10.

(4) Gaz. du Palais, 1921-1-380, Affaire Boda c/Consul de Russie.

remarquer que cette convention a été « approuvée et rendue exécutoire en France par la loi du 17 Juin 1874 » et qu'elle a expressément prévu la façon dont elle devait cesser : par la dénonciation de l'un des Etats contractants dans des conditions déterminées. Le gouvernement français avait, d'ailleurs, fait connaître officieusement à la Cour qu'il tenait, « dans le présent état des circonstances, pour non caducs les traités conclus par la France avec la Russie en 1874 ».

En 1922 le jugement, rendu le 28 Juillet 1920 par le tribunal civil de Nice, fut réformé par la Cour d'Aix (1), considérant que l'interprétation des conventions diplomatiques, aussi bien que la reconnaissance de leur validité, et la définition des pouvoirs des consuls sont d'ordre essentiellement gouvernemental, que les tribunaux ne sauraient trancher des questions de cette nature sans méconnaître le principe de la séparation des pouvoirs.

Cependant le gouvernement français, qui avait tout d'abord incité les tribunaux à maintenir la convention, se rendant compte des inconvénients que présentait son exécution, dénonça lui même cette convention sur les successions, en même temps que le traité du 1er Avril 1874 sur les attributions des consuls. La procédure de cette dénonciation fut très particulière. On ne pouvait la notifier à l'État co-contractant, puisque l'ancien gouvernement n'existait plus et que le pouvoir par lequel il avait été remplacé n'était pas reconnu. La dénonciation fut rendue publique par le Journal Officiel du 19 Mai 1921. La convention sur les successions avait prévu que son effet cesserait dans le délai d'un an à compter du jour de la dénonciation. Mais un accord spécial intervint entre le gouvernement français, représenté par le ministre des affaires étrangères, et M. Maklakoff, ambassadeur de Russie. Aux termes de cet accord, bien que la convention dont il s'agit dût rester théoriquement en vigueur jusqu'au mois de Mai 1922, les consuls de Russie acceptèrent de ne pas se prévaloir de ces stipulations et de laisser les successions ouvertes depuis le 19 Mai 1921 sous l'empire du droit commun, comme celles qui devaient s'ouvrir postérieurement au 19 Mai 1922. Au contraire, les consuls russes devaient parfaire la liquidation des successions ouvertes avant le 19 Mai 1921, dont ils avaient déjà l'administration, même si la durée des opérations de liquidation devait dépasser le 19 Mai 1922 (2). S'il survenait des difficultés dans la liquidation des successions par les consuls de Russie, les tribunaux compétents devaient être les tribunaux français.

(2) Clunet 1924, p. 157.
(1) Circulaire du Garde des Sceaux du 3 Août 1921, Clunet 1922, p. 231.

Un arrêt de la cour de Paris du 20 Juillet 1921, dans une affaire relative à la succession du général Stackelberg, décédé à Pétrograd en 1917, a appliqué l'accord du 19 Mai 1921.

La Convention de 1891 pour le règlement des marins russes décédés sur un navire français n'a pas été dénoncée. Il ne faut pas douter qu'elle a subsisté pendant la période de non-reconnaissance du gouvernement des Soviets ; mais aucun tribunal français n'a eu à s'en occuper.

C. — Autres traités franco-russes.

Bien d'autres accords de moindre importance avaient été signés par la France et la Russie. En vertu principe du maintien de l'ancien droit russe, ils ont dû persister en France jusqu'au mois d'Octobre 1924. Il y a très peu de décisions à leur sujet.

Il faut noter une affaire de poursuites contre un éditeur de musique pour violation de la convention franco-russe du 29 Novembre 1911 relative à la propriété des œuvres musicales. Cette affaire a été portée devant la chambre criminelle de la Cour de Cassation (1). Celle-ci a admis indirectement l'existence, après la Révolution russe, de la convention de 1911, car elle l'a interprétée. La juridiction suprême a donc confirmé par cet arrêt la jurisprudence de la continuation des accords franco-russes et du maintien de l'ancien droit.

SECTION II

ÉTAT ET CAPACITÉ DES PERSONNES

En manière d'état et de capacité des personnes, la jurisprudence et la pratique françaises ont suivi le principe du maintien de l'ancien droit russe.

A. — Mariage.

L'acte le plus important, pour lequel les principes français de droit international ordonnent d'appliquer aux étrangers leur loi nationale est, sans nul doute, le mariage.

Le mariage des Russes en France, après 1917, a continué à être régi par l'ancienne loi russe.

Les conditions intrinsèques de la validité du mariage (âge des époux, consentement des parents), les empêchements (parenté, alliance) devaient être ceux de la loi russe, pourvu qu'elle ne fût pas en contradiction avec l'ordre public français.

____

(1) Arrêt du 23 Mars 1924. Aff. Leduc c/Bessel et autres, Clunet 1924, p. 708.

En vertu de la loi russe, la célébration du mariage des Russes aurait dû être religieuse ; mais, à cause du principe de la sécularisation du mariage en France et de la règle « *locus regit actum* », une célébration réligieuse exclusive ou préalable est contraire à l'ordre public français ; l'effet de celui-ci, positif et négatif en même temps, est de prohiber la forme russe de la célébration du mariage pour la remplacer par la forme civile française.

A ce sujet, un avis du ministère des affaires étrangères français est assez étonnant. On lui avait demandé quelle était la valeur juridique d'un mariage célébré en France entre une Française et un arménien Russe, devant l'officier de l'état-civil, sans avoir été suivi du mariage religieux (1). Le ministère a répondu : « La question s'est posée à propos du mariage des Juifs étrangers qui n'est valable, d'après leur statut, que s'il y a eu célébration religieuse, et qui a été contracté seulement devant un maire. La validité de ce mariage a été controversée... En général, nos tribunaux ont décidé : 1° Que le mariage de deux Juifs célébré en France devant l'officier de l'état-civil doit être considéré nul, faute d'avoir été suivi d'un mariage religieux, exigé par le statut personnel ; 2° Qu'en soumettant leur union aux formes de la loi française, les époux ne peuvent se soustraire aux conditions de leur loi personnelle ».

Le premier paragraphe est étonnant. Le ministère semble avoir considéré comme une jurisprudence bien assise, et parfaitement justifiée, les quelques décisions, qui, avant la guerre, ont exigé une célébration religieuse pour que le mariage des Russes fût valable en France. On a déjà vu que cette jurisprudence n'avait pas pu tenir et qu'elle provenait d'une interprétation exagérée des arrêts Levinçon (3).

Mais le second paragraphe est très juste, si toutefois l'on ne considère dans les termes, « conditions de validité de leur loi personnelle » que les conditions de fond et non les conditions de forme.

Cette réponse du ministère concernait un mariage célébré avant la Révolution russe. Rien dans ses termes ne fait remarquer que la situation ait été changée par la Révolution.

B. — Nullités de mariage.

L'ancienne loi russe s'appliquait aussi aux causes de nullité des mariages.

(1) Question 572. Clunet 1919, p. 1403.

(2) Voir note de M. Audinet sous Trib. de la Seine, 11 Juin 1921, 9 Décembre 1921 et 24 Décembre 1921, Cour de Paris, 10 Mai 1922, Cour de Nancy, 7 Juin 1922, S. 1924-2-9.

Le tribunal de la Seine (1), se référant de l'ancienne loi russe, a annulé le mariage de Russes parce qu'ils étaient de religions différentes (2). Cette décision était-elle juste ? L'ordre public français interdirait à un officier d'état-civil de refuser de célébrer le mariage de Russes pour ce motif que l'un seulement serait de religion chrétienne. Un tribunal français pouvait-il prononcer la nullité d'un mariage célébré à l'étranger dans ces conditions ? Il semble bien que non. L'ordre public doit être le même qu'il s'agisse de célébration ou de nullité de mariage.

Néanmoins, cette décision montre avec qu'elle rigueur nos tribunaux ont appliqué l'ancienne législation russe, jusqu'à lui donner le pas sur des lois françaises impératives.

C. — Divorce.

La matière du divorce des sujets russes, célèbre depuis les arrêts Levinçon, a été fertile en décisions après la Révolution de 1917.

Deux courants se sont formés dans la jurisprudence française pendant les premières années qui ont suivi la Révolution russe.

Le premier, suivant, sans la modifier, la thèse admise par la Cour de Cassation dans l'arrêt Levinçon, aboutit à l'incompétence des juridictions françaises pour prononcer le divorce entre Russes. Ces décisions ne rejetèrent pas seulement la loi du gouvernement des Soviets ; elles ont ignoré l'existence même de ce gouvernement et des évènements qui se sont produits en Russie. Leurs motifs sont identiques à ceux des jugements rendus en cette matière de 1902 à 1917.

On trouve, par exemple, dans un jugement du tribunal de Bordeaux (3) : « Attendu que..., en vertu de la législation russe, le pouvoir de prononcer le divorce entre époux (russes), appartenant au culte israélite, est exclusivement réservé à l'autorité compétente du culte judaïque ; que le mariage ayant été contracté devant le rabbin, la rupture de ce lien ne peut résulter que d'une décision de l'autorité rabbinique ; que les tribunaux français ne peuvent s'ingérer dans ces matières ; que ce principe touche à l'ordre public et à la nature de juridiction ; que le tribunal est incompétent ».

(1) Trib. de la Seine, 15 Juillet 1920, Dame Levenberg c/Balter, R. Lapradelle, 1922-23, p. 778, Dalloz (Sommaires) 1922-5-6.

(2) L'article 85 du Svod, interdisant aux sujets russes de la confession gréco-orthodoxe ou romano catholique de contracter mariage avec des personnes de confession non-chrétienne, a été abrogé par le gouvernement des Soviets. Il était nettement contraire aux principes nouveaux.

(3) Trib. de Bordeaux, 12 Juin 1919, Aff. Fridberg, Clunet, 1919, p. 1068.

Le tribunal de la Seine s'est prononcé dans le même sens dans un jugement rendu le 19 Janvier 1920 (affaire Leidervarger) (1) et dans un autre jugement rendu le 9 Décembre 1921 (affaire Tournansky) (2), Ce dernier jugement s'exprime ainsi : « Sans qu'il y ait lieu de se référer à la convention du 1er Avril 1874, laquelle n'est pas en cause en l'espèce, il est constant que le litige soumis au tribunal doit être apprécié à raison des statuts personnels des époux, selon leur loi nationale ».

Les motifs, qui ont fait s'élever la doctrine contre cette jurisprudence avant la Révolution, n'avaient rien perdu de leur puissance, au contraire les événements les avaient renforcés. Et des auteurs, qui admettaient la solution de la Cour de Cassation, dans l'arrêt Levinçon, la rejetèrent après les événements de 1917. M. Camille Jordan, ministre plénipotentiaire, dans un article paru en 1922 dans la Revue de droit international privé(3),critique les motifs des arrêts Levinçon ; cependant il est d'avis, que la législation mosaïque, en vigueur dans l'Empire russe, n'admet pas l'institution du divorce telle qu'elle est établie en France. Mais, après avoir approuvé l'incompétence des tribunaux français dans l'arrêt Levinçon, M. Jordan se voit obligé de condamner cette même incompétence dans l'affaire Tournansky. Cette appréciation différente de deux problèmes juridiques identiques a pour cause le changement de situation de la Russie.

Les critiques de la doctrine, aggravées par le situation de la Russie après les événements de 1917, ont décidé la première chambre du tribunal civil de la Seine, à renoncer à la jurisprudence établie lors de l'affaire Levinçon.

A cet égard, un jugement rendu le 21 Décembre 1921 par le tribunal de la Seine dans une affaire Bermann est intéressant (4). En 1900, une Française de religion israélite avait épousé à Paris un Russe de même religion, nommé Bermann. Le mariage civil avait été suivi d'un mariage religieux. L'union des époux Bermann était donc parfaitement valable à tous égards. Quelques années plus tard, le mari quittait le domicile conjugal avec l'une de ses ouvrières. En 1908, le rabbin de Paris rompit le mariage religieux. En 1921, Mme Bermann demanda au tribunal de la Seine de prononcer le divorce à son profit.

---

(1) Clunet, 1920, p. 198.

(2) R. Lapradelle, 1922, p. 426.

(3) R. Lapradelle, 1922-23, p. 377 et suivantes.

(4) Clunet, 1922, p. 317; R. Lapradelle, 1923, p. 426, et les conclusions très intéressantes de M. le Substitut Sugier. La 1re Ch. du Trib. de la Seine s'était déjà déclarée compétente pour prononcer le divorce de Russes orthodoxes par un jugement du 11 Juin 1921, Aff. Titoff, Clunet, 1921, p. 525.

Dans de remarquables conclusions, M. le substitut Sugier a appuyé la demande de la dame Bermann. Après avoir établi l'utilité du divorce civil, après la rupture du lien conjugal par l'autorité rabbinique, il a démontré, en reprenant les arguments depuis longtemps invoqués par la doctrine, la recevabilité de la demande. En terminant, il a appelé l'attention du tribunal sur la situation intolérable dans laquelle se trouveraient les Russes si la doctrine de l'arrêt Levinçon était maintenue. « Aux termes de l'accord franco-russe du 1er Avril 1874, dit-il, ils avaient
» libre accès devant nos tribunaux ; cependant quand ils s'y sont présentés
» pour plaider en divorce, on leur a dit : « Allez divorcer en Russie ».
» Ils le pouvaient peut-être à la rigueur quand on leur a tenu pour la
» première fois ce langage et même jusqu'en 1914 ; mais peut-on leur
» demander aujourd'hui d'aller, en s'exposant à toutes sortes de
» dangers, solliciter dans leur pays d'origine l'application d'anciennes
» loi qui, sans doute, n'existent plus, ou l'application de lois nouvelles
» qui, peut-être, n'existent pas encore ? On pouvait concevoir que le
» juge français s'enfermât dans une formule de droit quand elle
» pouvait aboutir à une possibilité. Vous apprécierez s'il peut observer
» la même attitude quand sa formule équivaut au refus de toute
» justice et contribue à créer, sous nos yeux une catégorie d'individus
» vivant d'une existence contraire à notre ordre public. . . ».

Convaincu par ces conclusions, le tribunal a prononcé le divorce entre les époux Bermann.

On pourrait croire que les deux séries de décisions sur le divorce des Russes, dont les solutions sont contraires, envisagent d'une façon différente le maintien de l'ancien droit Russe : les unes, héritières de l'arrêt Levinçon, appliquant l'ancien droit ; les autres, le rejetant. Il n'en est rien. Toutes admettent la persistance de l'ancienne loi russe. Où leurs points de vue diffèrent, c'est dans la considération de l'état de fait créé en Russie, par l'arrivée au pouvoir du gouvernement des Soviets. Les premières veulent ignorer l'existence des événements qui se sont succédés en Russie, les autres en tiennent compte, sans pour cela admettre la loi des Soviets ni rejeter l'ancienne loi russe (1). Les motifs du jugement de l'affaire Bermann en sont la preuve : « Attendu... que si les tribunaux français refusaient d'accueillir la demande en divorce formée par la dame Bermann, par le motif que la loi russe, qui régit les conjoints, ne connaît et n'admet, en ce qui concerne les mariages entre Israélites, que le divorce prononcé par l'autorité religieuse, à laquelle ils appartiennent, il serait impossible à la dame Bermann d'obtenir en France, où son mariage a été célébré, le divorce

(1) Voir Grouber et Tager, Clunet, 1924, p. 16.

contre son conjoint ; qu'une pareille solution équivaudrait à un déni de justice, alors que, d'une part, les sujets russes bénéficient devant les juridictions françaises de la clause du libre accès, stipulée dans la convention du 1ᵉʳ Avril 1874, et que, d'autre part, en raison de l'état chaotique actuel de la Russie, qui n'a pas de gouvernement reconnu, les citoyens russes ne sauraient s'adresser aux autorités compétentes de leur pays pour faire statuer sur leurs divorces dans la forme religieuse prescrite par la loi russe ».

D. — FILIATION. — PROTECTION DES INCAPABLES.

Il n'a pas été publié de décision française ayant trait à la filiation de sujets russes. Il faut cependant penser qu'un tribunal n'aurait pas fait de difficultés pour appliquer la loi russe en cette matière. Une remarque est cependant à faire. Souvent, dans les affaires de filiation, des lois différentes viennent s'entre-choquer. C'est que, fréquemment, la législation des parents est différente de celle de l'enfant, parce qu'ils sont de nationalités différentes. Ainsi la loi française et la loi russe auraient pu être toutes deux appliquées si un enfant, né en France, non reconnu, avait poursuivi en reconnaissance de paternité ou de maternité son père ou sa mère russe ou si un enfant, né en Russie, avait poursuivi son père ou sa mère français. Cette particularité se retrouve, d'ailleurs, souvent dans les affaires touchant à la filiation dans lesquelles interviennent des étrangers.

La capacité des Russes en France et la protection des incapables russes devaient aussi être soumises à l'ancien droit russe. Ces matières n'ont pas, à notre connaissance, donné lieu à constestations depuis 1917. Il est vraisemblable que la pratique a, sans difficultés, appliqué le principe du maintien de l'ancien droit (1).

SECTION III

SUCCESSIONS

La convention du 1ᵉʳ Avril 1874 sur les successions, scrupuleusement appliquée par la jurisprudence française jusqu'à sa dénonciation par le gouvernement français en mai 1921, ne s'attachait pas seulement à établir une procédure pour le règlement des successions des Russes en France ; aux termes de son article 10, la succession mobilière des Russes devait y être régie par leur loi

____

(1) Confer cependant C. de Cass, 27 Mars 1922, Teretschenko, S, 1923-1-27.

nationale. MM. Grouber et Tager (1) font remarquer qu'après la dénonciation du traité le 19 Mai 1921, il n'y a pas eu de litiges concernant des successions russes, ouvertes après cette date. L'application de l'ancienne loi russe a dû subsister en cette matière. La pratique n'a pas cessé pour les successions, ouvertes après le 19 Mai 1921, de suivre le Svod.

Les successions ab-intestat sont restées soumises à l'ancienne loi russe pour leur dévolution, leur ouverture et leur liquidation.

Les successions testamentaires l'ont été également. Des certificats de coutume, légalisés par les consuls de Russie, ont renseigné la juridiction gracieuse sur l'ancienne législation russe. En vertu de cette législation, les présidents des tribunaux n'ont pas hésité à envoyer les légataires universels en possession des biens héréditaires, non seulement quand le testament était olographe, ce qui était conforme au droit français, mais même quand le testament était authentique ou quand il existait des héritiers qui, d'après le droit français, auraient été des héritiers réservataires (2).

SECTIÓN IV

CONTRATS

Les contrats, qui avaient été passés suivant l'ancienne loi russe, devaient ils être exécutés en France ? La réponse n'est pas douteuse. Plusieurs décisions ont admis implicitement la validité de contrats passés en Russie (3). On verra d'ailleurs que l'application de l'ancienne loi russe en matière de sociétés a été admise.

Cependant la Cour d'Alger, dans un arrêt du 23 Janvier 1923 (4), à omis d'appliquer la loi russe et l'a remplacée par la loi française.

Il s'agissait d'un navire russe, qui avait été saisi. Un litige s'éleva sur la validité de la saisie. La Cour d'Alger a décidé que la loi du lieu de la saisie, loi française, était applicable pour la détermination des privilèges et pour l'ordre de collocation des

(1) Conter ordonnances du Président du Tribunal civil de la Seine du 8 Septembre 1921, Lianosoff, du 7 Mars 1923, Lipman, du 23 Juil et 1923, Kourakine, citées par MM. Grouber et Tager, Clunet 1924, page 15.

(2) Clunet, 1924, page 16.

(3) Cour d'Alger. 23 Janvier 1923. Affaire du Kolang. Clunet 1924, p. 1046. Voir décision intervenue dans une affaire similaire, en Egypte. Clunet 1924, p. 1114.

(4) Trib. de la Seine, 20 Mai 1921, Aff. Kharon, Clunet, 1923, p. 533 ; Trib. arbitral mixte franco-allemand, Gaz. du Palais, 1923-2-582, Aff. du Crédit Lyonnais.

créanciers, « alors que des circonstances d'ordre politique et de force majeure ont fait perdre au navire son port d'armement et lui ont fait adopter un véritable port d'attache nouveau en territoire français ».

Cet arrêt fait exception à l'ensemble de la jurisprudence française ; il semble reposer sur une confusion commise par la Cour. La procédure de la saisie est, en effet, celle de la *lex fori*. Il n'en doit pas être de même de l'étendue de privilèges ; ceux-ci dépendent de la loi du pavillon : la loi russe en l'espèce.

La Cour base son application de la loi française sur ce que des circonstances d'ordre politique ont fait adopter au navire russe un véritable port d'attache nouveau en territoire français. Cela revient à dire que ce navire a perdu toute nationalité russe et acquis la nationalité ou au moins un domicile français. Mais, même en admettant le changement de port d'attache et de nationalité du navire, par suite de force majeure, les privilèges, obtenus régulièrement pendant que le navire se trouvait en Russie, devaient sortir leur plein effet, car ils avaient été régulièrement acquis par contrat. Ce serait une inconséquence de déclarer que les circonstances, qui se sont produites en Russie, ont amoindri ou invalidé ces contrats. Par conséquent, les créanciers privilégiés avaient droit acquis à être remboursés par préférence et dans l'ordre qui existait quand le navire s'est réfugié en France.

Une autre question aurait pu se présenter, en pratique, dans la matière des contrats. Des contractants pouvaient-ils soumettre un contrat, passé en France après 1917, à l'ancienne loi russe ? Les principes généraux, admis en France, pour régler les questions russes obligent de répondre par l'affirmative. En effet, en vertu du droit international, les contrats sont régis en principe par la règle de l'autonomie de la volonté. Des contrats peuvent être normalement passés et exécutés en France, en se référant à une loi étrangère, pourvu que leurs clauses ne soient pas contraires à l'ordre public français. Aucune raison n'empêchait des parties d'invoquer l'ancienne loi russe (1).

Une application de ces règles nous semble pouvoir être faite à la matière du régime matrimonial des Russes en France. Les lois russes n'instituaient pas de contrat de mariage et ne prévoyaient qu'un régime légal : la séparation de biens, donnant aux époux la pleine capacité. Ceux-ci pouvaient, durant leur mariage, contracter entre eux

_____

(1) Il n'en eût vraisemblablement pas été de même en ce qui concerne la loi soviétique, car celle-ci, émanation d'un pouvoir non reconnu, était juridiquement inexistante. Voir étude de M. Champcommunal, R. Lapradelle 1924, p. 533.

relativement à leurs biens. En un mot, l'incapacité de la femme mariée, la prohibition de contracter entre époux et l'immutabilité du régime matrimonial étaient inconnues de la législation russe.

Ces dispositions de l'ancien droit russe étaient-elles applicables, en France, après la Révolution russe ? Si, comme cela nous parait exact, et comme la jurisprudence française l'admet (1), le régime matrimonial est soumis aux règles de l'autonomie de la volonté, on peut répondre que les époux russes avaient le droit de contracter entre eux, en France, après la Révolution, comme par le passé.

Il en aurait été d'ailleurs de même si le régime matrimonial avait dû être rattaché à leur état et à leur capacité, régis par leur loi nationale.

Un avis du ministère de la justice (2), concernant le régime matrimonial des Russes, considère la loi impériale russe comme étant demeurée en vigueur.

---

(1) Voir : Baudry-Lacantinerie, Contrat de mariage, 3ᵉ éd., T. l, nᵒ 121 ; Despagnet, Principes de droit int. privé, 5ᵉ éd., p. 593 ; Féraud-Giraud, Clunet 1885, p. 38 ; Laurent, droit civil international T. V, p. 214 ; Pillet et Niboyet, Manuel, nᵒˢ 518 à 523 ; Bartin, note Dalloz, 1902-2-266 ; Trib. de commerce de la Seine, 30 Décembre 1896, Clunet, 1897, p. 808 ; Cour d'Orléans, 24 Février 1904, S. 1915-1-165 ; Trib. de la Seine, 16 Juillet 1910, R. Lapradelle, 1911, p.380 ; Cour de Cass. civ., 30 Décembre 1912, Trib. de la Seine, 30 Avril 1920, et Cour d'Alger, 20 Décembre 1911, rapportés R. Lapradelle, 1921, p. 103 et note ; Trib. de Marseille, 8 Mai 1913, R. Lapradelle, 1914, p. 583.

(2) Question 581, Clunet, 1920, p. 107.

CHAPITRE V

Tempéraments aux principes

Les trois principes, qui ont guidé le pouvoir et les tribunaux français, quand ils se sont trouvés en face du problème russe ouvert par la Révolution, justes en eux-mêmes, devaient conduire à des conséquences déplorables, s'ils étaient appliqués avec trop de rigueur. Dans la science du droit, les idées doivent se modeler sur les réalités ; les théories doivent s'appliquer aux faits.

Les principes qui viennent d'être étudiés ont trouvé leur base dans les sentiments contraires manifestés en France pour le peuple russe d'une part, pour les Soviets d'autre part.

Mais le fait de l'abolition complète de l'ancien régime russe, celui du pouvoir des Soviets ne devaient-ils avoir aucune conséquence juridique en France ? A vouloir les méconnaître par principe, on serait souvent arrivé à des résultats pratiquement inacceptables. Des tempéraments devaient être apportés aux principes initiaux (1).

La jurisprudence française a-t-elle su, pressée par les circonstances, atténuer ses principes fondamentaux et les adapter aux situations ?

Pour répondre à cette question, il faut examiner :

1° Si, dans certains cas, le principe de l'ignorance juridique des Soviets ne devait pas être abandonné, quand des droits avaient été régulièrement acquis en territoire russe soumis aux Soviets.

2° Si, parfois, les circonstances ne devaient pas amener des solutions d'un caractère spécial dans l'application de l'ancien droit russe.

---

(1) Le gouvernement français, dans le domaine politique, a lui-même donné l'exemple de sa faculté d'adaption aux faits. Il se refusait catégoriquement à reconnaître le gouvernement de Moscou. Mais, d'un autre côté, il désignait des délégués commerciaux pour entrer en pourparlers avec un Commissaire pour le commerce extérieur soviétique. Le gouvernement des Soviets a été invité (Voir communication de la France, de la Grande-Bretagne et de l'Italie à M. Tchitcherine, commissaire du Peuple, du 14 Novembre 1922, Lagarde, p. 158) à participer aux travaux de la conférence de Lausanne, signée par la France et d'autres puissances le 24 Juillet 1923 et par M. Jordansky, délégué soviétique, le 15 Août de la même année

SECTION I

RESPECT DES DROITS ACQUIS VALABLEMENT EN RUSSIE SOVIÉTIQUE

Aucune disposition n'a interdit aux citoyens de la République des Soviets de venir en France ; ils pouvaient y pénétrer, dès lors qu'ils étaient en règle avec l'administration française. Des Russes, qui avaient habité la Russie sous le Régime des Soviets, pouvaient donc s'installer en France. Mais pendant leur séjour dans la Russie soviétique, ils avaient pu accomplir des actes modifiant leur état : ils avaient pu s'y marier, y divorcer, etc... Quel devait donc être le sort de ces actes en France ?

Un principe de droit international veut que les actes, régulièrement accomplis à l'étranger, soient reconnus valables et produisent leurs effets au dehors, pourvu toutefois que ces effets ne constituent pas des cas de pertubation et de trouble social, là où ils doivent se réaliser.

D'un autre côté, comme on l'a déjà vu, on a admis aussi en France, comme un principe, l'inexistence juridique du gouvernement des Soviets, et, par voie de conséquence, la nullité des actes accomplis sous ce régime.

De ces deux principes, absolument contraires, lequel devait l'emporter ? Dans certains cas, il semble bien que ce devait être le principe du respect des droits internationalement acquis.

L'ignorance juridique du gouvernement des Soviets avait certainement pour effet d'empêcher les tribunaux d'appliquer les lois soviétiques en cas de conflit de lois. Elle devait même annihiler les droits acquis en Russie, quand ces droits acquis étaient contraires à l'ordre public français. C'est ainsi, qu'un tribunal français ne pouvait pas reconnaître d'effets à un droit obtenu en Russie en vertu de la nouvelle législation sur la propriété (1). Mais, comme le dit fort bien M. Champcommunal (2), la France repoussait la loi des Soviets, elle ne frappait pas les Russes. Ceux-ci, partisans ou non du nouveau régime, jouissaient chez nous de leurs droits civils. Nier l'existence et la validité d'actes dont la nécessité sociale est certaine, aurait abouti à frapper les Russes d'une déchéance contraire à ce sentiment d'amitié qu'on ne cessait de proclamer à leur égard.

La validité des actes, concernant l'état des personnes, accomplis en Russie depuis l'installation du nouveau régime, devait donc être

(1) Dans ce sens la décision du Trib. de la Seine dans l'affaire Bounatian c/Oplorg, précitée.

(2) Clunet, 1924, p. 530.

admise en France, pourvu qu'ils ne fussent pas contraires à l'ordre public. Il n'y a pas eu de litige sur cette question, parce que peu de Russes sont venus en France après avoir séjourné en Russie sous le gouvernement des Soviets.

SECTION II

NOTION DE LA FORCE MAJEURE

Il importe de se rendre compte de la situation pénible, dans laquelle se sont trouvés, après la Révolution, les Russes réfugiés en France au nombre de plusieurs centaines de mille. Les rapports entre la France et la Russie étaient coupés. La plupart des émigrés avaient laissé en Russie une partie de leur famille. Les concitoyens, avec lesquels ils étaient en relations d'affaires ou d'amitié, avant 1917, se trouvaient trop souvent dispersés en des pays fort éloignés. Dans ces conditions, on ne pouvait, dans les affaires russes, écarter la notion de force majeure, puisque les événements, survenus en Russie, avaient créé des situations de fait, qu'on ne pouvait méconnaître et que l'application des règles internationales et des principes généraux ne suffisaient pas à résoudre.

La loi du 12 Janvier 1921 a fait application de cette notion. Elle permit au président du tribunal d'accorder des délais aux sociétés et aux individus, ayant la totalité ou la majeure partie de leur exploitation en Russie, pour l'exécution de leurs engagements, antérieurs à la Révolution. Les dispositions de cette loi ne s'appliquaient qu'aux commerçants. (1).

Les tribunaux français se sont fréquemment servis de la notion de force majeure ; ils ne pouvaient toutefois l'employer qu'avec modération, car son abus aurait relégué au second plan les principes généraux déjà posés et il aurait abouti à des solutions divergentes dans des cas similaires. On peut voir des exemples d'abus de la notion de force majeure dans la décision du tribunal de Nice du 28 Juillet 1920 (Affaire Akmatoff) (2) et dans celle de la Cour d'Alger du 23 Janvier 1923 (Affaire du Kolang) (3).

---

(1) Dans ce sens, arrêt de la Cour de Paris (2ᵉ Ch.) du 15 Décembre 1922, Grossœuvre et Cⁱᵉ c/ de Malherbe, Gaz. Tribunaux du 14 Janvier 1923, R. Lapradelle 1922-23, p. 491 ; C. de Cass., 11 février 1924, Cl., 1924, p. 1004. Les non-commerçants étaient protégés par l'article 1244, § 2 du code civil, comme l'a fait remarquer M. Noulens, président de la commission sénatoriale.

(2) Gaz. du Palais, 1924-1320, dans la note.

(3) Clunet 1924, p. 1046.

La jurisprudence française s'est particulièrement servie de la notion de force majeure dans les affaires de compétence, dans celles relatives à la preuve d'actes reçus en Russie, et dans la matière très importante des sociétés russes.

§ 1. *Compétence des tribunaux — Domicile*

La dénonciation, par le gouvernement Kerenski, du traité de commerce de 1874, qui accordait le libre accès des tribunaux français aux sujets russes, a été connue en France en 1923. Dès lors, les Russes devaient être soumis, pour la compétence, au droit commun des étrangers. Quoique la compétence à l'égard des étrangers se soit considérablement élargie depuis le début du XIXe siècle, elle n'est pas absolue, et, normalement, la situation des Russes devait devenir précaire.

En réalité, elle n'a pas changé. La compétence des tribunaux français a été rattachée au domicile des Russes. Il a paru que les émigrés, dont les biens ont été confisqués, qui ont été proscrits de Russie, n'ont pas pu y avoir conservé leur domicile ; au contraire, celui-ci devait se trouver en France ou dans le pays de leur principal établissement, depuis leur départ de Russie.

La Cour d'Aix, dans un arrêt rendu le 31 Mai 1923 (1), a parfaitement formulé la tendance de la jurisprudence française.

Il s'agissait d'un litige survenu entre deux émigrés russes au sujet d'un contrat qu'ils avaient passé en Russie avant la Révolution et qui, normalement, aurait dû y être exécuté. Le défendeur, à la suite des troubles russes, s'est installé en France ; en Russie ses biens ont été confisqués ; il y a été condamné à mort par les Soviets. En vertu de l'article 420 du code de procédure, l'affaire aurait dû être renvoyée en Russie. Mais la Cour d'Aix a déclaré le tribunal civil français compétent, parce que il y avait lieu « de faire application du principe, proclamé par la jurisprudence et basé sur des nécessités pratiques impérieuses, aussi bien que sur l'équité la plus élémentaire, qui attribue compétence aux tribunaux français pour statuer sur les difficultés, nées à l'occasion de contrats entre étrangers, mêmes passés à l'étranger, lorsque, depuis lors, le défendeur a, d'une part perdu son domicile à l'étranger, et, en tous cas, s'en trouve éloigné depuis longtemps et pour un temps encore indéterminé par des événements

---

(1) Clunet 1924, p. 104, Affaire Jouditski. Comparer arrêt de la Cour de Paris du 20 Avril 1916 qui décide que le droit d'ester en justice est au nombre des droits naturels dont l'étranger jouit en France.

indépendants de sa volonté, et a, d'autre part, acquis un domicile en France, ou y a tout au moins fixé sa principale et habituelle résidence ».

Il résulte des termes de cet arrêt que la compétence des tribunaux français devait être très large, après que la dénonciation du traité de 1874 a été connue.

Une remarque s'impose : la Cour d'Aix base la compétence des tribunaux français sur la perte du domicile russe et l'acquisition d'un domicile français. Elle déclare que ce changement de domicile ne dépend pas de la volonté des Russes, mais qu'il est nécessité par les faits. Pourquoi, dans ces conditions, la juridiction gracieuse française, après la dénonciation de la convention sur les successions, a-t-elle continué à appliquer la loi russe aux successions mobilières des Russes décédés en France. La Cour de Cassation, dans la célèbre affaire Forgo (1), a proclamé que la succession mobilière d'un étranger décédé doit être régie par la loi du domicile du *de cujus*. D'après la Cour de Cassation dans cette affaire, l'étranger, qui n'a pas été autorisé à avoir son domicile en France, n'y a qu'un domicile de fait, son domicile de droit restant dans son pays d'origine (2).

Les émigrés russes, par suite des nécessités, ont perdu tout domicile en Russie ; leur seul domicile valable est en France et leur succession, même mobilière, devrait être soumise à la loi de leur domicile : la loi française.

Il n'en a pas été ainsi. Si les présidents des tribunaux et la pratique française ont continué à appliquer la loi russe, c'est que, après l'arrêt Forgo, la jurisprudence française à changé (sans peut-être s'en apercevoir) le principe applicable aux successions mobilières des étrangers et qu'au lieu de se tenir au principe du domicile pour les successions mobilières, elle en est arrivée à admettre l'application de la loi nationale. Cette erreur, un an avant l'arrêt Forgo, avait été faite dans l'exposé des motifs du projet de la loi qui devait ratifier la convention de 1874 sur les successions.

§ 2. *Preuve des actes passés en Russie*
Passeports Nansen

A. — PREUVE DES ACTES.

La rupture complète des relations entre la France et la Russie a rendu impossible la preuve des actes passés en Russie avant la Révolution, quand cette preuve ne résultait pas de pièces régulières.

---

(1) Clunet, 1875, p. 358, S. 1875-1-409, D. 1875-1-343.
(2) Voir article de M. Camille Jordan, Lapradelle 1922-23, p. 672 et suivantes.

La jurisprudence française s'est montrée très large. C'est ainsi qu'on peut considérer comme un véritable « jugement de bonne foi » celui que le tribunal civil de la Seine a rendu, le 20 Mai 1921, dans une affaire Kharon (1), où l'on contestait la validité de chèques russes irréguliers dans la forme. En raison de la situation troublée qui continuait d'exister en Russie, le tribunal a estimé que la preuve des chèques était apportée par les déclarations du président du conseil d'administration d'une banque russe, déclarations rendues vraisemblables par les pièces présentées.

Pour les émigrés russes, pour les Français qui avaient résidé en Russie et dont le départ avait souvent été une fuite, la possibilité de prouver les actes d'état civil était essentielle. Cette preuve était facile s'ils avaient des documents réguliers. Mais ces documents pouvaient manquer à beaucoup. Il fallait y suppléer, car, comme le fait remarquer M. Champcommunal (2), « la privation des pièces d'état civil excluerait, en fait, de la vie juridique. Il ne serait plus possible de prouver l'existence du mariage et de la filiation des enfants, d'invoquer les droits matrimoniaux, de solliciter le divorce, d'exercer la puissance paternelle, d'établir le décès d'un parent » .

L'article 70 du code civil, en permettant aux futurs époux, qui ne peuvent se procurer un extrait de leur acte de naissance, de le remplacer par un acte de notoriété, a paré aux difficultés qui pouvaient se présenter à l'occasion des mariages. Mais ce texte exceptionnel ne peut être étendu. On s'est demandé si la loi du 25 Juin 1919, qui facilite la preuve des décès de guerre, ne pouvait s'appliquer aux décès survenus en Russie. Une réponse du ministère des affaires étrangères à M. Tapponnier, député (3), déclare que cette loi spéciale ne peut être étendue à des cas qu'elle ne prévoit pas.

La solution vraiment juridique pour remplacer les pièces absentes aurait été de se référer aux lois russes, qui pouvaient prévoir des moyens de preuve accessoires en cas de perte d'actes d'état-civil. La preuve d'un acte ne doit-elle pas être faite, logiquement, suivant la législation qui a servi à l'établir ? Si les tribunaux ne pouvaient pas admettre cette règle, peut-être difficile à suivre en pratique, ils auraient pu considérer les actes, dont la preuve normale devait être faite par des pièces d'état-civil, comme de simples faits, dont la preuve peut être faite par tous moyens. Cette solution aurait été basée sur un principe général de la théorie des preuves. Un jugement de la Cour

(1) Clunet, 1923, page 533.

(2) R. Lapradelle, 1924, page 535.

(3) Journal Officiel du 23 Novembre 1921.

d'appel de Besançon du 30 Juillet 1878 (1) constituait un précédent. Cette méthode, il faut l'avouer, aurait suppléé aux actes de l'état civil, sans les remplacer. Car ces jugements n'auraient eu qu'une autorité relative (2) et non une portée absolue comme moyen de preuve ; c'aurait été des jugements, non des actes de l'état-civil.

Les tribunaux français n'ont pas jugé bon d'employer cet expédient. Il fallait cependant trouver une solution La jurisprudence française s'est servie de l'article 46 du code civil, d'après lequel : « lorsqu'il n'aura pas existé de registres ou qu'ils seront perdus, la preuve en sera reçue tant par titres que par témoins ; et dans ces cas, les mariages, naissances et décès pourront être prouvés tant par les registres et papiers, émanés des pères et mères décédés, que par témoins ».

La chambre des requêtes de la Cour de Cassation, dans une affaire Achard contre dame Chaput (3), a admis la preuve d'un mariage, contracté à Moscou le 28 Septembre 1906, dont la femme demandait la rupture par le divorce, en étendant à ce cas l'article 46 du code civil.

Cette interprétation est-elle-exacte? Il ne le semble pas. On peut admettre, à la rigueur, l'extension de cet article à des cas similaires à ceux qu'il prévoit, pourvu qu'il s'agisse d'actes de l'état-civil français (4). Mais c'est exagérer que de l'appliquer à des actes de l'état civil dressés à l'étranger, au mépris de la loi « *Locus regit actum* ».

Si les motifs de l'arrêt de la Cour de Cassation paraissent faibles, il faut au contraire en approuver le dispositif, qui a permis aux personnes, ayant vécu en Russie, de prouver les actes d'état civil pour lesquels il était impossible d'apporter des pièces régulières. Peut-être même, en pratique, l'application de l'article 46 du code civil avait-elle des avantages? On a prétendu que le jugement rendu en vertu de l'article 46, jugement qui remplace l'acte de l'état-civil, doit avoir la valeur absolue de cet acte.

Le rapprochement de l'arrêt de la Cour de Cassation dans l'affaire Achard et de la décision rendue dans une affaire similaire le 19 Décembre 1919 par le tribunal de la Seine (5) est intéressant.

(1) D. 1879-2-34.

(2) Voir Planiol. Traité élémentaire de droit civil, 1922. T. II, n°s 512-515.

(3) Cour de Cassation, 14 Novembre 1922, Clunet, 1923, p. 304. Voir aussi Cour d'Aix, 6 Mai 1885, S. 1887-1-449.

(4) Voir Planiol, Traité, T. II, n° 537. Colin et Capitant, Cours élémentaire de droit civil, 1921-1923.

(5) Clunet, 1920, page 201, affaire Murolawsky.

Dans l'affaire Achard, il s'agissait de prouver un acte passé sur le territoire de la Russie soviétique ; dans l'affaire Mirolawsky, l'acte de l'état-civil à prouver avait été dressé à Bielsk, en Pologne russe. La demanderesse devait prouver sa filiation. Un extrait de son acte de naissance ne put pas être fourni, mais elle produisit plusieurs pièces : photographies, certificats, et divers témoignages. Le tribunal de la Seine a déclaré qu'elle n'avait pas pu prouver sa filiation, car aux termes de la loi russe, les pièces qu'elle a produites étaient sans valeur et la preuve testimoniale inadmissible. Cette décision est juridique. Mais, si le même raisonnement avait été appliqué à l'égard de la preuve des actes dressés dans les territoires russes soumis au gouvernement des Soviets, on aurait souvent abouti à une impasse. L'abandon de la loi russe pour faire cette preuve se comprend donc ; il était nécessité par la force majeure. Il était inutile cependant d'aller rechercher l'article 46 du code civil ; les principes généraux de la théorie des preuves auraient suffi à résoudre cette question de preuve des actes de l'état-civil (1).

B. — PASSEPORTS NANSEN.

Bien peu des nombreux Russes, qui se sont enfuis de Russie en 1917, ont eu la possibilité d'emporter leurs pièces d'identité. Un grand nombre se réfugia dans les contrées où ils furent à charge et où il leur fût impossible de trouver du travail, en Turquie notamment. Pour se rendre dans des régions où ils auraient pu subvenir à leur entretien, il leur fallait des passeports réguliers. Ces passeports, ils ne pouvaient les obtenir, faute de papiers d'identité. Leur situation pénible émut le Comité international de la Croix-Rouge, dirigé par M. Ador, ancien président de la République Helvétique. Une conférence des organisations de bienfaisance, réunie en Février 1921, envisagea les moyens d'améliorer le sort des Russes. Il lui sembla que l'organe particulièrement désigné pour résoudre cette question était la Société des Nations. Cette œuvre, en effet, ne pouvait aboutir que par la coopération d'un grand nombre d'Etats. Elle entrait dans l'objet de la S. D. N., qui groupe la plupart des puissances.

M. Ador demanda alors au Conseil de la S. D. N. la nomination d'un Haut-Commissaire pour « assurer la coordination entre les gouvernements », afin d'améliorer le sort des émigrés russes. Dans sa séance du 27 Juin 1921, le Conseil accueillit cette demande. Peu après, M. Nansen était nommé « Haut-Commissaire de la S. D. N. pour les réfugiés russes ».

(1) Confer l'article 1348 § 4 du Code civil.

Pendant les mois d'Août et de Septembre 1921, sur l'impulsion du Conseil de la S. D. N., se réunirent des conférences de fonctionnaires de divers gouvernements. Elles demandèrent à M. Nansen de se mettre en rapport avec les gouvernements adhérents à la S. D. N., afin de procurer aux réfugiés russes, qui n'en avaient pas, des pièces d'identité suffisantes.

Le 23 Novembre 1921, un projet de circulaire fut élaboré par la Section juridique du Secrétariat général de la S. D. N. Il contenait un projet de « passeport provisoire à délivrer aux réfugiés russes » et il devait être envoyé par le Haut-Commissaire aux différents gouvernements.

Dans une conférence tenue à Paris du 30 Janvier au 2 Février 1922, le projet de circulaire fut soumis par un représentant du Haut Commissaire à des juristes russes. A la suite de cette réunion, ceux-ci établirent un projet amendé de passeport.

Les propositions du docteur Nansen ont été adoptées le 25 Mars 1922 par le Conseil de la S.D.N. et une conférence gouvernementale, réunie sur la demande de la France en Juillet 1922, a établi un projet rectifié de certificat d'identité aux réfugiés russes et de visas.

Par une résolution prise le 20 Juillet 1922, le Conseil de la S.D.N. a invité les gouvernements à adopter le modèle de « certificat d'identité » et la procédure de visas, établis par la conférence gouvernementale.

Enfin, la troisième assemblée générale de la Société des Nations a, le 28 Septembre 1922, « attiré l'attention des gouvernements sur l'importance du projet de certificat d'identité ». Ce projet a été adopté par la France.

Cette œuvre de la S.D.N., à qui l'on a quelquefois reproché de n'avoir aucune influence, a amélioré dans une grande mesure la situation des réfugiés russes. Par le moyen des certificats d'identité leur condition fut déterminée. Ils cessèrent d'être immobilisés sur un territoire et ils purent désormais circuler d'un pays à l'autre, se réunir ou s'installer où ils avaient chance d'avoir la vie plus facile.

La S.D.N., en peu de temps, a réalisé une œuvre que les circonstances auraient obligé les gouvernements d'accomplir séparément avec beaucoup de difficultés. Réalisée par la S.D.N., l'institution des certificats d'identité a eu une généralité qu'il aurait été bien difficile d'obtenir par d'autres moyens.

Une nouvelle Commission de la S.D.N., ayant pour objet la preuve de l'identité et la condition juridique des Russes, doit se réunir incessamment à Genève.

§ 3. *Sociétés Russes*

Les affaires relatives aux sociétés russes, après la Révolution de 1917, ont été parmi les plus difficiles qu'aient eues à résoudre les tribunaux français.

Une question essentielle doit être résolue d'abord : celle de la disparition des sociétés russes, dans la tourmente de 1917, ou de leur survie aux événements de la Révolution.

Les principes généraux, qui découlaient de la non-reconnaissance du gouvernement des Soviets, commandaient d'admettre, en droit, l'existence de ces sociétés après 1917. Ainsi qu'on l'a déja vu, les décrets de confiscation étaient sans effet en France, et l'ancien droit devait être maintenu.

Les tribunaux ne se sont jamais formellement posé la question de la survie des sociétés. Ils l'ont résolue implicitement par l'affirmative en autorisant les sociétés russes à comparaître devant eux, en leur donnant droit ou en les condamnant. Une société inexistante n'aurait pas pu plaider ni être reconnue créancière ou débitrice ; l'existence des sociétés russes était tellement certaine en France que jamais, à notre connaissance, un de leurs adversaires n'a conclu à leur disparition.

Cette question fondamentale résolue, il s'en est posé un grand nombre d'autres pour le fonctionnement et l'organisation des sociétés russes.

Dans certains litiges, le débat a porté uniquement sur l'exécution d'une obligation qui avait été contractée avant 1917. L'existence de la société étant reconnue, la solution de l'affaire devenait facile. D'autre fois, les difficultés se sont élevées, non pour un acte particulier, mais sur l'organisation même, sur la direction et la gestion des sociétés russes.

Après avoir admis la survie des personnes morales russes, nos tribunaux auraient rendu leur existence impossible, s'ils s'étaient bornés à appliquer strictement les principes normaux de notre droit international privé et l'ancienne législation russe (1).

Si les tribunaux n'avaient attaché aucune attention à la situation de fait, ils se seraient tout d'abord déclarés incompétents quand se posait une question intéressant l'organisation de ces sociétés, parce que, d'après les statuts, le siège social se trouvait en Russie. Et même, si la compétence de la juridiction française avait été reconnue, la situatton de fait des sociétés russes ne correspondait plus à la loi russe ni aux

---

(1) Voir l'étude sur l'ancienne législation russe, en matière de sociétés, dans l'article de MM. Grouber et Tager, page 17 et suivantes.

statuts ; le capital était amoindri, parfois supprimé ; le siège social en Russie disparu ; les assemblées générales impossibles à réunir ; le nombre des administrateurs souvent tombé au dessous de la limite prévue par les statuts. En appliquant strictement l'ancienne loi russe, on serait arrivé à nier l'existence des sociétés russes, en fait.

Nos tribunaux n'ont pas voulu se montrer rigoureux. Ils ont cherché des solutions pratiques ; la notion de force majeure leur a permis de les trouver.

Pour ne pas entraver l'activité des sociétés russes, deux méthodes ont été suivies.

D'un côté, on n'essaye pas d'ajuster les organes de la société à la situation extraordinaire qui est créée ; ces organes, on les laisse sommeiller, et toute l'activité de la société est remise entre les mains d'un administrateur provisoire, nommé par le tribunal.

Une autre série de décisions a eu pour but, au contraire, de donner une vie nouvelle aux institutions sociales, en les adaptant aux circonstances nouvelles ; elles laissent aux organes sociaux ainsi rajeunis l'administration et la gestion des sociétés.

En rapprochant les dates des décisions qui ont suivi l'une et l'autre de ces deux méthodes, on peut se demander si la jurisprudence française n'a pas subi une évolution et si, après avoir d'abord nommé des administrateurs provisoires, elle n'a pas ensuite cherché à adapter les statuts aux circonstances. En raison de leur intérêt juridique, les solutions de la jurisprudence française méritent d'être étudiées.

A. — NOMINATIONS D'ADMINISTRATEURS PROVISOIRES.

Deux jugements importants ont marqué cette phase de la jurisprudence française.

La direction d'une société russe, la société Péroune, dont le siège était à Pétrograd, mais qui avait des bureaux commerciaux à Paris, s'y était réfugiée et continuait à diriger les affaires de la société. En 1920, des dissentiments se manifestèrent au sein du conseil de direction ; le litige fut porté devant le tribunal de commerce de la Seine. Celui-ci, après avoir constaté que la situation de fait empêchait de communiquer avec le siège social, et que la réunion d'assemblées générales des actionnaires ne pouvait pas se faire régulièrement, à nommé un administrateur provisoire à la Société Peroune, et il lui a donné les pouvoirs de représenter et de défendre les intérèts de la société, ainsi que de convoquer ou présider toute assemblée d'actionnaires (1).

(1) Trib. de commerce de la Seine (4ᵉ Ch.), 5 Janvier 1921, Clunet, 1924, p. 139.

Dans une affaire plus connue que celle de la société Péroune, le tribunal de commerce de Marseille a envisagé de la même manière la question de l'administration des sociétés russes.

Sur requêtes des capitaines des navires et des créanciers de la Compagnie Russe de Navigation à Vapeur et de Commerce, dite la Ropit, le tribunal avait nommé un administrateur provisoire. Les représentants du conseil de direction de la Ropit demandèrent, par voie de requête, la nullité de cette décision. Le tribunal a repoussé cette demande.

Au contraire, suivant un jugement du 3 Décembre 1920 (1), il a maintenu les pouvoirs de l'administrateur provisoire, en précisant que ce mandataire de justice agirait sous sa propre responsabilité, mais qu'il devrait cependant faire appel, pour l'organisation et la direction des services, à la collaboration de l'amiral Kanine, représentant l'ancien conseil de direction. De plus, le tribunal a ordonné à l'administrateur provisoire de s'inspirer des avis des actionnaires qui se feraient connaître et de constituer, au besoin, d'accord avec eux, un conseil de surveillance.

Cette décision, qui avait pour but de sauvegarder les intérêts de tous, actionnaires et créanciers, a été confirmée par la Cour d'appel d'Aix, dans un arrêt du 20 Juin 1921.

Que penser de cette jurisprudence? Il est certain que le tribunal n'a pas outrepassé ses pouvoirs. Les sociétés françaises ont la faculté de demander à la juridiction locale la nomination d'un administrateur provisoire ; pourquoi cette faculté n'aurait-elle pas été accordée à des sociétés étrangères dans la situation des sociétés russes ? Il y eu des précédents pendant la guerre de 1914 (2). Cette jurisprudence n'a dérogé en rien aux principes admis, car en reconnaissant l'existence des sociétés, elle n'a donné aucun effet aux décrets de confiscation ; peut-être n'a-t-elle pas appliqué rigoureusement l'ancien droit russe ; mais cette application stricte était impossible, à cause de la situation. D'ailleurs, ces décisions avaient leur fondement dans l'ordre public bien entendu, qui impose la sauvegarde des intérêts en souffrance sur le territoire, quels qu'en soient les titulaires (3). Comme le proclament les jugements précités, par la nomination d'administrateurs provisoires, tous les intérêts en présence sont

---

(1) Trib. de commerce de Marseille, 3 Décembre 1920, Clunet, 1924, p. 141 ; voir les différentes phases de l'affaire de la Ropit dans un jugement du trib. de commerce de Marseille du 23 Avril 1925, Gaz. du Palais, 9 Juin 1925, et dans un arrêt de la Cour d'Aix (1ʳᵉ Cb.) du 23 Décembre 1925, Gaz. du Palais, 5 Janvier 1926.

(2) Rouen, 3 Novembre 1915, S. 1916-2-57, Aff. Lillebund ; voir Wahl, le droit civil et commercial de la guerre, T. III, n° 2081, p. 229 ; et Journal des Sociétés, 1920 et 1921.

(3) Champcommunal, R. Lapradelle, 1924, p. 541.

sauvegardés : ceux des créanciers, parce que les contrats passés avec l'administrateur provisoire doivent être, quoiqu'il advienne, reconnus pour valables; ceux des actionnaires absents, parce que leurs intérêts doivent être bien défendus par l'administrateur provisoire ; ceux des actionnaires présents, parce que les affaires sociales ne sont pas arrêtées. La décision du tribunal de Marseille, pour la Ropit, peut-être considérée comme parfaite, puisqu'elle a donné aux actionnaires un droit de regard et de contrôle sur la gestion de leur société. La nomination pure et simple d'un administrateur provisoire pouvait paraître pénible aux actionnaires, comme une mesure vexatoire à leur égard. Ce caractère n'existe plus, dès lors que le tribunal ordonne à l'administrateur de prendre leurs avis.

B. — ADAPTATION DES SOCIÉTÉS.

Cependant, peut-être à cause du caractère un peu pénible qu'elle semblait avoir pour les dirigeants des sociétés russes, la solution des affaires Péroune et Ropit n'a pas progressé en France.

Avant même la confirmation du jugement du tribunal de Marseille par la Cour d'Aix, une autre tendance s'est manifestée dans la jurisprudence française : l'adaption des organes de ces sociétés en France.

Le 20 Mai 1921, le tribunal de la Seine, dans une affaire Kharon contre la Banque pour le Commerce et l'Industrie (1), dont le siège était originairement à Pétrograd, a reconnu, malgré la nationalisation de cette banque par les Soviets, la validité de chèques tirés par des administrateurs pour le compte de cette banque à Yalta, en Crimée, où ils s'étaient enfuis, lors de la Révolution russe. C'était admettre le transfert du siège social, motivé par la situation de fait, et surtout la validité des opérations faites par le conseil de direction au nouveau siège social.

De même, dans une affaire Banque russe pour le Commerce étranger (2), dont il a déja été question, le tribunal de la Seine s'est déclaré compétent, en vertu de l'article 420 du code de procédure civile, à l'égard de cette banque, dont le conseil d'administration, après avoir, en raison des événements, résidé à Constantinople, siègeait alors à Paris. Le tribunal a donc admis, non plus seulement comme dans l'affaire Kharon le déplacement du siège social en Russie, mais aussi son déplacement à l'étranger et spécialement en France. Ce fait n'était certes pas prévu par les statuts ; la force majeure le justifiait seule.

(1) Clunet 1923, p. 533.
(2) Trib. de Commerce de la Seine, 16 Janvier 1922, Clunet 1923, p. 539.

Il résulte de ce jugement que la société était valablement représentée en France par les organes qui la dirigeaient précédemment en Russie.

La contradiction entre les affaires de la Péroune et de la Ropit, d'une part, l'affaire Kharon et celle de la Banque russe pour le Commerce étranger, de l'autre, est plus apparente que réelle.

En effet, ces affaires ne se sont pas présentées dans les mêmes conditions. D'un côté, le litige a porté sur l'organisation et l'administration même de la société. C'est un conflit d'ordre intérieur. De l'autre, le procès s'est élevé entre la société et des tiers, l'organisation de la société n'est plus aussi nettement mise en cause.

On peut donc penser que la jurisprudence française a voulu régler la situation des sociétés russes par une distinction.

La notion de force majeure permet d'adapter en France les sociétés dont l'existence paraît facile, en attendant le moment de leur réorganisation définitive, soit par leur transformation en société française, soit par leur retour en Russie, si les événements devaient le permettre par la suite. Cela se produit, tout d'abord, quand un nombre d'actionnaires présents est suffisant pour tenir des assemblées (1). Mais on peut aussi adapter les sociétés, dont les membres des conseils de direction (Pravlenié) et de surveillance (Soviet) se sont réfugiés en France et parviennent, sans difficultés, à continuer les affaires sociales parce que la confiance règne entre eux.

L'adaptation n'est possible que s'il existe une forte présomption de ne léser aucun intérêt. Cette condition n'est pas réalisée, quand des dissentiments graves se produisent au sein des conseils dirigeants, dissentiments qu'une assemblée des actionnaires ne peut pas trancher. Dans cette éventualité, la nomination d'un administrateur provisoire est la véritable solution.

Mais, en 1922, le tribunal de la Seine (2) a abandonné ce système dans une affaire qui présente des analogies avec celles des sociétés Péroune et Ropit.

La Banque Russo-Asiatique, société russe, avait une succursale à Paris. En 1917, plusieurs membres du conseil de direction et du conseil de surveillance s'y réunirent pour continuer les affaires sociales. Mais le nombre des membres du conseil de direction fut réduit à quatre, en 1921, par suite de démissions. La limite statutaire

---

(1) Le ministère des affaires étrangères, dans une lettre envoyée le 26 Octobre 1918 à l'Office des biens privés, a admis la possibilité de réunir régulièrement en France les assemblées générales des sociétés russes.

(2) Trib. de commerce de la Seine (3ᵉ Ch.), 26 Avril 1922, Vlasto c/ Banque russo-asiatique, Clunet, 1923, p. 933.

était de trois. Parmi les quatre membres du conseil de direction, trois avaient été choisis par ce conseil, par voie de cooptation, en vertu des dispositions statutaires très largement interprétées. Le conseil de surveillance, ne considérant pas ces nominations comme valables, prétendit que le conseil de direction était réduit à un seul membre et il choisit quatre autres actionnaires pour le compléter.

L'un des membres du conseil de direction, choisi par cooptation, intenta une action devant le tribunal du commerce de la Seine, en lui demandant de reconnaître la validité des nominations faites par le conseil de direction et de déclarer nulles celles faites par le conseil de surveillance.

Le tribunal a interprété longuement les statuts de la Banque Russo-Asiatique et la loi russe, et il a décidé que seules étaient valables les nominations faites par le conseil de surveillance.

En vertu des statuts (article 31) de la Banque Russo-Asiatique, en cas d'absence momentanée d'un membre du conseil de direction, le conseil de surveillance peut le remplacer provisoirement ; mais cette nomination doit être ratifiée par la prochaine assemblée générale des actionnaires et approuvée par le ministère des finances de Russie. Dans le but d'adapter la Banque Russo-Asiatique à la situation, le tribunal s'est servi de la notion de force majeure et il a déclaré qu'« en l'absence d'un ministère des finances russe faisant partie d'un gouvernement régulièrement reconnu et devant l'impossibilité de réunir une assemblée générale régulière des actionnaires le Soviet (conseil de surveillance), puisant dans l'article 31 des statuts le droit de désigner parmi ses membres des personnes pour remplir provisoirement les fonctions de membres du Pravlenié (conseil de direction), a pu déléguer quatre d'entre eux à ce conseil ». Le tribunal a considéré le Soviet « comme héritier du ministère des finances de Russie... et de l'assemblée générale des actionnaires ».

Si les magistrats du tribunal de commerce de la Seine avaient envisagé la question des sociétés russes du même point que ceux qui avaient jugé les affaires de la société Péroune et de la Ropit auraient-ils résolu, comme ils l'ont fait, cette affaire de la Banque Russo-Asiatique ?

Ou bien la réunion d'une assemblée générale des actionnaires était impossible ; il semble que dans ce cas la meilleure solution était de nommer un administrateur provisoire à la Banque Russo-Asiatique, en lui prescrivant de s'adjoindre pour la gestion de cette banque des représentants des actionnaires connus.

Ou bien, il était possible de réunir à Paris une assemblée générale. Cette possibilité est niée par un attendu du jugement, mais à tort, car il résulte d'un autre attendu qu'un seul actionnaire, possédant le quorum d'actions nécessaire, se trouvait à Paris. Dans ces conditions, le tribunal ne devait-il pas ordonner la réunion de l'assemblée générale, assemblée qui aurait eu pour but de reconstituer le conseil de direction et d'approuver la gestion des intérêts de la banque jusqu'à la reconstitution des organes de direction ?

Il semble que cette solution aurait été, dans la pratique, préférable à celle du tribunal ; car les membres du conseil de direction, qui avaient été nommés par ce conseil par voie de cooptation, avaient pu réaliser des opérations pour la banque. Le tribunal a déclaré nulle leur nomination ; par conséquent tous leurs actes devaient être nuls aussi ; tandis qu'une assemblée générale aurait pu ratifier leur nomination.

L'évolution de la jurisprudence française, à l'égard des sociétés russes, résulte clairement de l'affaire de la Banque Russo-Asiatique. On peut, il semble, expliquer cette évolution par l'époque à laquelle se sont présentés les différents litiges. Tout d'abord, deux affaires, celles des sociétés Péroune et Ropit, dans lesquelles il est difficile d'adapter les sociétés russes ; les tribunaux nomment des administrateurs provisoires. Ensuite, plusieurs litiges intéressant des sociétés qui n'ont pas eu de peine à se réadapter en France (affaire Kharon, affaire de la Banque Russe pour le Commerce Étranger), les tribunaux se contentent de constater cette réadaptation. Enfin, l'affaire de la Banque Russo-Asiatique. Celle-ci se présente d'une manière à peu près semblable à celles de la Péroune et de la Ropit ; mais au lieu de s'en référer à ces affaires similaires, le tribunal a rattaché sa décision à celles de l'affaire Kharon et de la Banque russe pour le Commerce étranger, sans remarquer la différence des situations.

Quoi qu'il en soit, la survie des sociétés russes aux événements de 1917 a été admise sans cesse par nos tribunaux ; ils ont été aussi régulièrement influencés par la notion de force majeure, tantôt en ajustant les sociétés à leurs situations nouvelles, tantôt en les plaçant sous la direction d'un administrateur provisoire (1).

Néanmoins, la jurisprudence française s'est refusée à étendre les effets de la force majeure jusqu'à reconnaître l'autonomie des succursales par rapport à leur siège social. Cette autonomie des succursales leur a été demandée dans deux circonstances différentes.

(1) Voir, dans l'article de **MM**. Grouber et Tager, l'extrait d'un rapport d'un expert près le tribunal de commerce de la Seine, Clunet, 1924, p. 23 et 24. L'affaire de la Ropit a rebondi après la reconnaissance des Soviets par la France. Voir infra 2ᵉ Partie, Titre III.

Dans le premier cas, la succursale française d'une société russe réclamait son autonomie afin de se soustraire aux engagements pris par le siège social, qui avait été nationalisé.

Dans le deuxième, une société française dont une succursale en Russie avait été nationalisée, demandait de reconnaître l'autonomie de sa succursale nationalisée, afin d'être dégagée des charges que celle-ci avait contractées.

En temps ordinaire, cette question ne se serait pas posée, car il est certain que, dans une société fonctionnant normalement, la succursale n'est pas distincte du siège social. Le capital de la société est indivisible. Elle ne peut établir qu'un seul bilan, comprenant à la fois, la gestion du siège social et des succursales. Si la succursale a sa caisse, sa gestion séparées, si en un mot, elle peut sembler avoir une certaine latitude pour se diriger, ce semblant d'autonomie n'a sa cause que dans les facilités d'administration qu'il procure. La direction même de la succursale n'est composée que d'employés de la société.

Mais la situation, créée par la Révolution russe, était pour les sociétés, et surtout pour les sociétés de banque, une occasion de faire reconnaître la scission du siège social et des succursales. On pouvait tenir ce raisonnement : tous les biens des banques qui se trouvaient en Russie ont été nationalisés et transférés à la Banque du Peuple ; celle-ci est tenue de l'exécution de toutes les opérations des banques nationalisées. Les succursales des banques russes en France ou les banques françaises qui avaient des succursales en Russie ne sont donc plus tenues des opérations faites en Russie.

Un jugement du tribunal de la Seine, du 20 Août 1924 (1), semble avoir accepté cette solution. Le porteur de trois chèques, tirés en 1919 par la succursale de Batoum de la Banque Russo-Asiatique sur la succursale de Paris, en demandait le paiement. Il a été débouté par le tribunal de commerce de la Seine, parce que dans l'intervalle entre l'émission et la demande en paiement, « par suite des événements survenus en Russie..., la provision de ces chèques avait péri, la nationalisation des banques russes ayant rompu tous liens et toute solidarité avec les succursales desdites banques établies en France ». Cette décision reconnaissant l'autonomie des succursales est contraire à l'ensemble de la jurisprudence française, et notamment au jugement précité du tribunal de commerce de la Seine du 26 Avril 1922 qui avait adapté en France la Banque Russo-Asiatique. Faut-il l'expliquer par l'imminence de la reconnaissance *de jure* des Soviets, qui était connue du tribunal ? Ne doit-on pas plutôt croire que le tribunal a

(1) Affaire Mkeidje c/Banque Russo-Asiatique, Clunet 1925, p. 385.

appliqué à la perte par force majeure de la provision des chèques, les règles de la perte dans le cas d'une dette de corps certain, alors que l'émission des chèques avait créé une dette de genre, qui devait être due tant que la société existait, même partiellement ?

Cette confusion conduisait fatalement à admettre l'autonomie des succursales à l'égard des sièges sociaux. Les tribunaux français, en général, ne se sont pas crus autorisés à le faire, car les principes, qui ont été tirés de la non-reconnaissance du gouvernement des Soviets, leur ont interdit de considérer comme valable la nationalisation des sociétés russes. Pour reconnaître l'autonomie des succursales, principe d'ailleurs contestable, il fallait accepter la substitution de la Banque du Peuple aux sociétés de banque privées en Russie. Les tribunaux auraient alors coopéré à l'œuvre de confiscation.

Le tribunal de la Seine, dans un jugement du 20 Mai 1921 (1), s'est refusé à décharger la succursale française d'une banque russe du paiement de chèques qui avaient été tirés en Russie par le siège social.

Le tribunal mixte franco-allemand (2) a condamné le Crédit Lyonnais, banque française, à payer les dettes contractées par sa succursale russe de Pétrograd, qui avait été nationalisée.

Ces jugements sont juridiquement indiscutables (3). Ils ne sont cependant pas équitables en fait, car ils sont arrivés à spolier les sociétés dont les biens ont été confisqués et dont ils ont maintenu les engagements. Il est vrai que si l'autonomie des succursales avait été reconnue, on aurait seulement abouti à changer de victimes ; ce n'auraient plus été les sociétés, mais leurs clients. La seule solution équitable aurait été de condamner la Banque du Peuple ou le gouvernement des Soviets ; solution impossible, comme contraire au principe de non-reconnaissance de ce gouvernement.

---

(1) Aff. Kharon c/ Banque russe pour le Commerce et l'Industrie, Clunet, 1923, p. 533.

(2) Aff. Crédit Lyonnais, Décision du 30 Juillet 1923, Gaz. du Palais, 1923-2-582.

(3) Grouber et Tager, Clunet, 1924, p. 25.

CHAPITRE VI

Comparaison de la situation des Russes en France et dans les États étrangers

Les États, qui n'avaient pas reconnu le gouvernement des Soviets, ont, en général, tiré du fait de la non-reconnaissance de ce gouvernement les mêmes conséquences qu'en France.

La survie de l'État russe a été admise, et le peuple russe a été distingué des Soviets. Un jugement anglais déclare : « Nous avons à Arkhangel des troupes qui sont entrées en lutte avec les Soviets. Le gouvernement bolchéviste n'a pas été reconnu par ce pays comme gouvernement russe. Nous ne sommes pas en guerre avec la Russie (1) ».

Le gouvernement des Soviets a été méconnu en droit et ses actes sont demeurés sans valeur juridique. « Puisqu'en fait on ne reconnaît pas au gouvernement russe l'exercice légitime de la souveraineté politique, a décidé un tribunal italien (2), on doit également ne reconnaître aucune des manifestations de cette souveraineté dans le domaine législatif, parce que la reconnaissance politique de l'État étranger est une condition indispensable à l'exercice de son activité juridique dans les rapports des autres États ».

Seul, à notre connaissance, un arrêt du tribunal fédéral suisse, du 10 Décembre 1924 (3), contredisant l'ensemble de la jurisprudence helvétique (4), a admis la disparition des sociétés russes à cause de la nationalisation par les Soviets.

(1) Aff. Eastern Carrying Insurance Cy Lᵈ, Juge Bailhache, 5 Mars 1919, Clunet, 1924, p. 28, Article de M. V. R. Idelson. Voir pour la Belgique, Cour d'appel de Bruxelles (3ᵉ ch.), 6 Février 1924, Clunet, 1924, p. 763. En Egypte, les consuls de Russie sont restés accrédités jusqu'en 1923. Ensuite, ils ont été considérés comme dépositaires de leurs archives et capables de certifier des pièces.

(2) Trib. de Gênes, 19 Mai 1923, R. droit maritime comp. T. I, 1923, p. 546 ; Trib. civil de Rome, 26 Janvier 1923, Clunet, 1924, p. 257 ; Trib. de Rome, 8 Février 1924, Clunet, 1925, p. 227. En Angleterre : Aff. Luther c/Sagor, Juge Roche, 1920. 37 T.L.M., 282 ; Aff. White Child and Beney Lᵈ c/Eagle Star and Britisch Dominion Insurance Cᵒ Lᵈ, K. B. D., 1922, 38 T. L. R. 367, analysée par M. Idelson.

(3) Arrêt du 10 Décembre 1924, Banque Internationale de Commerce de Pétrograd, Clunet, 1925, p. 488.

(4) Décisions de première instance et d'appel de l'affaire de la Banque internationale de Commerce. Voir aussi, pour une succession russe, Trib. civil de Berne (3ᵉ ch.), 21 Juillet 1924, Clunet, 1925, p. 490 ; pour l'application des traités, Trib. fédéral suisse, 2 Février 1923, Clunet, 1924, p. 1135.

Outre les conséquences pratiques déplorables que peut entraîner cette orientation du tribunal fédéral, sa décision ne semble pas inattaquable en droit. Au lieu de voir dans la nationalisation des banques un simple fait, le tribunal y trouve un acte législatif, qui doit être valable en Suisse parce qu'il l'est en Russie. C'est faire prédominer la souveraineté russe sur celle de la Suisse et méconnaître l'absence de reconnaissance des Soviets. A l'objection de l'ordre public qui lui a été posée, le tribunal répond : « Ce qui...pourrait être contraire à l'ordre public, c'est la confiscation pure et simple du patrimoine des banques, mais le non-paiement des dettes de ces banques par la Banque du Peuple, qui a repris l'actif et le passif des établissements privés, ne change rien au fait que les banques ont été nationalisées et leur personnalité supprimée ». Cette distinction paraît difficile à comprendre. Le non-paiement des dettes par la Banque du Peuple n'empêche pas la nationalisation d'être une confiscation d'ordre politique, inadmissible en Suisse, d'autant plus que les Soviets n'y ont pas été reconnus.

La jurisprudence des Etats-Unis d'Amérique est, il semble, celle qui a eu les vues les plus nettes et les plus justes sur la portée de la législation des Soviets, dans un pays qui ne les a pas reconnus. Cette question des gouvernements non-reconnus avait déjà été étudiée plusieurs fois en Amérique, notamment au sujet de la guerre de Sécession et des troubles du Mexique.

Le principe avait été admis que la législation et les actes d'un gouvernement non reconnu sont sans valeur juridique. Il fut appliqué aux actes des Soviets (1). Le gouvernement soviétique n'est pas admis à se présenter devant les tribunaux (2).

La Cour d'appel de New-York a décidé, notamment, dans une affaire Boris N. Sokoloff contre The National City Bank of New-York (3) : « Au point de vue juridique, un gouvernement non reconnu peut être envisagé comme néant, si telle est la conception politique de l'Etat qui refuse de le reconnaître ». Dans une autre

----

(1) Voir article de M. Lucius F. Crane, Le Statut du Gouvernement soviétique en Angleterre et en Amérique, Clunet, 1925, p. 345.

(2) Aff. Russian c/Cibrario ; Cour d'appel de New-York, N.E.R. 259, Aff. Wulfsohn c/Russian ; Cour de New-York, 138 N.E.R. 24, citées par M. Crane. L'Ambassadeur du Gouvernement Kerenski est resté en fonctions aux Etats-Unis jusqu'à l'expiration de son mandat, qui s'est terminé de sa propre initiative, le 30 Juin 1922 ; depuis, un membre de l'ambassade a été reconnu comme gardien légal des biens du Gouvernement russe aux Etats-Unis.

(3) Arrêt du 25 Novembre 1924, Clunet 1925, page 446.

affaire (1), la division d'appel de la Cour suprême de New-York déclara : « La règle générale est celle qui stipule que les actes ou décrets, pour être considérés comme actes gouvernementaux, doivent émaner d'un pouvoir reconnu comme un gouvernement de fait ».

Il ne serait cependant pas exact de conclure que le principe de l'inefficacité des décrets russes aux Etats-Unis est absolu. Suivant la jurisprudence américaine, les actes du gouvernement des Soviets doivent produire effet « dans la mesure où ils concernent des faits tendant à fixer des dates » (2).

Bien plus, la législation soviétique est applicable dans certains cas. « Il serait risqué, dit la Cour d'appel de New-York dans l'arrêt du 25 Novembre 1924 précité, de ne pas admettre qu'une règle aussi générale et rigoureuse (l'inefficacité des actes des Soviets) ne soit pas susceptible de certaines exceptions nécessitées par des considérations d'intérêt public et d'équité... Des restrictions à la règle générale peuvent être admises pour la protection de ceux qui ont été victimes d'une spoliation ». Cette distinction entre les victimes et ceux qui ont profité du changement de régime de la Russie est remarquable.

La jurisprudence américaine, après avoir constaté que le gouvernement américain se refuse à reconnaitre le gouvernement actuel de Russie, « parce que le régime actuel de ce pays est basé sur la négation de tous les principes d'honneur et de bonne foi, ... la négation de tous les principes sur lesquels il est possible de construire des relations d'harmonie et de confiance soit entre les nations ou entre les individus », a limité le principe de l'inefficacité de la loi soviétique en décidant que, si les décrets russes ne peuvent pas servir à l'acquisition de droits aux Etats-Unis et que si les droits acquis en Russie soviétique, en opposition avec l'ordre public américain, sont sans valeur, au contraire les droits acquis en Russie soviétique, dont les effets sont équitables et compatibles avec l'ordre public américain, doivent conserver toute leur valeur aux États-Unis.

Puisque la nationalité des Russes et l'inefficacité des décrets soviétiques ont été reconnues dans la plùpart des pays, la question s'est posée de déterminer la législation applicable aux Russes. Le plus

(1) Division d'appel de la Cour Suprême de New-York, Janvier 1925, Russian Reinsurance Company et P. Rasor c/ Francis R. Stoddard et la Bankers Trust Cº. Clunet, 1925, page 451. Confer aff. James c/ Second Russian Cº, jugée en 1924, 204 N. V. Suppl. 866 et Joint Stock Company of Volgokama Oil and Chemical Factory c/ National City Bank. 206 M. V. Suppl. 476, rapportées par M. Lucius F. Crane.

(2) Division d'appel de la Cour de New-York, Mai 1924, Bourne c/ Bourne, Clunet, 1925, page 318.

souvent, comme en France, on a admis, par une fiction, la survie de la loi impériale russe.

Ce principe a été très nettement formulé par le tribunal mixte de commerce d'Alexandrie dans les considérants suivants (1) : « Attendu » que se pose... la nécessité pour le tribunal de déterminer quelle » est la situation faite. aux sujets russes depuis la Révolution » bolchevique et si, lorsque les principes du droit international privé » commandent de leur faire application de leur loi nationale, c'est à » l'ancienne loi russe ou au nouveau droit soviétique qu'il faut avoir » recours...; que les Etats qui ont, expressément ou indirectement, » refusé de reconnaître le gouvernement de la Russie actuelle, ont » recours à une sorte de fiction juridique pour considérer l'ancienne » loi russe comme toujours en vigueur...; attendu qu'il est constant » que l'Etat Egyptien n'a pas jusqu'ici reconnu, ni en fait, ni à plus » forte raison en droit, le gouvernement des Soviets ; qu'ainsi la » juridiction mixte doit appliquer au présent litige les dispositions de » l'ancien code de commerce maritime russe (2) ».

Le maintien des anciens traités, malgré leur inexécution par le gouvernement de Moscou, a été reconnu en Suisse par le tribunal fédéral (3).

C'est surtout dans la délicate matière de la situation des sociétés russes après la Révolution que l'application de l'ancien droit russe, tempérée par les effets de la force majeure, se remarque dans les jurisprudences étrangères. A ce sujet, la décision la plus intéressante est celle qu'à rendue la division de la Cour d'appel de New-York dans une affaire Russian Reinsurance Company and Paul Rasor contre Francis R. Stoddard and the Bankes Trust c° (4).

---

(1) Jugement du 30 avril 1924, Aff. Th. Gross, esq, c/ G. Gretchenko et autres, Clunet, 1924, p. 1112.

(2) En Egypte, des difficultés se sont élevées sur le point de savoir quelle était la juridiction à l'égard des Russes, après la disparition des tribunaux consulaires russes en vertu d'une décision du Conseil des ministres égyptiens du 6 Octobre 1922. Voir une note au Clunet, 1925, page 479.

(3) Tribunal fédéral Suisse, 2 Février 1923, Lepeschkine c/ Grossweiler et Cie, Recueil Officiel, Vol. 49, 1re partie, page 188, Clunet, 1924, page 1136 ; — En Egypte, voir Trib. sommaire d'Alexandrie, 24 Janvier 1925, C. A. Hamarvy c/ Crédit Lyonnais, Clunet, 1925, page 476 ; — En Angleterre, Aff. Succession Korvine, Delle Levashoff c/ Block, l'Official Sollicitor près la Haute-Cour de justice, direction de la Chancellerie, conclut à l'application de l'ancienne loi russe, pour l'exécution d'un legs Clunet 1921, page 613 ; — En Italie, voir Trib. de Rome, 8 Février 1924, Clunet. 1925, page 227.

(4) Jugement précité de Janvier 1925, Clunet, 1925, page 451. — Dans le même sens : Aux Etats-Unis, Division d'appel de la Cour suprême de New-York, Mars 1924, Aff. Sokoloff c/ The National City Bank of New-York, Clunet, 1925, page 443 ; Cour

Dans une discussion très étendue, cet arrêt aborde la question plus franchement que le tribunal de commerce de la Seine dans l'affaire Vlasto contre Banque Russo-Asiatique précitée. Après avoir éliminé les décrets soviétiques il déclare que la survie des sociétés russes aux Etats-Unis est conforme à l'équité et à l'ordre public américain. « Nous avons, dit-il, à nous occuper d'une situation anormale. . .; si les décrets de ce gouvernement (des Soviets) ne sont pas reconnus au détriment de la société demanderesse, ce n'est que juste et conforme à notre loi, ainsi qu'aux lois russes, de reconnaître le droit de la victime d'une spoliation et d'autres oppressions de se défendre à tout moment et en tous lieux qu'il deviendra nécessaires, afin de protéger les intérêts de ses actionnaires ». Il déclare valables : 1° le transfert du siège social à New-York, 2° les opérations du conseil d'administration au nouveau siège social, et 3° la prorogation des pouvoirs des administrateurs de la société russe, qui deviennent administrateurs de fait.

Le maintien de l'ancien droit russe n'était pourtant pas la seule manière de résoudre en pratique la condition de réfugiés russes dans des pays étrangers.

De fait, en Italie le tribunal de Gênes n'a pas voulu admettre la solution classique (1).

Il s'agissait de trancher un litige survenu au sujet du contrat d'engagement de l'équipage d'un navire russe. Ce contrat avait été passé en Russie. Le tribunal, après avoir constaté la nationalité russe du navire, nationalité conservée malgré les événements de Russie, rechercha quelle législation devait être appliquée. Il a reconnu qu'en droit, c'est seulement à la loi nationale (loi russe en l'espèce) qu'il faut recourir pour ce qui concerne les droits et les devoirs du capitaine et de l'équipage envers les armateurs. « Ces droits et ces devoirs sont, en effet, une conséquence directe du contrat d'engagement de l'équipage qui ne peut être régi que par la loi du pavillon ».

Mais le tribunal de Gênes déclare ensuite qu'une loi russe n'est pas applicable en fait. On ne peut pas, d'une part, faire usage de la loi des Soviets, alors que ceux-ci n'ont pas été reconnus en Italie. D'autre part, d'après le tribunal, « il est impossible également de recourir à la

d'appel de l'Etat de New-York, 25 Novembre 1924, Clunet, 1925, page 446 ; — En Angleterre, aff. Eastern Carrying Insurance C° c/ National Benefit Life and Property Insurance C° L°ᵈ, 5 Mars 1919, K.B.D. 1919. 35, analysée par M. Idelson, Clunet, 1924 ; — En Egypte, Trib. de Mansourah, 25 Mars 1924, C¹ᵉ russe de Navigation à vapeur et de commerce (Ropit) c/ Intendant général Bourgeois, Clunet, 1925, page 209.

(1) Trib. de Gênes, 19 Mai 1923, Capitaine Katsikis c/ Societa Foti Svoroni di Pallone, navire Soglasie, Clunet, 1923, p. 1021.

loi de l'ancien régime. Il ne serait pas licite, en effet, de ressusciter pour un instant, un cadavre législatif, afin d'appliquer en Italie une loi étrangère qui n'existe plus dans le pays même dans lequel elle était en vigueur dans le passé, *in proeteritum non vivitur ;* on ne peut davantage, en se payant de mots et avec une sérénité doctrinale, feindre d'ignorer l'existence incontestable et les conséquences réelles d'un fait historique. Il n'est pas possible non plus de nier qu'une loi n'existe qu'autant qu'elle continue à avoir dans son territoire une vitalité efficace et un champ d'action effectif ».

Dans ces conditions, le tribunal de Gênes était disposé à résoudre l'affaire en se servant des dispositions de la loi italienne. Mais il a dû écarter cette loi elle-même, parce que, dans l'espèce, ses dispositions étaient trop spéciales. C'est pourquoi le tribunal a fait appel aux « principes généraux du droit ».

Il n'est pas question ici de faire la critique détaillée du jugement du tribunal de Gênes, pris en particulier. Cette critique a été faite magistralement par M. Valéry, doyen de la faculté de droit de Montpellier, qui a fait remarquer que, dans l'espèce, une seule loi pouvait être suivie : l'ancienne loi russe, non pour faire revivre un cadavre législatif, mais pour suivre la volonté des parties. Les contrats ne sont-ils pas soumis à la règle de l'autonomie de la volonté ?

Il n'en reste pas moins que le tribunal de Gênes a adopté, pour résoudre la condition des réfugiés russes à l'étranger, une thèse originale.

Somme toute, sa décision se rattache aux principes suivants :

Dans les cas où la loi nationale doit être appliquée, il est impossible de faire usage d'une législation russe ; il faut donc remplacer la législation nationale par une autre ; quelle doit être cette autre loi ? Les juges du tribunal de Gênes en sont arrivés à recourir aux principes généraux du droit. Cette formule est vague. Elle est inadmissible, si on la traduit par « droit naturel », dans le sens du droit arrivé à sa perfection, vers lequel devraient tendre toutes les législations, par opposition au droit positif (1). En effet, des magistrats ne peuvent pas critiquer leur propre législation. « En temps qu'hommes, dit M. Valéry, ils sont maîtres de l'estimer mal faite ; en temps que magistrats, ils sont tenus de s'incliner devant ses dispositions et de la tenir, jusqu'à ce qu'elle soit modifiée, pour la meilleure qui soit ». D'ailleurs tous les juristes sont-ils d'accord sur les principes du droit naturel ? Mais le tribunal de Gênes a pu vouloir entendre, par

______

(1) Planiol, T. I, nᵒˢ 4 et suivants H ; Oudot, Premiers essais de Philosophie du droit, p. 67.

« principes généraux du droit », les principes généralement admis et appliqués par les nations civilisées. Cette opinion serait elle-même critiquable, car, en réalité, elle ne constitue pas une règle fixe pour les tribunaux. Chacun peut interpréter à sa manière les principes généralement admis. Ce serait arriver à des décisions arbitraires, contradictoires et incohérentes. Et la conséquence en serait l'absence de sûreté dans les relations entre individus, puisque ceux-ci, en réalisant des actes juridiques, ne pourraient jamais être certains qu'ils sont conformes aux principes généraux du droit.

Le tribunal de Gênes n'a pas réussi à donner une solution positive exacte. Pourquoi? Cela tient, à notre avis, à ce que l'engagement des gens de mer est une matière très particulière. Pour des motifs spéciaux (motif de discipline indispensable à bord des navires notamment), les lois écrites le soumettent impérativement à la loi du pavillon. Mais, à cause de la situation anormale de la Russie, le tribunal a fait abstraction des législations impératives. Il aurait dû alors rechercher par quels principes de droit international privé, il fallait régir l'engagement des gens de mer, qui donnait lieu au litige. Il est certain que l'engagement des marins, pris en lui-même, est un contrat, et non un acte touchant à l'état et à la capacité des personnes. Dès lors, conformément au principe de l'autonomie de la volonté, il aurait fallu rechercher suivant quelle loi les contractants avaient voulu se lier. Dans l'espèce, il semble bien que cette loi ait été l'ancienne législation russe.

Est-ce à dire que l'argumentation du tribunal de Gênes soit sans fondement? Non pas, pourvu qu'on s'en tienne à l'état et à la capacité des personnes. On peut admettre le raisonnement du tribunal de Gênes pour écarter la loi russe. Il faut en trouver une autre. Pourquoi ne pas se servir de la loi du domicile, à son défaut, de celle de la résidence, dont la fixité est en général suffisante, et, si le défendeur n'a pas de résidence stable, le tribunal ne pourrait-il pas appliquer la *lex fori*?

Quelles sont donc les valeurs comparatives de la thèse classique et de celle que le tribunal de Gênes a adoptée? Cette question est délicate, chacune des solutions a ses avantages.

En droit pur, en théorie, la solution classique, qui aboutit à l'application de la loi russe de l'ancien régime, dans les pays où le gouvernement des Soviets n'a pas été reconnu, procède d'une logique rigoureuse. Elle a l'allure d'un syllogisme. Le pouvoir judiciaire, qui l'a acceptée dans la plupart des pays, s'est conformé à l'opinion que se faisait son gouvernement du problème russe. Elle a été inattaquable, tant que le gouvernement des Soviets a été considéré comme « un groupe illégal », et ses actes comme « la saisie par des bandits », tant qu'il a rencontré de l'opposition en Russie et que des gouvernements russes reconnus l'ont combattu. Il n'en a plus été ainsi quand les gouvernements étrangers, sans vouloir reconnaître les Soviets, ont conversé avec eux, admis leurs missions et contracté des accords commerciaux.

La critique de cette solution par le tribunal de Gênes est aussi forte qu'elle est dure. Pour ce tribunal, le gouvernement soviétique, quoiqu'il soit un gouvernement irrégulier, exerce une autorité absolue sur le territoire russe ; l'abolition en Russie de l'ancienne législation est définitive. On ne peut donc pas faire survivre à l'étranger une législation qui n'existe plus. Les déductions de la solution classique, qui aboutit au maintien de l'ancienne législation, reposent sur une fiction et non sur des réalités, ce qui suffit à la vicier. D'ailleurs, le principe du maintien de l'ancien droit, quand se constitue un gouvernement non-reconnu, s'est développé dans des cas différents des événements russes. L'usage s'en est établi après la guerre de Sécession et les troubles des Etats Sud-Américains et de l'Amérique centrale. Mais les gouvernements de fait non-reconnus, qui se sont créés dans ces circonstances, n'ont pas opéré de bouleversements juridiques comme le gouvernement des Soviets. Le principe du maintien d'un ancien droit n'a, par exemple, jamais été appliqué à l'état et à la capacité des personnes. Le tribunal de Gênes n'a donc pas affirmé sans raison qu'il était impossible de recourir à la loi de l'ancien régime.

La lutte des deux thèses, en théorie pure, fait partie d'un conflit de doctrines bien plus général ; les controverses, qui se sont élevées dans la matière des personnes morales, sont un autre aspect de ce conflit : celui des défenseurs des fictions juridiques contre les négateurs de ces fictions.

En l'état actuel de la science juridique, on ne peut pas dire que l'une des doctrines ait dominé l'autre. Les auteurs semblent en majorité hostiles aux fictions. Le nombre des jurisprudences, qui ont admis le maintien de l'ancien droit russe, prouve que les magistratures de la plupart des Etats restent fidèles à ces fictions juridiques.

Les avantages pratiques de l'une des deux thèses ordonnent-ils de la déclarer la meilleure et de l'adopter sans réserves au détriment de l'autre ?

En niant comme le tribunal de Gênes l'efficacité à l'étranger de l'ancienne loi russe comme de la nouvelle, on devait appliquer aux Russes la loi de leur domicile ou de leur résidence, à défaut la *lex fori*.

Cette méthode aurait présenté plusieurs avantages pratiques.

1° La tâche des juges devait être facilitée ; car, le plus souvent, ils auraient eu à faire usage de leur propre législation. Ils n'auraient pas été obligés d'essayer d'adopter la loi impériale russe aux nécessités des faits, de la torturer pour lui faire dire des choses qu'elle n'avait pas soupçonnées.

2° En cas de reconnaissance postérieure du gouvernement des Soviets, il n'y aurait pas eu à modifier la loi qui devait régir les réfugiés russes. Ainsi, le statut de ces réfugiés aurait été définitivement fixé, car la restauration du droit de l'ancien régime était, dès 1920, devenue fort improbable, sinon impossible.

3° Si les parties qui se présentaient devant les tribunaux étaient des Russes ralliés au gouvernement des Soviets, on ne pouvait pas leur appliquer leur loi nationale, la loi des Soviets, non reconnue. Par contre la loi de l'ancien régime, qu'ils avaient peut-être combattu, ne leur était pas imposée. A ce sujet, on a dit (1) : « La soumission à la loi du domicile permet d'éviter ou tout au moins d'atténuer le heurt qui se produirait avec le droit soviétique le jour où le gouvernement révolutionnaire serait reconnu... Le nouveau gouvernement russe acceptera avec infiniment plus de facilité ces mêmes jugements ou ces mêmes actes (rendus ou exécutés à l'étranger pour des Russes) s'ils sont conformes à la loi locale ». En effet, des décrets du gouvernement de Moscou paraissent admettre que la nouvelle législation russe n'a qu'un effet territorial ; d'autres dénient toute valeur aux actes accomplis en vertu de l'ancienne loi russe.

Cette validité, dans la Russie des Soviets, des actes et des décisions étrangers, quand ils ont appliqué aux Russes la loi du domicile, constitue certes un avantage pratique, mais il faut remarquer qu'un juge français n'a pas à se préoccuper de la validité de sa décision à l'étranger ; les décrets de la R. S. F. S. R. surtout ne pouvaient pas l'influencer.

4° On peut enfin voir dans cette méthode un avantage considérable : l'application aux étrangers, établis en France, de la loi territoriale. Mais cette considération dépasse de beaucoup le problème de la condition des Russes, car elle met en jeu le système de droit international suivi en France ; elle pose au sujet des Russes, cas particulier, une question d'ordre général. Les principes du droit international que la jurisprudence française a élaborés depuis un siècle et qui donnent la prépondérance au statut personnel sur le statut réel sont-ils justes et adaptés utilement à la situation de la France ? Ne vaudrait-il pas

(1) M. Champcommunal, R. Lapradelle, 1924, p. 337-338.

mieux revenir à l'ancienne théorie française de d'Argentré, qui faisait du statut réel la règle, ou à celle de Dumoulin, pour opérer une nouvelle classification des matières du statut personnel et du statut réel ? A défaut de modification des principes admis à l'égard de tous les étrangers, ne faudrait-il pas, au moins, instituer un régime spécial pour les étrangers définitivement établis en France, les incolats, comme le demandait Proudhon (1), à l'occasion de l'installation en France de nombreux Polonais, chassés par la répression des mouvements de libération ? Peut-être, la jurisprudence française aurait-elle pu tenter de se servir de la situation des Russes, comme d'un tremplin, pour s'orienter vers des principes nouveaux qui auraient réglé la condition des étrangers en France ?

Mais la thèse adoptée, par le tribunal de Gênes, ne va pas sans inconvénient.

Un mémoire sur le statut personnel des réfugiés russes a été envoyé au conseil de la S. D. N. par d'éminents jurisconsultes russes. Ils réclamaient vivement pour les Russes l'application de leur loi nationale. « L'État, qui reconnaîtrait aux réfugiés leur nationalité russe, ne saurait, disaient-ils, s'opposer à la détermination de leur statut personnel par la loi nationale. En effet, par un refus de déterminer ce statut par la loi nationale, un tel Etat rangerait les réfugiés, tout en leur reconnaissant la qualité de Russes, dans la catégorie juridique des sans-patrie, des heimathlos ; or, un pareil procédé serait contraire à son propre droit, lequel n'inflige ce traitement qu'aux étrangers dont la nationalité est incertaine ».

On a répondu aux jurisconsultes russes : il est des pays qui sont restés fidèles à la règle séculaire du domicile, les Russes ne peuvent pas y être soumis à leur loi nationale ; de même, ils ne peuvent pas demander que des pays, qui ont reconnu les Soviets, leur appliquent l'ancienne loi russe. Pourquoi se froisseraient-ils si, en France, on suivait les mêmes errements ? La susceptibilité des Russes n'est pas fondée, si on considère que le recours subsidiaire à la loi du domicile à pour but de soustraire les intéréssés à l'emprise du droit soviétique (1).

Cette réponse peut paraître suffisante en droit. En fait, elle ne nous donne pas entière satisfaction, car il faut reconnaître, que, dans ce délicat problème de la situation des Russes, le sentiment devait jouer un rôle, surtout dans les premières années qui ont suivi la Révolution de 1917. Il fallait se garder de froisser les émigrés qui se sont réfugiés en grand nombre en France. La soumission à la loi du domicile devait

(1) Voir article de M. Champcommunal, R. Lapradelle, 1924.

leur paraître normale dans les pays où elle est la règle à l'égard des étrangers. En France, au contraire, où les étrangers sont régis par leur loi nationale, c'eût été les placer dans une situation exceptionnelle, qui pouvait leur sembler défavorable.

La solution classique du maintien de l'ancien droit a, en pratique, des avantages et des inconvénients contraires à ceux de l'application de la *lex domicilii*.

Elle s'est trouvée, comme on l'a déjà dit, en harmonie avec les tendances du gouvernement, du parlement et de l'opinion française. Son grand mérite a été son caractère de parfaite loyauté à l'égard des Russes. La jurisprudence française a eu, il faut en convenir, une attitude très noble. Ainsi que le constate M. Champcommunal, elle a paré « aux premières rafales de la bourrasque, toujours les plus pernicieuses. Dans toute la limite du possible, elle a assuré la sauvegarde des droits privés. Dépassant même l'étendue des intérêts matériels, elle a procuré aux êtres infortunés, qui cherchaient une terre d'asile, mieux que la sécurité, le réconfort moral ».

Il faut remarquer que les décisions françaises, qui ont appliqué le principe du maintien de l'ancienne législation russe, n'ont jamais rencontré de difficultés d'exécution. Bien peu d'affaires russes.ont été portées devant la Cour de Cassation.

La méthode française répondait si bien aux aspirations des réfugiés russes que les jurisconsultes, dans leur mémoire, l'ont prise comme base de leurs revendications. Ils demandèrent à la Société des Nations de recommander la règle suivante : dans tous les cas et dans la même mesure où le droit d'un Etat non capitulaire détermine le statut personnel des étrangers par leur loi nationale, le statut personnel des réfugiés russes continuera à être déterminé par l'ancienne loi civile russe, en vigueur au moment de la Révolution bolchéviste (7 Novembre 1917).

En définitive, on peut, il semble, apprécier, de la manière suivante, le problème de la législation applicable aux réfugiés russes en France.

La situation exceptionnelle de ces réfugiés pouvait être une occasion de modifier le système du droit international privé à l'égard des étrangers fixés en France. Il eût été désirable d'appliquer aux Russes la loi du domicile, à condition d'y voir une règle nouvelle de droit international, qui aurait porté sur tous les étrangers établis à demeure sur notre territoire.

Mais la jurisprudence française pouvait-elle opérer par elle-même ce revirement et s'orienter vers de nouvelles règles en vue de déterminer le statut des étrangers en France ? Nous ne le croyons pas.

Alors, était-il indispensable d'appliquer aux Russes des mesures d'exception ? L'image « du cadavre législatif » employée par le tribunal de Gênes est frappante. Ce n'est qu'une image. On peut tout aussi bien admettre, comme le fait la solution classique, que l'ancienne législation russe, abolie en Russie, continue à s'exercer par la vitesse acquise dans les pays étrangers, pendant le temps très court pour la vie des peuples durant lequel le nouveau gouvernement n'est pas reconnu.

LIVRE DEUXIÈME

EFFETS DE LA RECONNAISSANCE
SUR LA SITUATION DES RUSSES

TITRE PREMIER

RECONNAISSANCE PAR DES ÉTATS ÉTRANGERS

CHAPITRE PREMIER

Causes de la Reconnaissance
par des Gouvernements Etrangers

SECTION I

ÉVOLUTION DE LA RÉPUBLIQUE DES SOVIETS

A la fin de l'année 1920, la législation purement communiste de la R. S. F. S. R. a atteint son plein développement, mais les conséquences, qui en résultent, sont tellement désastreuses (1), que les dirigeants de la République des Soviets, bien loin de la poursuivre, ne peuvent pas la maintenir. La misère, dans laquelle se trouve la Russie, peut-être la crainte d'un soulèvement des masses, d'un côté, le désir de rompre l'ostracisme, dont il est l'objet de la part des États étrangers, de l'autre, en un mot les réalités de l'existence, contraignent le gouvernement de Moscou à adopter une nouvelle politique dite *Nouvelle Politique Économique* ou N. E. P. Les Soviets, tout en se proclamant fidèles à leurs premiers principes, en modèrent désormais les applications. Depuis 1921, la Russie est, en fait, soumise à un véritable capitalisme d'État, qui n'exclut pas, d'une manière absolue, le capitalisme pur et simple.

(1) Voir Alexinsky : Du Tsarisme au Communisme, page 100 et suivantes.

Cette orientation nouvelle a commencé au printemps de 1921 Lenine en a exposé les directives dans une brochure initulée : « *Sur l'impôt en nature. Le sens de la nouvelle politique économique et ses conditions* ». Elle ne s'est pas arrêtée par la suite, bien qu'elle ait été retardée à certains moments quand, l'aiguillon de la réalité se faisant moins sentir, les partisans du pur communisme ont repris l'influence prépondérante au sein des Soviets.

La nouvelle tendance du gouvernement des Soviets s'est manifestée d'abord par de très nombreuses décisions fragmentaires, méthode déjà adoptée pendant la première phase du gouvernement bolchéviste, ensuite par la promulgation, en 1922, des nouveaux codes russes (1).

De ces codes, un seul, le code des droits de famille, avait été rédigé pendant la première période de l'existence des Soviets ; il a été remanié et mis d'accord avec la nouvelle législation.

Les divers codes de la République des Soviets sont : le code des droits de famille, le code civil, le code de procédure civile, le code pénal, le code de procédure criminelle, celui du droit agraire et de la législation industrielle.

Les codes, réunis en un seul corps de lois, ont été publiés par le gouvernement soviétique en 1922. Dès 1923, une deuxième édition succède à la première et y introduit des changements notables que d'autres suivent déjà, ou suivront bientôt sous la pression des réalités, plus fortes que l'idéologie.

En étudiant le nouveau code de famille, c'est-à-dire les lois des Soviets organisant le statut des personnes, on est surpris par leur caractère relativement modéré. Evidemment, certaines dispositions sont originales et fort différentes des règles généralement admises : comme l'égalité absolue de l'homme et de la femme dans le mariage, la faculté de prendre le nom du mari ou celui de la femme, l'égalité des enfants légitimes ou non. Mais ces dispositions, difficilement admissibles, sont assez rares. L'ensemble du code de la famille, quand on le parcourt, paraît plutôt terne, surtout comparé aux principes proclamés en Russie en 1917 et en 1918.

On voit bien l'évolution du régime soviétique, en juxtaposant le code de famille, tel qu'il a été publié en 1923, à celui qui avait été promulgué en 1920 et qui était précédé par des règles générales de droit purement communistes. En se tenant hors de tout parti-pris, il faut constater que l'ensemble du droit soviétique sur l'état et la capacité

(1) Les Codes soviétiques ont été traduits en français par MM. Jules Patouillet Raoul Dufour, sous l'impulsion de la Bibliothèque de l'Institut de droit comparé de Lyon, dirigé par M. E. Lambert. Giard, Paris, 1925.

des personnes est moins éloigné du droit français que ne l'était l'ancienne législative impériale russe. .

L'évolution des Soviets s'est plus particulièrement révélée dans la matière des biens.

Jusqu'à la mise en œuvre de la nouvelle politique économique, les innombrables décrets des organes soviétiques se sont surtout employés à nationaliser les biens privés, et, l'on a pu dire qu'à la fin de 1920 la propriété privée n'existait plus en Russie. Les opérations commerciales et industrielles y avaient été rendues impossibles, parce que la loi ne protégait plus la stabilité des relations contractuelles. Les Soviets, à leur origine, étaient hostiles à la production et aux échanges privés au point même d'interdire aux paysans la vente de leurs récoltes.

Au contraire, la nouvelle politique économique a eu pour but de faciliter les échanges et de rendre vie à l'activité économique de la Russie. C'est l'aveu par les Bolchévistes de la nocuité de leur doctrine.

Il n'a, évidemment, pas été question de restituer les biens confisqués à leurs précédents propriétaires (1). La nouvelle politique économique n'est pas revenue sur les faits accomplis ; mais les nationalisations générales et perpétuelles ont été arrêtées. La propriété privée a été reconnue et assurée dans des cas de plus en plus nombreux.

Durant l'année 1921, la socialisation générale de la Russie a été arrêtée. Mais, les décisions fragmentaires, prises pendant cette année, par le fait même qu'elles avaient chacune un objet très spécial, ne suffirent pas à rendre confiance en Russie ni dans la plupart des pays étrangers. Chacun des décrets nouveaux, à cause de son objectif restreint, avait uniquement la portée d'une exception limitée aux principes purement communistes. Ceux-ci ne cessaient pas d'être la règle. Il était difficile, par suite de la multiplicité des textes, de se faire une idée exacte des droits et des libertés que les particuliers pouvaient obtenir en Russie.

M. Tchitcherine, au commencement de 1922, a bien rédigé et envoyé aux gouvernements français, britannique et italien, une note diplomatique, suivie d'un memorandum contenant les mesures juridiques nouvelles du gouvernement russe. Il voulait montrer qu'entre la législation soviétique de cette époque et les lois ordinairement admises il n'y avait plus de contradictions irréductibles, que les nouveaux décrets soviétiques permettaient de faire rentrer la Russie

______

(1) Il faut cependant noter le décret du 16 Mars 1922 concernant la récupération des objets d'usage domestique par les anciens propriétaires. Il a été abrogé par la remarque 2 de l'art. 59 du Code civil, édition de 1923.

dans le nombre des nations possédant un droit moderne et que les capitalistes étrangers pouvaient travailler en Russie en toute sécurité.

Mais, d'autre part, dans un ouvrage intitulé « *La législation soviétique et la conférence de La Haye* », M. Pilenco, ancien professeur à l'université de Pétrograd, suivant, point par point, l'étude de la législation des Soviets, qu'avait faite M. Tchitchérine, a démontré que cette législation était encore loin d'avoir accordé aux Russes et aux étrangers, résidant ou séjournant dans les territoires de la R.S.F.S.R., les libertés que l'on est accoutumé de rencontrer dans les législations normales. Au 15 Mars 1922, « il n'existe pas en Russie soviétique, conclut-il, ni un droit civil, même rudimentaire, ni, à plus forte raison, un droit de procédure civile. Dans ces conditions, les tentatives éparses de faire une loi sur les chèques ou les lettres de change n'aboutissent qu'à un mirage juridique, car ces lois ne peuvent pas fonctionner régulièrement, n'ayant aucune base solide de droit et de procédure ».

Il n'en est pas moins vrai qu'un changement considérable s'est produit en Russie. L'époque du pur communisme est passée. Le gouvernement de Moscou tend à se rapprocher des principes admis par l'ensemble des états civilisés et à restaurer peu à peu les institutions qu'il a détruites.

La promulgation des codes russes a réalisé une progression considérable dans le sens des tendances nouvelles. A partir du 1ᵉʳ Janvier 1923, jour où ces codes sont entrés en vigueur, la Russie fut soumise à une législation homogène. La base solide de droit a existé de nouveau.

Cette législation générale est la consécration évidente de la nouvelle politique économique. Les dispositions dérivant des principes purement communistes y sont fortement atteintes par celles de caractère individualiste.

Les successions ont été rétablies, d'une manière très limitée en 1922, beaucoup plus large depuis le début de 1926.

Tous les décrets libéraux de 1921 ont été incorporés dans les nouveaux codes.

Après la promulgation des codes, le régime des biens semble pouvoir être défini de la manière suivante :

La plupart des biens peuvent, théoriquement, être l'objet de propriété privée.

Les échanges sont libres ; mais le commerce extérieur est réservé à l'État.

Restent seules soumises à des nationalisations générales, comme l'a dit le rapporteur du code civil, les hauteurs qui commandent la vie économique ; ces hauteurs dominantes comprennent le sol, la finance et la grosse industrie, celle qui est appelée *schwer industrie* en Allemagne, notamment les mines et les moyens de transport.

Quel est donc le régime agraire de la Russie soviétique ? Le principe est la nationalisation du sol. L'aliénation de la terre qu'il cultive n'est pas permise au paysan. Incapable de disposer du sol, l'occupant est cependant maître de sa terre. Le code rural n'a pas prévu de limite à la durée de sa jouissance.

Bien plus, les communes rurales et les associations agricoles ont la jouissance perpétuelle des propriétés occupées par leurs membres. Le code rural, remarque M. Alexinsky, transfère le droit de propriété de l'État aux petites collectivités agraires. Chaque membre de l'une de ces collectivités peut la quitter à son gré.

En réalité, sur le sol nationalisé, le gouvernement des Soviets n'a conservé que le domaine éminent ; le domaine utile appartient aux occupants. Ce domaine utile n'évoluera-t-il pas au détriment du domaine éminent jusqu'à devenir pleine propriété, comme cela s'est passé au Moyen-Age dans les pays occidentaux ? Cette éventualité a été prévue, en 1922, par un délégué au Comité Central des Soviets, hostile à la politique nouvelle : « Nous vivons à une époque de transition, mais où mène cette transition ? Vers un avenir communiste ou vers la propriété privée ? ».

Le code rural, tout en maintenant le principe de la nationalisation, est donc de tendance nettement libérale ; il a évidemment voulu favoriser les masses paysannes (1).

Le gouvernement des Soviets a-t-il manifesté le même libéralisme à l'égard des autres branches de la vie économique ?

L'article 1er du code civil déclare que « les droits civils sont protégés par la loi ».

Le droit de circuler et de se fixer librement sur le territoire de la R. S. F. S. R., le choix d'une profession, la propriété des biens non nationalisés, la liberté de contracter, de créer des entreprises industrielles ou commerciales sont accordés par l'article 5 de ce même code. Le commerce et l'industrie sont libres.

Le salariat est admis par les codes civil et ouvrier.

Le sol des villes est nationalisé, il peut être concédé à des particuliers pour une durée de 49 ans, la concession étant renouvenable. Le concessionnaire peut aliéner son droit. Il est propriétaire des constructions qu'il a faites.

(1) Voir le développement de cette tendance dans l'article de M. Raoul Labry, La politique intérieure des Soviets en 1924, Année politique, 1924, p. 283.

Les particuliers ou les personnes morales peuvent être propriétaires d'entreprises industrielles et commerciales, dont le personnel ne dépasse pas le nombre de six salariés.

Les affaires plus importantes, qui appartiennent à l'Etat russe, peuvent faire l'ojet de concessions à des particuliers ou à des personnes morales, coopératives ou sociétés.

Quant aux entreprises dont l'Etat s'est réservé la gestion, l'autonomie leur est accordée ; elles deviennent des personnes morales.

Reste-t-il grand chose dans cette organisation de vraiment communiste ? On peut répondre négativement.

D'un autre côté, les particuliers peuvent-ils jouir en toute certitude des droits et des libertés que leur ont donnés les nouveaux codes soviétiques ? Le doute est encore permis.

En Russie, les droits et libertés, en ce qui concerne les contrats en général, l'industrie et le commerce n'ont été rendus que sous réserve. Certains textes peuvent détruire l'effet positif des autres dispositions des codes.

Un exemple est typique. L'article 1er du code civil, après avoir déclaré que les droits civils sont protégés par la loi, poursuit ainsi : « sauf dans les cas où ils sont exercés dans un sens contraire à leur destination économique et sociale ». Cette réserve permet d'annihiler les effets de tous les autres articles du code (1).

De même, l'article 18 du code civil autorise la suppression par « l'organe correspondant de la puissance publique de toute personne juridique, dont l'activité a été dirigée dans un sens contraire aux intérêts de l'État » (2).

Des réserves semblables sont éparpillées dans les codes soviétiques. Par celle de l'article 1er seule, les droits et les libertés des particuliers sont soumis, à l'arbitraire du gouvernement soviétique, par l'intermédiaire des tribunaux.

Pour qu'en Russie les droits privés soient respectés avec certitude et avec continuité, il faudait une magistrature d'une indépendance idéale à l'égard du gouvernement. Cette indépendance ne peut pas

---

(1) Cette disposition, qui permet de saper toute la législation des Codes soviétiques, est fort éloignée de l'article 6 de notre Code civil : « On ne peut déroger par des conventions particulières, aux lois qui intéressent l'ordre public et les bonnes mœurs ». Notre article 6 renforce les dispositions impératives de notre législation.

(2) Comparer avec les articles 3 et 13 de la loi française du 1er Juillet 1901. Il est vrai que l'article 13 peut être considéré comme contraire aux principes généraux du droit français. Il a été reconnu contraire à l'ordre public de la plupart des pays étrangers. A ce sujet voir plus loin l'affaire des Chartreux.

exister, car la magistrature russe est nommée par le gouvernement des Soviets d'une façon arbitraire et elle en dépend étroitement (1).

M. Henri Béraud, dont la partialité ne peut être suspectée, a montré dans un ouvrage intitulé, « *Ce que j'ai vu à Moscou* », que le communisme a fait irrémédiablement faillite en Russie. La Russie est soumise à un capitalisme d'Etat, qui, dans une certaine mesure, fait place au capitalisme pur et simple. Du communisme, il ne reste qu'une façade et les mesures d'exception prises en 1917 et en 1918 contre les bourgeois. Le résultat le plus tangible du régime communiste est une transmutation des biens et des fortunes. « Actuellement, dit M. Béraud, la Chanaan ouvrière n'est plus en réalité qu'un régime capitaliste fondé, comme les autres, sur l'inégalité parmi les hommes... ». Au dire de M. Béraud, des dirigeants de la Russie le reconnaissent eux-mêmes.

Il semble que l'évolution législative n'est pas la seule qui se soit produite en Russie. Une autre, plus importante encore, paraît s'y être réalisée, difficile à bien exposer.

Les puissances étrangères ont toujours estimé qu'il ne s'était produit en Russie, par la Révolution d'Octobre 1917, qu'un *changement de Gouvernement*. Pour les alliés l'État russe a subsisté. Le traité de Versailles, les déclarations des chefs des gouvernements en témoignent.

Les Bolchévistes, au contraire, paraissent avoir considéré, pendant un certain temps, qu'ils ont opéré en 1917, non un changement de gouvernement, mais une *substitution d'État*. L'ancien État russe des Tsars et du Gouvernement provisoire est disparu, à sa place a été créé l'État communiste.

Tant que cette divergence fondamentale a existé, bien qu'on ne l'eût pas expressément formulée, les rapports étaient impossibles.

Mais il semble que, peu à peu, les dirigeants des Soviets ont repris conscience de leur nationalité russe. Ils n'admettent pas que l'on confonde la IIIe Internationale et le gouvernement de Moscou. Leur politique étrangère a repris les visées impérialistes de l'ancienne Russie.

En résumé, il ne fait aucun doute que les Soviets dirigent la Russie. Leur autorité y est absolue. Leur pouvoir semble devoir durer. On a vu que, par une évolution commencée en 1921, les principes communistes sont d'une application de plus en plus limitée en Russie.

Le régime, qui y existe, est-il compatible avec celui des autres Etats?

_____

(1) La juridiction des Tche-Kas, par trop célèbre, a été remplacée par celle du Guépéou.

Suivant qu'un gouvernement croit ou non à la loyauté des relations qu'il peut avoir avec l'U. R. S. S., il tendra à reconnaître les Soviets ou il conservera la politique de méfiance à leur égard.

SECTION II

TENDANCES NOUVELLES DES ÉTATS ÉTRANGERS

L'évolution de la République des Soviets, cause importante de la reconnaissance du nouveau gouvernement de la Russie par des Etats étrangers, n'est pas la seule. Il en existe d'autres, qui ont eu leur origine à l'intérieur des Etats étrangers. En effet, l'opinion de plusieurs gouvernements étrangers à l'égard des Soviets s'est modifiée.

En 1917 et jusqu'en 1920, l'hostilité des puissances alliées et associées contre les Soviets n'a pas cessé de se manifester. Mais ensuite, elle s'est légèrement relâchée. La reprise du commerce avec la Russie par les particuliers a été autorisée. En Juillet 1920, la politique commune des alliés envers la Russie prit fin. Chacun d'eux a recouvré sa liberté d'action. Plusieurs États ont pensé, dès lors, à reprendre les relations avec le gouvernement de Moscou.

Cette tendance des États capitalistes à se rapprocher du gouvernement des Soviets fut motivée par des raisons d'ordre commercial, d'ordre politique et même d'ordre humanitaire.

Les milieux financiers et commerciaux étrangers furent séduits par le désir d'étendre leurs opérations à la Russie, car les immenses territoires russes étaient arrivés à un point de désorganisation tel, leurs besoins s'étaient accrus dans des proportions si grandes, que la Russie devait offrir un champ d'action énorme aux commerçants des nations qui les premières auraient facilité les relations d'échange avec les Soviets, par le fait d'une reconnaissance.

Ce désir de s'emparer de la clientèle russe augmentait en même temps que croissait la crise économique que la fin de la guerre de 1914 avait engendrée dans beaucoup de pays d'Europe.

M. Tchitcherine, dans un rapport présenté au Comité Central Exécutif des Soviets en Janvier 1922, a démontré que cette volonté de commercer en Russie avait été et continuait d'être, pour le gouvernement russe, d'une grande utilité pour sa politique extérieure, dont le but était l'admission des Soviets dans le concert des nations.

La politique des États étrangers n'a pas été sans influence sur la reconnaissance du gouvernement Soviétique.

L'Allemagne l'a reconnu à son origine pour nuire aux alliés.

Le système électoral et parlementaire, base de la constitution de nombreux pays, amena au pouvoir des gouvernements dont le programme comportait le rapprochement avec le nouveau régime russe.

Parfois aussi des gouvernements étrangers, hostiles en principe aux Soviets, se trouvèrent contraints de négocier avec les Bolchévistes pour atténuer ou supprimer l'activité communiste dans leur propre pays.

Enfin les sentiments humanitaires, qui se sont manifestés en faveur des populations russes dans la misère, ont abouti à nouer de nouveaux liens avec les dirigeants soviétiques. M. Tchitcherine l'a constaté lui-même dans son rapport au Comité Central Exécutif.

Le fait de la durée et de la stabilité du gouvernement des Soviets, son évolution, d'une part, les tendances nouvelles des gouvernements étrangers de l'autre, ont concouru à la reprise des relations normales entre la nouvelle Russie et les pays étrangers.

CHAPITRE II

Actes de reconnaissance par des Etats étrangers

Dès 1917, l'Allemagne a reconnu les Soviets, qui la favorisaient contre les alliés. Le 3 Mars 1918, les traités de paix de Brest-Litowsk ont été conclus entre les Empires centraux et la Russie; mais ces traités devinrent caducs après le triomphe des Alliés; par le traité de Versailles, l'Allemagne a reconnu sans effet celui de Brest-Litowsk, que les Soviets avaient dénoncé de leur côté. Les relations se sont ensuite refroidies entre l'Allemagne et la Russie, surtout après les tentatives d'insurrection communiste, fomentées en Allemagne, et les assassinats du premier ambassadeur d'Allemagne auprès des Soviets et du commandant de l'armée allemande en Ukraine. Néanmoins, les Soviets ont toujours été considérés en Allemagne comme le seul gouvernement de Russie. Le traité de Rapallo, conclu le 16 Avril 1922, rétablit les relations normales entre le Reich et le gouvernement des Soviets.

En 1920 et en 1921, plusieurs des Etats voisins de la Russie furent contraints d'entrer en relation avec les Soviets et de les reconnaître; tel fut le cas des Pays Baltes, de la Perse et de la République Socialiste de la Géorgie.

La guerre entre la Pologne et les Soviets s'est terminée par la conclusion d'un armistice et de conditions de paix préliminaires, signés à Riga le 12 Octobre 1920. Le traité de paix définitif intervint à Riga le 18 Mars 1921.

Les Soviets et la Turquie ont conclu un traité d'alliance et de fraternité à Moscou, le 16 Mars 1921.

Ces pays, qui reconnaissaient le gouvernement communiste russe, ne se trouvaient pas dans les mêmes conditions que la France vis à vis des Soviets. Les uns étaient ses voisins; leur liberté n'était pas entière en face de la Russie. Les autres avaient été ennemis des Alliés de 1914 à 1918 et ils avaient accueilli avec faveur la constitution en Russie d'un pouvoir qui renonçait à l'alliance avec les Etats occidentaux.

Il n'en a pas été de même pour l'Angleterre, qui, après avoir suivi la même ligne de conduite que la France et agi de concert avec elle, est arrivée plus vite à la reconnaissance du nouveau gouvernement russe.

Le fait de la reconnaissance des Soviets par l'Angleterre a eu une grande répercussion et a entraîné la reconnaissance des Soviets par nombre d'autres pays.

Le 16 Mars 1921, les désirs de la finance, du commerce et de l'industrie anglais se réalisent. Le gouvernement britannique, alors dirigé par M. Lloyd George, conclut un accord commercial avec le gouvernement de la R. S. F. S. R.

Aux termes du préambule de cet acte, l'accord commercial a pour but « de reprendre immédiatement et normalement des relations commerciales entre lesdits pays et de servir d'accord préliminaire, en attendant la conclusion d'un traité de paix général et officiel entre les gouvernements de ces pays. » Cet accord ne contient pas de dispositions spéciales par lesquelles le gouvernement britannique reconnaît formellement le gouvernement des Soviets. Mais la reconnaissance est implicite ; elle résulte du fait même de l'accord commercial, dont une disposition déclare que les pièces délivrées par les autorités russes devront « être traitées comme si elles étaient délivrées ou régularisées par les autorités d'un gouvernement étranger reconnu ».

Le Foreign Office, à qui un tribunal anglais avait demandé des précisions, déclara que le gouvernement de la R. S. F. S. R. devait être désormais considéré en Angleterre comme reconnu *de facto*.

L'Italie a conclu avec le gouvernement soviétique un accord commercial provisoire le 26 Décembre 1921, accord devenu définitif au mois de Juin 1922. Mais on peut se demander si, après cet accord commercial, l'Italie a bien reconnu le gouvernement des Soviets. On verra que l'accord italo-soviétique a eu, en Italie, des effets juridiques absolument différents de ceux tirés, en Angleterre, de l'accord commercial du 16 Mars 1921.

Cette série d'accords entre la République des Soviets et certains États étrangers, dont est résultée la reconnaissance du nouveau gouvernement russe comme gouvernement *de facto*, s'est produite alors, que les dirigeants de la Russie avaient adopté le principe de la nouvelle politique économique ; il est vrai que l'évolution des Soviets, admise en principe, était à peine entamée, en fait. La progression de cette évolution n'a pas été sans influence sur les relations des Soviets avec les pays étrangers. Pendant l'année 1924, la plupart des gouvernements, qui avaient reconnu précédemment la R. S. F. S. R. comme gouvernement *de facto* de la Russie, ont procédé à sa reconnaissance comme gouvernement *de jure*. Cette reconnaissance fut réalisée, notamment, en Angleterre le 1er Février par M. Mac-Donald, en Italie le 7 Février par M. Mussolini.

CHAPITRE III

Effets juridiques de la Reconnaissance
par des États étrangers

Nous n'avons l'intention d'étudier les effets juridiques de la reconnaissance des Soviets par des Etats étrangers que dans la mesure où ils peuvent éclaircir le problème de la condition des Russes en France. Notre gouvernement et nos tribunaux doivent profiter de l'expérience acquise par les autres nations.

Seule, l'Allemagne a reconnu les Soviets comme gouvernement *de jure* de la Russie, dès leur arrivée au pouvoir.

L'Angleterre et l'Italie n'ont procédé à cette reconnaissance qu'assez tard, quelques mois avant la France. Mais plusieurs années auparavant, elles avaient reconnu le gouvernement de Moscou, comme gouvernement *de facto*.

La première question que nous rencontrons est celle de savoir si les effets d'une reconnaissance *de facto* et ceux d'une reconnaissance *de jure* sont identiques, ou, tout au moins, si les différences entre eux ne sont pas trop fortes.

La question des gouvernements de fait et de leur reconnaissance a préoccupé les jurisconsultes et les jurisprudences d'Angleterre et des Etats-Unis, depuis longtemps déjà (1).

Suivant la doctrine adoptée par les Cours britanniques et américaines, les effets juridiques d'une reconnaissance *de jure* et d'une reconnaissance *de facto* sont, à peu de choses près, semblables (2).

Mais le cas de la Russie soviétique est tellement anormal, qu'on a pu se demander si les règles ordinairement en vigueur devaient s'appliquer à la reconnaissance des Soviets.

L'Angleterre et l'Italie, en 1921, ont procédé à la reconnaissance des Soviets par le moyen d'accords commerciaux. Leur reconnaissance fut implicite et non expresse.

---

(1) Voir l'article de M. Larnaude, « Les Gouvernements de fait ». R. G^{le} de droit internationnal public, 1921, p. 457 ; Article de M. Ch. de Wisscher, professeur à l'Université de Gand, « Les Gouvernements étrangers en justice », R. de droit international privé et de législation comparée, 1922, p. 149.

(2) Voir dans l'article de M. V. R. Idelson, les principes généraux admis en Angleterre, Clunet, 1921, p. 41.

Fallait-il admettre que ces reconnaissances spéciales devaient produire les effets juridiques d'une reconnaissance ordinaire ?

Fallait-il, au contraire, en borner les effets aux relations commerciales par une interprétation stricte des accords ?

Cette dernière solution à été admise en Italie ; les tribunaux italiens ont très strictement interprété les accords commerciaux.

Certains ont déclaré que, malgré la conclusion de ces accords, le gouvernement des Soviets n'avait pas été reconnu en Italie. Le tribunal de Gênes, dans son jugement du 19 Mai 1923, se contente d'affirmer la non-reconnaissance des Soviets, sans faire mention des accords commerciaux (1).

D'autres tribunaux italiens se sont crus autorisés à interpréter par eux-mêmes les conventions italo-russes (2). Ils en sont arrivés à admettre que la reconnaissance *de facto* du gouvernement des Soviets n'était qu'un essai de reprise partielle des relations entre l'Italie et la Russie. Du succès ou de l'échec de cet essai, devait dépendre ultérieurement la reconnaissance pure et simple du gouvernement de Moscou. Il ne fallait donc pas étendre les effets de la reconnaissance *de facto* de 1924 au delà des termes des accords.

Dans ces conditions, la solution des problèmes juridiques, qui se sont posés en Italie au sujet des Russes après cette reconnaissance, ne peut pas servir de précédent pour la solution de problèmes identiques, après la reconnaissance des Soviets par la France.

Les conséquences de l'accord commercial anglo-soviétique ont été tout à fait différentes de celles qu'ont produites les accords entre l'Italie et la Russie.

Les juges anglais ne firent pas la même preuve d'indépendance que les juridictions italiennes. Fidèles à la doctrine suivant laquelle les questions de reconnaissance d'un nouveau gouvernement sont du ressort exclusif du gouvernement, les tribunaux britanniques se retranchèrent derrière l'opinion du Foreign Office pour résoudre les questions russes.

(1) Clunet, 1923, p. 1021.

(2) Dans ce sens, jugement du tribunal de Rome, du 26 Janvier 1923, Clunet, 1924, p. 257 ; Jugement du tribunal de Rome du 8 Février 1924, Clunet, 1925, p. 227. « Cette reconnaissance (du gouvernement des Soviets) ne s'était produite ni expressément ni tacitement au moment des arrêts litigieux (Avril-Mai 1920) : et ultérieurement le décret-loi du 31 Janvier 1922, lui-même converti en loi, ne comporte pas la reconnaissance de jure dudit gouvernement, puisque les travaux préparatoires de la loi font ressortir que cette reconnaissance est seulement envisagée pour l'avenir ».

Dès la première affaire (1), qui s'est posée après la conclusion de l'accord commercial, deux lettres du Foreign Office furent présentées à la Cour. L'une, du 20 Avril 1921, déclarait : « Le gouvernement de Sa Majesté reconnaît le gouvernement des Soviets comme gouvernement *de facto* de la Russie ». L'autre certifiait que l'existence du gouvernement des Soviets avait commencé le 13 Décembre 1917.

La situation de l'Angleterre vis-à-vis des Soviets étant déterminée par le gouvernement britannique, les juges anglais n'ont eu qu'à appliquer, pour les affaires russes, les règles de droit depuis longtemps admises à l'égard d'un gouvernement reconnu comme gouvernement de fait.

Comme, en Angleterre, les effets juridiques d'une reconnaissance *de facto* ou d'une reconnaissance *de jure* sont à peu de chose près semblables, il est intéressant de connaître la jurisprudence anglaise postérieure à l'accord commercial du 16 Mars 1921.

Deux grands Etats européens, la Grande-Bretagne et l'Allemagne ont donc reconnu les Soviets depuis plusieurs années et admis les conséquences juridiques normales d'une reconnaissance, dont la principale est la validité et l'application dans l'Etat, auteur de la reconnaissance, des actes législatifs du gouvernement reconnu, quand ils ne sont pas contraires à l'ordre public.

L'étude de la manière par laquelle on a résolu dans ces deux pays les problèmes juridiques, nés de la reconnaissance des Soviets, est fort utile dans la recherche de la ligne de conduite que doit suivre la France, maintenant qu'elle a, elle aussi, reconnu ce gouvernement.

D'ailleurs, les jurisprudences anglaise et allemande se complètent parfaitement.

Il est difficile de trouver en Angleterre des décisions qui aient eu à appliquer le droit soviétique relatif aux personnes, parce que les règles de droit international anglais soumettent le statut des personnes étrangères à la loi du domicile. Au contraire, les jugements relatifs aux biens y sont nombreux.

En Allemagne (2), la situation est inverse ; le code allemand ordonne d'appliquer aux étrangers, qui agissent devant les tribunaux du Reich,

---

(1) Cour d'appel, 12 Mai 1921, Aksionairnoye Obschestvo A. M. Luther c/ James Sagor and C⁰, Times Law Reports, Vol. 37, n° 27. Voir Clunet, 1924, p. 236.

(2) Voir notamment : articles du Dr Freund, Clunet, 1924, p. 51, Clunet, 1925, p. 331 ; Dr von Freytagh-Loringhoven, Législation soviétique et ordre public allemand, Clunet, 1924, p. 501, Traduction Eug. Dreyfus, et Droits de famille chez les bolchevistes, Deutsche Juristen Zeitung, 1921, p. 960, Voir Clunet, 1922, p. 107 ; Dr Klibanski, Article dans la Juristiche Wochenschrift, 1920, p. 606 ; Dr Schöndorf, Que faut-il entendre actuellement par droit russe, Deutsche Juristenzeitung, 1920, p. 305.

leur loi nationale pour les questions qui touchent à l'état et à la capacité.

D'un autre côté, les juridictions allemandes n'ont pas eu à s'occuper des biens confisqués par les décrets soviétiques. Par le traité de Rapallo, l'Allemagne et la Russie ont renoncé réciproquement à toute indemnité pour des dommages civils causés par les lois d'exception en temps de guerre ou par les mesures de violence prises par un organe de l'Etat. D'après M. Freund, l'article 2 du traité contient la renonciation de l'Allemagne à l'indemnité des dommages de socialisation. La renonciation s'étend aux prétentions des ressortissants allemands, de l'Etat allemand et des Pays allemands envers la Russie, provenant d'une mesure contre les sujets allemands et les droits privés de ceux-ci. On entend, par là, les dommages causés par les lois révolutionnaires, considérées dans leur ensemble, qui furent dirigées, d'une part, contre la vie et la liberté des classes possédantes soit étrangères, soit indigènes, d'autre part, contre la propriété privée de la classe aisée. Cette renonciation exclut de façon très large les exigences des ressortissants allemands contre le gouvernement des Soviets, en ce qui concerne la confiscation de leurs biens, la nationalisation de leur terre et de leurs entreprises personnelles (1).

L'Etat allemand ayant reconnu la validité des mesures exceptionnelles prises par les Soviets sur ses biens ou sur ceux de ses sujets, les tribunaux allemands devaient, à plus forte raison, dénier tous droits à des étrangers et en particulier aux émigrés russes.

SECTION I

L'ÉTAT ET LA CAPACITÉ DES RUSSES EN ALLEMAGNE

Comment les tribunaux allemands ont-ils résolu les questions touchant à l'état et à la capacité des Russes ?

Il fallait, suivant les règles du droit international privé allemand, appliquer la législation russe.

Il n'a jamais été question de rendre vigueur à l'ancien droit.

C'est donc du nouveau droit russe, celui du gouvernement des Soviets, qu'il fallait se servir.

Mais une nouvelle question s'est posée alors. Est-il possible d'appliquer en Allemagne un droit, qui a pour bases des principes

____

(1) Cette acceptation, par l'Allemagne, des mesures économiques exceptionnelles prises par les Soviets, cesserait si, par un traité avec une tierce puissance, l'U. R. S. S. était tenue d'indemniser en tout ou en partie cette puissance ou ses ressortissants des dommages causés par la Révolution russe.

opposés à ceux de la constitution allemande ? Aux termes de l'article 30 de la loi d'introduction au code civil allemand, « l'application d'une loi étrangère est exclue, si elle heurte l'application des bonnes mœurs ou le but d'une loi allemande ». Ce texte incorpore impérativement la notion d'ordre public dans le droit allemand.

Des juristes allemands (1) se sont servis de cet article pour affirmer l'impossibilité absolue d'appliquer le droit bolchéviste en Allemagne. « Si l'application d'une seule loi immorale est exclue conformément à l'article 30, ont-ils dit, à plus forte raison le droit d'un Etat étranger, qui, dans son ensemble, heurte nos conceptions juridiques, doit être exclu ».

Mais d'autres auteurs ont répondu que cette interprétation de l'article 30 était erronée, que le terme « *gesetz* » (loi) ne désigne pas du tout une législation générale, mais une disposition particulière et bien déterminée du droit d'un pays. Il convenait, par conséquent, de scruter chaque disposition spéciale des décrets soviétiques pour déterminer si elle pouvait avoir effet en Allemagne.

D'ailleurs, ces auteurs trouvaient déjà dans le code soviétique des droits de la famille, promulgué pendant que le gouvernement des Soviets en était encore à sa période de communisme absolu, beaucoup de principes correspondants aux exigences d'un droit moderne normal.

Les dispositions soviétiques contraires soit aux bonnes mœurs, soit au but d'une loi allemande, devaient seules être repoussées.

Pour M. Klibanski et M. Freund, les décrets bolchévistes ne peuvent pas être considérés comme immoraux, parce que beaucoup de dispositions du droit soviétique, dont l'application est contestée en Allemagne, sont combattues en raison de leur « idéalisme trop élevé ». Cette façon de penser semble inadmissible. Elle paraît admettre que le droit communiste est un progrès sur les autres droits civilisés. L'erreur de cette thèse résulte de l'expression même employée par M. Klibanski : « idéalisme trop élevé ». L'excès d'idéalisme, en droit comme en morale, nuit. Il est plus juste de dire que les dispositions anormales du droit soviétique procèdent d'un idéalisme différent de celui admis par le droit allemand ; il lui est même contraire ; par conséquent, les dispositions qui font l'objet de la discussion peuvent être considérées comme immorales, d'après la conception en vigueur en Allemagne.

Quoiqu'il en soit, cette conception particulière de la valeur morale des principes communistes n'a qu'une importance théorique. Son effet pratique est nul, parce que les dispositions du droit soviétique qui

(1) Voir articles des Drs Schöndorf et de Freytagh-Lorenghoven, précités.

édictent des règles d'un « idéalisme trop élevé », si elles ne doivent pas être rejetées en Allemagne comme contraires aux bonnes mœurs, doivent l'être comme contraires au but de la loi allemande, dans le sens fixé par le Tribunal d'Empire Allemand. Suivant la jurisprudence de ce tribunal, une disposition étrangère est contraire au but de la loi allemande quand « la différence entre les conceptions politiques ou sociales, sur lesquelles reposent respectivement le droit étranger et le droit allemand sont si grandes que l'application du droit étranger porterait atteinte au fondement de la vie publique et économique allemande ». Ainsi entendue, la notion de la loi contraire au but de la loi allemande contient celle de loi contraire aux bonnes mœurs.

La pratique et les tribunaux allemands n'ont pas jugé bon de repousser en bloc le nouveau code russe ; au contraire, ils l'appliquent en principe, sauf à rejeter ses dispositions (en vertu de l'article 30 de la loi d'introduction au code civil), quand elles sont en opposition avec l'ordre public allemand. Dans ce cas, la loi allemande est suivie. Il faut, dans chaque espèce, rechercher si la loi soviétique, applicable en principe, est admissible en Allemagne.

Les affaires de divorce et celles des successions (en Allemagne les successions des étrangers sont régies par la loi nationale du défunt) sont celles qui ont le plus fréquemment soulevé l'application du nouveau droit russe. Nous les prenons comme exemples, car il est bien d'autres matières dans lesquelles l'application du droit soviétique est délicate, la filiation notamment.

Le nouveau droit russe, qui s'est rapproché du droit allemand en laïcisant le divorce des russes, s'en est écarté en admettant le divorce d'accord et en ne prévoyant pas de cause légale quand un seul des époux le demande. On aurait pu penser que le divorce, réglementé d'une manière aussi large, est contraire à l'ordre public allemand. Telle n'a pas été la solution des tribunaux.

L'article 17 de la loi d'introduction au code civil allemand ordonne de prononcer, en Allemagne, le divorce des étrangers, en suivant la loi nationale du mari, mais il faut, en outre, que la cause du divorce soit admise par le droit allemand.

Comme d'après le droit soviétique, le divorce peut être demandé sans cause déterminée par la loi, les tribunaux se sont contentés de reconnaître dans chaque affaire les conditions de fond exigées pour le divorce par la loi allemande. Cette manière de résoudre la question aboutit à l'application du droit allemand dans les instances en divorce entre Russes (1).

(1) Voir diverses décisions mentionnées par le Dr Freund, Clunet, 1924, p. 54 et Landgericht Munich, 22 Avril 1921, Clunet, 1922, p. 170.

Les successions avaient été abolies par les Soviets en 1918, le décret du 22 mai 1922 les a rétablies, mais en limitant l'ordre, le nombre des héritiers et en fixant à dix mille roubles-or le maximum de la masse héréditaire. Le droit de tester a été reconnu dans les mêmes limites.

Les tribunaux allemands ont envisagé de manière différente le règlement des successions de Russes en Allemagne avant et après le décret qui les a partiellement rétablies.

Pendant que les successions étaient abolies d'une manière absolue en Russie, les tribunaux allemands se sont refusés à appliquer la législation soviétique dans le cas où un Russe possédant des biens en Allemagne venait à décéder. La masse des biens, qui se trouvait sur le territoire allemand, était soumise à la loi allemande s'il s'agissait d'une succession ab-intestat.

Il n'en était pas absolument de même dès lors qu'il s'agissait d'une succession testamentaire, quand le testament avait été rédigé en Russie. Les juridictions allemandes ont tenu alors le raisonnement suivant : Un testament ne peut pas avoir d'effet s'il n'est pas valable à deux moments différents, celui de sa confection et celui du décès du testateur. Les Soviets, gouvernement de la Russie, ont aboli les testaments ; par conséquent les testaments, rédigés avant le décret qui les a supprimés, ont été annulés et ils ne peuvent pas produire d'effet en Allemagne plus qu'en Russie. La nullité n'est pas contraire à l'ordre public, d'après les tribunaux allemands, car la nullité d'un testament n'est pas *mala in se*. Il n'y a pas de différence à faire entre la nullité du testament d'un Russe, en vertu d'un décret des Soviets, et celle qui peut résulter pour un Français ou un Anglais de la nullité de son testament par décision judiciaire. La nullité des testaments des Russes est un effet juridique valablement acquis à l'étranger.

Dans ces conditions, le testament étant nul, et la législation soviétique sur les successions sans portée en Allemagne, la succession devait être réglée suivant la loi allemande.

Cette solution étonne à première vue. Et cependant l'argumentation paraît logique. Comme le disent MM. Pillet et Niboyet, un droit acquis à l'étranger n'est pas contraire à l'ordre public d'un pays par ce seul motif qu'il n'aurait pû y être acquis. Il faut rechercher si le résultat obtenu est ou non contraire à l'ordre public (1).

Les juges allemands pouvaient-ils distinguer, dans le décret sur les successions, d'une part l'abolition des successions inacceptable en Allemagne, d'autre part la suppression du testament d'où naissaient des

______

(1) Voir Pillet, Principes, n° 287 ; Traité pratique, T. 1., n° 43, p. 123.

droits valablement acquis en Russie, droits acquis dont l'exécution en Allemagne ne heurtait pas l'ordre public? L'abolition des testaments était une disposition qui dépendait intimement de l'abolition des successions ; elle la complétait et y puisait sa raison d'être. On ne pouvait donc pas admettre la suppression de tous les testaments, en Russie, si l'on rejetait le décret qui avait supprimé les successions.

En réalité, la jurisprudence allemande, en admettant la nullité des testaments russes, a commencé par approuver l'abolition du régime successoral en Russie et elle l'a rejetée ensuite en appliquant la loi allemande sur les successions.

Il n'est d'ailleurs pas vrai de dire que la nullité des testaments russes n'était pas contraire à l'ordre public allemand. Certes, la nullité d'un testament, pris en particulier, est conforme à cet ordre public. Mais l'effet du décret soviétique fut de supprimer tous les testaments rédigés en Russie. Cette nullité générale des testaments russes était mauvaise par elle-même et elle devait être considérée comme inadmissible en Allemagne.

La jurisprudence allemande au sujet des successions russes a changé après le décret des Soviets de 1922, qui a rétabli en partie le régime successoral. Après ce décret, les tribunaux allemands ont appliqué, autant qu'il a été possible, la législation successorale russe. Les successions de Russes en Allemagne ont été dévolues suivant les règles du droit soviétique.

Malgré les décrets soviétiques, qui ont déterminé la nationalité russe et qui l'ont fait perdre aux émigrés, le statut juridique de ces émigrés n'a pas différé en Allemagne de celui des citoyens de l'Union Soviétique. Cela tient à un texte formel de la législation allemande. En vertu de l'article 29 de la loi d'introduction au code civil, « lorsqu'une personne n'appartient à aucun État, ses rapports juridiques, en temps que sa loi nationale est déclarée applicable, s'apprécient d'après les lois de l'État auquel cette personne a appartenu en dernier lieu ».

SECTION II

LE RÉGIME DES BIENS ET DES SOCIÉTÉS EN ANGLETERRE

Quelles ont été les conséquences juridiques de la reconnaissance *de facto* des Soviets par le gouvernement britannique? Comment les Cours anglaises ont-elles tranché les affaires, extrèmement difficultueuses, qui se sont présentées devant elles, concernant les effets des décrets de nationalisation soviétique ?

Il semble que la meilleure façon de se former une opinion sur la jurisprudence anglaise, c'est de connaître les plus intéressantes parmi les décisions qui ont été rendues après la reconnaissance *de facto*. Il y a eu, en Angleterre, des affaires types qui représentent l'opinion de la justice britannique sur les points de droit les plus délicats soulevés par la législation soviétique : la propriété des biens nationalisés en Russie et importés en Angleterre, la situation des anciennes sociétés russes.

A. — LES BIENS RUSSES NATIONALISÉS EN ANGLETERRE

Les affaires qui sont venues devant les juridictions britanniques ont eu pour objet la propriété de biens situés en Russie lors de la Révolution bolchéviste, dont les Soviets se sont emparés et qui ont, par la suite, été transportés en Angleterre.

Il s'est agi, dans l'une de ces affaires, d'or et de billets de la Banque d'État russe, choses de genre.

Il fallait savoir, dans les autres, si la propriété des Soviets ou de leurs ayants-droit sur des corps certains nationalisés pouvait être admise en Angleterre.

Une somme de 7.500 roubles, provenant des réserves de l'État russe, avait été déposée à la Banque d'Angleterre par une demoiselle Grimbaum, à qui elle avait été confiée par le gouvernement des Soviets.

En 1921, après la reconnaissance *de facto* de ce gouvernement, un sieur Marshall demanda au tribunal d'interdire à la Banque d'Angleterre et à la demoiselle Grimbaum de disposer librement de cette somme, qu'il prétendait être le gage d'obligations de l'État russe et de billets de banque russes en sa possession. Le tribunal (1) a débouté le demandeur et refusé d'accorder la saisie de l'or russe, parce que la preuve ne lui a pas été apportée que la réserve d'or, dont les roubles introduits en Angleterre faisaient partie, constituait une sûreté en faveur des porteurs de bons d'État ou d'obligations russes.

Il résulte de cette décision que le gouvernement des Soviets est, pour les tribunaux anglais, le successeur des anciens gouvernements russes, mais qu'il ne peut pas être inquiété pour les choses de genre qu'il importerait à l'avenir en Angleterre, même si ces biens se trouvent entre les mains de particuliers.

Cette décision facilita la méconnaissance par les Soviets des dettes de la Russie ; elle était indispensable, il est vrai, pour une reprise importante des relations commerciales anglo-russes.

Aussitôt après la reconnaissance des Soviets par l'Angleterre, plusieurs affaires ont été portées devant les Cours anglaises pour

(1) Division de la Chancellerie, 13 Juillet 1921, Marshall c/Dlle Grimbaum, T.L.R. Vol. 37, n° 32, Journal des Débats, 21 Juillet 1921, Clunet, 1924, p. 233 ; Voir aussi Clunet, 1921, p. 987, Aff. Barring Brothers c/Gouvernement des Soviets.

trancher la question de la propriété des biens russes nationalisés qui se trouvaient en Angleterre.

Une société anglaise, James Sagor and C°, avait acheté au gouvernement des Soviets un stock de bois, nationalisé en vertu du décret du 20 Juin 1918. Ce bois, qui portait la marque de l'ancien propriétaire, la société Aksionairnoye Obschestvo A. M. Luther, fut introduit en Angleterre en 1920. La société A. M. Luther introduisit, en novembre de la même année, un procès en revendication de ce bois. Le juge de première instance, se basant sur le fait de la non-reconnaissance du gouvernement des Soviets, fit droit à la demande de la société Luther et la déclara propriétaire des marchandises nationalisées et importées sur le sol anglais.

Appel fut fait de ce jugement par la société James Sagor. Et, avant que la Cour d'Appel n'ait eu à statuer sur cette affaire, le gouvernement britannique reconnut celui des Soviets.

Par un arrêt du 12 Mai 1921 (1), la Cour a reconnu la propriété, sur les biens russes introduits en Angleterre, de la société James Sagor, qui tenait ses droits du gouvernement des Soviets.

Cet arrêt, véritable décision de principe, est d'une importance considérable.

La Cour, ayant constaté la reconnaissance *de facto* du gouvernement des Soviets, a suivi sans hésitation les règles juridiques généralement admises en faveur des gouvernements reconnus.

La première et la plus importante des questions, qui se posaient, était celle de la validité des actes du gouvernement soviétique. Elle a été acceptée sans peine par la Cour d'Appel.

La Cour se trouvait cependant en face d'un cas particulièrement délicat. Elle aurait pu admettre la validité, en principe, de la législation soviétique en Angleterre, mais rejeter les prétentions de la société James Sagor, parce que celle-ci tenait ses droits d'un acte législatif en opposition absolue avec les principes constitutionnels anglais : une confiscation. La notion de l'ordre public ne devait-elle pas intervenir et paralyser, dans ce cas spécial, l'application du droit soviétique ? « En admettant que le décret de confiscation du 20 Juin 1918 ait été rendu par un gouvernement *de facto*, reconnu comme tel, son caractère immoral et contraire à la justice ne devait-il pas inciter le tribunal anglais à n'en pas tenir compte ? » Cet argument a été soutenu par la société A. M. Luther, victime du décret de nationalisation.

(1) Cour d'Appel, 12 Mai 1921, Luther c/Sagor, 37 T. L. R. n° 777, Clunet, 1924, p. 236 ; Division du Banc du Roi, 14 Février 1922, White, Child and Beney L^{ed} c/Eagle Star and British Dominions Insurance C°. 38 T. L. R., n° 17.

Les trois membres de la Cour d'Appel l'ont rejeté.

« En admettant, a dit Lord Justice Bankes, que les Cours anglaises puissent entrer dans des considérations de morale et de justice, en ce qui concerne le décret du 20 Juin 1918, je ne vois pas comment elles pourraient traiter ce décret particulier autrement que comme l'expression, par le gouvernement *de facto* d'un pays civilisé, d'une politique répondant à l'intérêt supérieur dudit pays. Il importe peu que le gouvernement anglais n'ait pas la même manière de voir, que la majorité des citoyens repousse ce point de vue et que les lois anglaises ne le reconnaissent pas ».

Lord Justice Scrutton arrive à la même conclusion. Pour lui, dans les affaires qui touchent à la reconnaissance d'un gouvernement étranger, le pouvoir judiciaire est tenu de se conformer strictement à l'opinion du pouvoir exécutif. « C'est enfreindre sérieusement la courtoisie internationale, dit-il, à l'égard d'un Etat reconnu comme Etat souverain indépendant que de déclarer sa législation contraire aux principes essentiels de justice et de morale. Si ce gouvernement se montrait susceptible, une pareille allégation pourrait devenir un *casus belli* et devrait, semble-t-il, être l'affaire du souverain par ses ministres et non pas des juges... On ne peut arriver à la conclusion que la législation d'un Etat, reconnu par le Souverain comme Etat souverain indépendant, est contraire à la morale au point que les juges ne doivent pas la reconnaître. La responsabilité de la reconnaissance ou de la non-reconnaissance, avec les conséquences qui s'en suivent, incombe aux conseillers politiques du Souverain et non aux juges ».

Lord Justice Scrutton va même jusqu'à dire : « Il faut que les individus contribuent à la prospérité de l'Etat, et, à présent, les citoyens anglais, qui donnent peut-être à l'Etat plus de la moitié de leur revenu sous forme d'impôt sur le revenu et de super-tax et une partie importante de leur capital en droits de succession, avec la menace d'un impôt sur le capital, peuvent difficilement déclarer qu'un Etat étranger est immoral qui considère (encore qu'il le fasse à tort selon nous) que le fait d'investir de biens individuels l'Etat, en tant que représentant de tous les citoyens, est la meilleure forme du droit de propriété ».

L'opinion du Lord Justice se rapproche singulièrement de celle de M. Klibanski, qui considère certaines dispositions du droit soviétique comme procédant d'un idéalisme trop élevé.

La question de la portée en Angleterre des décrets de nationalisation ayant été tranchée unanimement par la Cour d'Appel dans le sens de la validité, deux autres questions se sont présentées devant les juges : La reconnaissance doit-elle rétroagir ? Le décret du 20 Juin 1918 et les nationalisations de 1919, qui en ont été l'exécution, ont-ils été faits par par le même gouvernement que celui qui a été reconnu *de facto* par l'Angleterre ?

Pas de doute possible pour cette dernière question ; les faits répondent d'eux-mêmes.

La rétroactivité des effets juridiques de la reconnaissance a été adoptée par la Cour anglaise, qui s'est appuyée sur la jurisprudence américaine antérieure.

De cette façon, la Cour anglaise est arrivée à déclarer que le gouvernement des Soviets ou ses ayants-droit sont légitimes propriétaires des biens nationalisés en Russie avant d'être importés en Angleterre.

Une décision semblable fut rendue par un tribunal anglais le 13 Juillet 1921 (1), dans une affaire où le gouvernement français était intéressé. Des négociants russes, les frères Walneff, revendiquaient une cargaison de bois que le gouvernement des Soviets leur avait confisquée et ils demandaient au tribunal de valider la saisie qu'ils avaient fait pratiquer sur ce bois, lors de son débarquement en Angleterre. Une partie de la cargaison litigieuse avait été achetée aux frères Walneff par le gouvernement français avant la Révolution, de sorte que les demandeurs agissaient tant en leur nom qu'en celui du gouvernement français. Celui-ci, par l'intermédiaire de son Ambassadeur à Londres, se porta partie civile.

Si la décision de l'affaire Luther-Sagor imposait au juge l'obligation de repousser les prétentions des frères Walneff, il était à la rigueur possible de soutenir que la confiscation des biens appartenant à un gouvernement étranger constituait une espèce différente, surtout lorsque ce gouvernement, comme c'était le cas pour le gouvernement français, n'avait pas reconnu les Soviets. Le tribunal n'admit pas l'intervention du gouvernement français, mais il déclara que, s'il reconnaissait les prétentions des frères Walneff, il réserverait ses droits. Plus tard, les frères Walneff furent, eux aussi, déboutés de leur demande. Cette décision prouve que la jurisprudence était fixée. Elle reconnaissait la validité de tous les actes des Soviets accomplis en Russie, à l'encontre de tous, Etat ou personne privée.

B. — LES SOCIÉTÉS RUSSES EN ANGLETERRE.

Il est inutile d'insister sur l'intérêt juridique et pratique que présente la question de la situation des sociétés et des succursales de sociétés russes en Angleterre.

(1) Clunet, 1921, p. 987.

Leur existence ou leur disparition a dépendu de l'opinion des tribunaux anglais sur les effets juridiques de la reconnaissance du gouvernement des Soviets.

Un arrêt de la Chambre des Lords, rendu le 24 Juillet 1924, divise la jurisprudence anglaise en deux périodes. La première, qui a suivi immédiatement la reconnaissance *de facto*, a vu les tribunaux britanniques repousser la survie des sociétés russes. L'arrêt de la Chambre des Lords, au contraire, a admis leur existence. Il est d'autant plus important que, suivant la constitution anglaise, il fait loi, car les tribunaux inférieurs ne peuvent plus admettre une interprétation différente de la sienne dans des cas identiques.

Plusieurs litiges sur l'existence des sociétés russes ont été soulevés en Angleterre.

L'un d'eux a eu une portée et une répercussion très grandes : celui qui a été jusque devant la Chambre des Lords.

Voici les faits : En 1914, la Russian Commercial and Industrial Bank, société russe, qui a une succursale à Londres, dont le directeur, M. Jones, est muni des pouvoirs de la banque, dépose des titres à la London County and Westminster Bank, pour le compte du Comptoir d'Escompte de Mulhouse. Ce dépôt est fait en garantie d'un emprunt. En 1919, M. Jones et le Comptoir d'Escompte de Mulhouse, conviennent du remboursement de l'emprunt et de la remise des titres donnés en garantie. Le remboursement convenu est effectué par la Russian Commercial and Industrial Bank ; mais le Comptoir d'Escompte de Mulhouse refuse de se dessaisir des titres qui formaient le gage de l'emprunt et qui se trouvaient dans les coffres de la London County and Westminster Bank.

Une action en remise de gage fut intentée en 1920 par la Russian Commercia and Industrial Bank contre le comptoir d'Escompte de Mulhouse et la London County and Westminster Bank.

En première instance, la société russe, demanderesse, fut déboutée. Le jugement constate la nullité de la convention de liquidation de l'emprunt, conclue en 1919. Les motifs de cette décision sont une erreur mutuelle des contractants et l'application de la théorie anglaise de la frustration. Le juge s'est refusé à statuer sur l'existence juridique de la banque russe. Appel fut interjeté par la banque russe. La Cour d'Appel, par un arrêt du 12 Juin 1923 (1), a confirmé la décision du

---

(1) Cour d'Appel, 12 Juin 1923, Russian Commercial and industrial Bank c/ Comptoir d'Escompte de Mulhouse, T.L.R. Vol. 39 n° 28, Clunet, 1924, p. 226 ; Voir aussi : Banque internationale de Commerce de Petrograd c/ Goukassow, Cour d'Appel, 12 Juin 1923, Clunet, 1924, p. 232.

tribunal de première instance, mais pour des motifs nouveaux, l'inextence juridique de la société russe.

L'opinion des membres de la Cour d'Appel n'a pas été unanime. Deux d'entre eux, les Lords Justice Bankes et Scrutton, se sont prononcés pour l'extinction de la personnalité morale de la société, le troisième Lord Justice Atkins l'a repoussée.

L'argumentation du Lord Justice Bankes, partagée par le Lord Justice Scrutton, et qui reproduit celle des défenseurs du Comptoir d'Escompte de Mulhouse, peut être résumée comme suit :

Quelle est tout d'abord la législation des Soviets sur les banques ? « Il faut bien se pénétrer de l'esprit de cette législation soviétique, de sa politique de destruction, et absorption signifie ici extinction. Il ne faut pas appliquer le droit russe de la Russie czariste à l'interprétation de cette législation de confiscation, ni comparer l'absorption, dans ce cas, à la fusion normale des sociétés ».

La destruction des banques russes en Russie par le moyen des décrets de confiscation est donc certaine pour les deux magistrats.

Ils se sont basés sur la décision de l'affaire Luther-Sagor pour admettre la validité en Angleterre de la nationalisation de ces banques.

Les Lords Justice Bankes et Scutton n'ont pas aperçu la différence juridique très importante qui distinguait l'affaire Luther-Sagor de celle qu'ils devaient juger. Tandis que l'arrêt Luther-Sagor a seulement constaté les effets juridiques des décrets soviétiques, accomplis en Russie, la décision de la Cour d'Appel dans l'affaire Russian Commercial and Industrial Bank contre le Comptoir d'Escompte de Mulhouse fait participer la juridiction anglaise aux décrets soviétiques ; elle les exécute.

Le Lord Justice Bankes a prévu les difficultés pratiques que sa décision devait entraîner. Il se contente d'observer qu'une législation de confiscation, telle que celle du gouvernement des Soviets, conduit à des difficultés et à des violences. « Je ne vois, dit-il, aucune raison pour essayer, par l'interprétation de cette législation, de diminuer les difficultés pour réduire les violences ».

D'ailleurs, Lord Justice Bankes semble considérer comme licites les actes accomplis par les sociétés russes qu'il considère éteintes. La raison de cette validité serait la situation exceptionnelle et transitoire, en un mot la force majeure.

Le troisième membre de la Cour d'Appel, Lord Justice Atkins, impressionné par les conséquences que pouvait produire l'application en Angleterre des décrets sur la nationalisation des sociétés, ne s'est pas rangé à l'opinion de ses collègues. Son opinion fut adoptée plus tard la Chambre des Lords.

L'arrêt de la Cour d'Appel, qui a admis l'extinction juridique des sociétés russes, a refusé de condamner aux dépens la Russian Commercial and Industrial Bank, car une personne morale, qui n'existe plus, ne peut être ni créancière ni débitrice.

Cette acceptation de l'extinction des sociétés russes en Angleterre était lourde de conséquences. Quel devait être le sort des biens sociaux? Allait-on pousser l'effet des décrets soviétiques jusqu'à déclarer que l'État russe en était devenu propriétaire ? Ou bien devaient-ils être considérés comme *res nullius* et le Trésor anglais pouvait-il se les approprier ? Les laisserait-on entre les mains de leurs possesseurs, les actionnaires des sociétés présents en Angleterre ? Aucune de ces solutions n'eût été équitable, même la dernière, car elle aurait pu aboutir à des complications entre les actionnaires présents et les absents.

L'arrêt de la Cour d'Appel fut très violemment critiqué en Angleterre et la Russian Commercial Industrial Bank porta l'affaire devant la Chambre des Lords, juridiction suprême.

Celle-ci rendit son arrêt le 24 Juillet 1924 (1). Il infirme l'arrêt de la Cour d'Appel et constate l'existence des sociétés de banque russes.

Les jugements des Lords ne paraissent pas formulés avec toute la netteté qui eût été désirable dans une affaire aussi importante.

Les Lords anglais sont arrivés à leurs conclusions par un moyen détourné. Leur argument principal a été que la preuve de l'extinction des banques par la législation soviétique ne leur a pas été apportée par le Comptoir d'Escompte de Mulhouse. Ils se sont attachés à interpréter la législation soviétique plus qu'à déterminer les principes de droit international privé qui devaient être suivis par des juges anglais. Il apparaît qu'ils ont tranché par des moyens d'espèce une question qui devait être essentiellement une question de principe.

Leur interprétation de la législation soviétique est, pour le moins, surprenante. D'une série de dispositions législatives, dont le but certain est la suppression absolue des sociétés de banque, ils ont fait ressortir la forme vague et incertaine, les contradictions qui existaient entre elles, pour en arriver à affirmer qu'aucun décret soviétique n'a aboli la personnalité juridique des sociétés de banque russes.

« C'est une tâche peu agréable pour une Cour de justice anglaise, dit Lord Cave, que d'avoir à considérer l'effet d'une série de décrets établissant l'acquisition obligatoire par un Etat étranger de l'actif de

____

(1) Chambre des Lords, 24 Juillet 1924. Vicomtes Cave et Finlay, Lords Atkinson, Sumner et Wrenbury, Clunet 1924, p. 1081 et les observations de M. Idelson.

personnes privées sur une base d'absolue confiscation. Mais le gouvernement des Soviets a été reconnu par le gouvernement britannique comme gouvernement légal de la Russie, et puisqu'il en est ainsi ses décrets doivent être regardés par des Cours anglaises comme valides, dans la mesure de la compétence du gouvernement russe, ainsi que Lord Justice Bankes l'a déclaré dans l'affaire Luther contre Sagor. Vu les termes de ces décrets. . ., il n'est pas du tout certain que leur effet ait été de dissoudre la banque demanderesse ». Ce passage du jugement de Lord Cave montre combien les membres de la Chambre des Lords eux-mêmes ont été impressionnés par la reconnaissance *de facto* des Soviets. Ils ont craint de restreindre la souveraineté de ce gouvernement. Et ils sont arrivés à donner à cette souveraineté des Soviets des effets plus étendus que ceux qu'ils auraient admis comme conséquences de la souveraineté d'un autre gouvernement, reconnu depuis toujours (1).

Heureusement, si l'interprétation de la législation des Soviets en matière de banques et l'opinion que cette législation n'a pas détruit les sociétés de banque a été le motif principal de l'arrêt de la Chambre des Lords, les membres de cette Chambre ont aussi considéré, à titre subsidiaire, plusieurs questions de droit particulièrement importantes. Ces questions concernaient l'effet extra-territorial du droit soviétique, le sort des biens russes en Angleterre, la liquidation de la succursale anglaise d'une société russe et enfin les droits des actionnaires résidant en Angleterre.

Les membres de la Chambre des Lords ont envisagé et résolu ces questions d'une façon telle que la jurisprudence anglaise devait être complètement modifiée.

Le seul fait de poser la question de l'extra-territorialité du droit soviétique était d'une grande importance. C'était remettre en discussion le principe admis en Angleterre, depuis la reconnaissance *de facto*, que, par suite de cette reconnaissance, tous les actes du gouvernement des Soviets devaient être intégralement respectés.

Quel est donc, en vertu des jugements des membres de la Chambre des Lords, le nouveau système d'application du droit soviétique en matière de biens russes ?

On peut croire qu'il repose sur la territorialité de ce droit.

Les tribunaux anglais doivent reconnaitre, dans la plus large mesure, les effets des nouvelles règles de la propriété qui résultent des décrets soviétiques quand ces effets ont été accomplis en Russie.

____

(1) Voir notamment Aff. Simpton c/ Fage et Kaufmann e/ Gerson, citées par Dicey, Conflict of Law, 2ᵉ éd. p. 33.

Au contraire, il est impossible d'exécuter les décrets en Angleterre. « Quel que fût l'effet, dit Lord Finlay, qu'ait pu avoir ce décret de nationalisation des banques dans le territoire soumis aux Soviets, il me parait qu'il ne peut pas être regardé comme applicable aux succursales qui faisaient des opérations à Londres ou à Paris... Même s'il avait été démontré que la banque russe, dans la mesure où il s'agit de la Russie, avait cessé d'exister, il ne faudrait pas considérer cette affirmation comme décisive pour le sort de la succursale de Londres ».

De ces passages du jugement de Lord Finlay, il faut déduire que le nouveau régime de propriété, établi en Russie, et les nationalisations qui en ont été le résultat, ne peuvent pas être appliqués en Angleterre.

D'où l'on peut tirer deux conséquences pratiques essentielles :

1° Le gouvernement russe ne peut exercer aucun droit sur les biens russes qui ne se trouvaient pas en Russie lors des nationalisations. Les anciens propriétaires de ces biens conservent leur propriété.

2° Les tribunaux anglais doivent reconnaître la survie de toutes les sociétés russes qui, après les bouleversements de la Russie, se sont reconstituées en Angleterre ou à l'étranger, ou même dont un organe y a continué les opérations. Le fait que la légistation soviétique puisse être considérée, à tort ou à raison, comme ayant laissé subsister la personnalité juridique de ces sociétés ou qu'au contraire leur extinction soit certaine, en Russie est sans aucune importance en Angleterre.

Les Lords ont aperçu plusieurs des conséquences juridiques du principe de la territorialité des lois soviétiques qui ont institué le nouveau régime des biens en Russie.

Lord Cave a déclaré : « Je ne puis pas comprendre comment pareil décret (celui du 26 Janvier 1918 relatif à la confiscation des actions) pourrait avoir pour effet de confisquer ou détruire les actions possédées en dehors de la juridiction du gouvernement soviétique ». Il reconnait donc que les décrets de nationalisation doivent être sans effet sur les biens à l'étranger.

Lord Finlay ne peut admettre la nullité des opérations, faites hors de Russie par les succursales des sociétés russes. « La succursale de Londres, dit-il, existe depuis longtemps, elle a fait des opérations en Angleterre. Il y a de nombreux actionnaires, des engagements vis a vis de sujets anglais. Elle fait des opérations ici tout comme la succursale française en fait à Paris ». En effet l'existence de la Russian Commercial and Industrial Bank, ou Banque russe pour le Commerce et l'Industrie, avait été reconnue par un jugement du tribunal de commerce de la Seine du 20 Mai 1921 (1).

(1) Clunet 1923, p. 533.

La Chambre des Lords ne s'est pas contentée de repousser l'application des décrets de nationalisation pour les sociétés russes en Angleterre. On peut, dans les décisions des Lords, trouver des directives sur leur situation après la reconnaissance.

La Chambre des Lords a admis, comme le remarque M. Idelson, que les succursales anglaises des banques russes ont le droit de rassembler leur actif et d'acquitter leur passif, en dépit de tous les décrets de confiscation du gouvernement soviétique et que ces succursales peuvent être liquidées par les tribunaux anglais.

Lord Wrenbury a trouvé le principe du droit anglais, qui permet à ces sociétés de vivre en Angleterre, et il donne un fondement juridique à leur existence. Il voit en elles des sociétés de fait. Une société russe peut, à son avis, être considérée « comme une association ou *partnership* de personnes physiques, dont les rapports *inter se* trouvent dans les statuts de la société et doivent, sans aucun doute, être déterminés conformément à la *lex loci contractus*, mais est néanmoins une association dont l'existence ne prend pas fin par la mort de la personne morale étrangère ».

Ainsi, il a fallu, en Angleterre, l'autorité de la Chambre des Lords pour réformer la jurisprudence trop étroite des Cours de justice.

SECTION III.

CONSIDÉRATIONS SUR LES JURISPRUDENCES ALLEMANDE ET ANGLAISE

En matière d'état et de capacité, la question de l'application de la loi soviétique ne s'est pas posée en Angleterre, grâce à la règle du droit international anglais qui soumet ces matières à la loi du domicile.

Des textes formels ont obligé les tribunaux allemands à faire usage de la loi russe pour les questions relatives à l'état et à la capacité des Russes. Elle y est parvenue avec l'aide de la notion d'ordre public. Il est cependant regrettable que la loi soviétique ait été imposée aux émigrés russes.

En matière de biens, les traités germano-russes très précis ont évité aux tribunaux allemands de se prononcer sur ces questions épineuses.

A l'encontre des traités entre l'Allemagne et les Soviets, l'accord commercial anglo-soviétique n'a pas résolu le régime des biens russes ; il a plutôt compliqué la question.

En effet, le gouvernement britannique n'a fait de réserves que pour les biens appartenant au Royaume-Uni. Et il s'est engagé à ne prendre « aucune mesure afin de saisir des biens de provenance russe, qui ne pourraient pas être identifiés comme propriété du gouvernement anglais ».

Bien plus, l'article 13 de l'accord a autorisé le gouvernement soviétique à le dénoncer immédiatement si, en vertu d'une obligation antérieurement contractée par le gouvernement soviétique ou l'un de ses prédécesseurs, un tribunal anglais avait validé la saisie de biens importés en Angleterre par l'Etat russe.

Cet article ne pouvait être mieux rédigé pour embarrasser les juridictions anglaises. Théoriquement, ces juridictions pouvaient juger les affaires russes en toute liberté ; en réalité, l'accord commercial a pesé d'un grand poids sur leurs décisions. On comprend que, pour ne pas amener la dénonciation de l'accord commercial par les Soviets, les tribunaux anglais aient montré un respect presque illimité pour la souveraineté du gouvernement soviétique.

On comprend moins bien que, sur les représentations de la France qui relevait les conséquences juridiques que devait entrainer l'accord commercial, le gouvernement britannique, dans une note remise le 14 Juin 1921, ait déclaré qu'il avait pris toute mesure qu'il lui était possible de prendre pour que les intérêts français ne fussent pas lésés. D'après cette note, les Français, dont des biens nationalisés sont importés en Angleterre, peuvent intenter une action devant la justice anglaise. A quoi pouvait servir une action judiciaire, puisque les tribunaux anglais étaient paralysés par les termes de l'accord commercial ?

L'étude comparée de la condition des personnes et des bien russes en Allemagne et en Angleterre nous amène à penser que l'application de la loi soviétique pour l'état et la capacité des personnes ne doit pas soulever plus de difficultés insolubles en France qu'en Allemagne ; quant au système anglais de droit international qui soumet l'état et la capacité des étrangers à la loi du domicile il simplifie la question et même la supprime.

En ce qui concerne le régime des biens et des sociétés russes, en un mot pour tout ce qui a fait l'objet de décrets de nationalisation, il est désirable, il est même nécessaire que des traités interviennent pour régler définitivement toutes les difficultés. L'Allemagne s'est trouvée satisfaite de cette méthode, qui a été employée par la suite en Italie.

Au contraire, laisser retomber sur les tribunaux, comme en Angleterre, la charge de délimiter l'application de la loi soviétique en matière de biens ne peut offrir que des inconvénients. L'un des plus graves est le doute qui plane sur les relations commerciales et juridiques, à cause des revirements qui peuvent se produire dans la jurisprudence.

TITRE DEUXIÈME

LA RECONNAISSANCE DES SOVIETS PAR LA FRANCE

CHAPITRE PREMIER

Acte de Reconnaissance

Les circonstances de la reconnaissance du gouvernement des Soviets par la France sont multiples. Ce sont celles qui, antérieurement, ont pu décider des États étrangers à l'effectuer. Il est, par conséquent, inutile de s'y attarder longuement.

Au début de 1924, l'évolution certaine de la législation soviétique, la durée du gouvernement de Moscou, sa stabilité évidente aussi, ont prédisposé une partie de l'opinion, et surtout des hommes politiques français, à se départir envers les Soviets de la ligne de conduite rigide suivie par la France depuis 1917. C'est notamment l'opinion de M. de Monzie, sénateur, qui préside alors la Commission extra-parlementaire des affaires russes et qui a pour mot d'ordre : « la France doit être représentée partout ».

Certains milieux commerçants et industriels considèrent que la reprise des relations normales avec la Russie doit faciliter les échanges entre les deux pays, d'autant plus que, les Soviets ayant retiré leur délégation commerciale officieuse de Paris, les négociants français sont obligés, pour traiter des affaires en Russie, de passer par les délégations commerciales des Soviets de Londres ou de Berlin.

Une campagne de presse fut faite par plusieurs quotidiens dans le but d'émouvoir l'opinion française à la pensée que des pays étrangers, surtout l'Allemagne, prenaient en Russie la place économique que devait y tenir la France.

On a dit aussi que retarder la reconnaissance ne ferait que retarder et amoindrir la possibilité pour les créanciers de la Russie, l'Etat et les épargnants français, de recouvrer leurs fonds.

Mais, ces idées étaient loin d'être unanimes en France, et beaucoup craignaient la reprise des relations avec la Russie, surtout pour des raisons politiques.

Les élections du 11 Mai 1924 et les changements, qui les ont suivies dans le gouvernement français, ont hâté la reconnaissance des Soviets par la France.

Dès le 17 Juin 1924, le nouveau ministère français s'est proposé, dans sa déclaration ministérielle, de reconnaître officiellement le gouvernement des Soviets.

Et le 28 Octobre de cette même année, M. Herriot, Président du Conseil, Ministre des Affaires Étrangères, a envoyé à M. Rikoff, Président du Conseil des Commissaires du Peuple, et à M. Tchitcherine, Commissaire du Peuple aux Affaires Étrangères à Moscou, le télégramme suivant :

« Comme suite à la déclaration ministérielle du 17 Juin 1924 et à
» votre communication du 19 Juillet dernier, le Gouvernement de la
» République, fidèle à l'amitié qui unit le peuple russe et le peuple
» français, reconnaît *de jure,* à dater de ce jour, le gouvernement de
» l'Union des Républiques Socialistes Soviétiques, comme le gouver-
» nement des territoires de l'ancien empire russe où son autorité est
» acceptée par les habitants et, dans ces territoires, comme le
» successeur des précédents gouvernements russes.

» Il se tient prêt, en conséquence, à nouer dès maintenant des
» relations diplomatiques régulières avec le gouvernement de l'Union
» par un envoi réciproque d'ambassadeurs.

» En vous notifiant cette reconnaissance, qui ne saurait porter atteinte
» à aucun des engagements pris et des traités signés par la France, le
» Gouvernement de la République veut croire à la possibilité, entre
» nos deux pays, d'un accord d'ensemble dont la reprise des relations
» diplomatiques est la préface. A cet égard, il entend réserver
» expressement les droits que les citoyens français tiennent des
» obligations contractées par la Russie ou ses ressortissants sous les
» régimes antérieurs, obligations dont le respect est garanti par les
» principes généraux du droit qui restent pour nous la règle de la vie
» internationale. Les mêmes réserves s'appliquent aux responsabilités
» assumées depuis 1914 par la Russie envers l'Etat français et ses
» ressortissants.

» Dans cet esprit, le Gouvernement de la République, pour servir
» une fois de plus les intérêts de la paix et de l'avenir européen, a
» dessein de rechercher avec l'Union un règlement équitable et
» pratique qui permette de rétablir entre les deux nations des rapports
» utiles et des échanges normaux quand la conscience française aura
» reçu ses justes apaisements. Dès que vous aurez fait connaître votre

» assentiment à l'ouverture des négociations d'ordre général, et plus
» particulièrement d'ordre économique, nous accueillerons à Paris vos
» délégués munis de pleins pouvoirs, pour qu'ils se rencontrent avec
» nos négociateurs.

» Jusqu'à l'heureuse issue de ces négociations, les traités,
» conventions et arrangements ayant existé entre la France ou les
» citoyens français et la Russie ne devront pas avoir d'effets, les
» rapports de droit privés nés avant l'établissement du pouvoir des
» Soviets entre Français et Russes resteront régis comme ils l'ont été
» jusqu'ici, et il sera sursis à tous égards à l'apurement des comptes
» entre les deux États, toute mesure conservatoire étant ou devant être
» prise.

» Enfin, il doit être entendu, d'ores et déjà, que la non-intervention
» dans les affaires intérieures sera la règle des rapports entre nos
» deux pays ».

Le 29 Octobre, le gouvernement des Soviets répondit au gouvernement français qu'il avait accueilli avec la plus grande satisfaction sa proposition de reprendre les relations diplomatiques franco-russes.

Il exprimait sa confiance que toutes les questions pourraient être réglées par un plein accord des deux gouvernements. Et il déclarait « attacher la plus grande importance à ce que tous les malendus entre l'U.R.S.S. et la France soient écartés et à la conclusion entre elles d'un accord général pouvant servir de base solide à leurs relations amicales ».

Le gouvernement russe était d'avis que la non-intervention mutuelle dans les affaires intérieures est une condition indispensable des relations entre Etats.

Le but de ce travail n'est pas de rechercher si la reconnaissance *de jure* du gouvernement des Soviets par la France est politiquement un acte bon ou mauvais ; nous ne devons étudier ici cette reconnaissance que du point de vue juridique.

CHAPITRE II

Validité de la Reconnaissance.

Peut-on dire qu'en droit un gouvernement nouveau doit remplir certaines conditions pour qu'un gouvernement étranger puisse le reconnaître ? Cette première question, même si on lui donne une réponse affirmative, est purement théorique. Elle doit être complétée par une seconde qui, elle, pourrait avoir des conséquences pratiques d'une importance extrême : à supposer qu'un gouvernement nouveau, qui ne remplirait pas les conditions requises en droit, ait été reconnu par un gouvernement étranger, est-ce que les organes de l'Etat étranger, auteur de la reconnaissance peuvent la considérer comme devant rester sans effet ?

1. — Existe-t-il des principes généralement admis et qui doivent être régulièrement suivis en matière de reconnaissance d'un gouvernement nouveau ? S'ils n'existent pas, faut-il les rechercher, et devront-ils être considérés comme des règles de droit obligatoires ?

On peut affirmer que, durant le XIXe siècle, depuis que le problème de la reconnaissance a été remis en lumière, les gouvernements étrangers n'ont pas procédé à la reconnaissance de gouvernements de fait nouveaux en vertu de règles de droit bien délimitées et seulement quand le gouvernement nouveau remplissait certaines conditions, prescrites à l'avance. En reconnaissant un gouvernement nouveau, les Etats ne se sont pas soumis à des règles de droit. Ils ne se sont jamais préoccupés de la légitimité, de la légalité, de la moralité du gouvernement qui était reconnu. Au contraire, ces reconnaissances ont été causées par des motifs d'intérêt ou de sentiment (1). Tel a été le cas des nombreuses reconnaissances motivées par les changements fréquents de gouvernements dans les Républiques de l'Amérique du Sud et de l'Amérique centrale.

Les reconnaissances ne se sont pas produites avant que le gouvernement nouveau se fût affermi et eût acquis une stabilité suffisante. Il eût été inutile de nouer des relations avec un pouvoir qui devait prochainement disparaître. C'était donc l'intérêt de l'Etat, auteur de la reconnaissance, de ne reconnaître qu'un gouvernement nouveau dont la durée était probable.

(1) Voir Fauchille, Tr. de droit international public, T. I, 1922, p. 203 à 206.

Depuis plusieurs années, la doctrine tend à préciser les règles qui devraient régir l'acte de reconnaissance d'un gouvernement de fait nouveau par un Etat étranger.

Il est généralement admis que l'absence de légalité ou de légitimité du gouvernement nouveau ne doit pas avoir d'influence sur la conduite des Etats étrangers à son égard. « L'Etat étranger, dit M. Rougier (1), ne s'embarrasse pas de la question de légalité. Il lui est souverainement indifférent que le gouvernement nouveau soit constitutionnel ou inconstitutionnel ; cette question échappe à son appréciation ». Ce point est justifié par M. Larnaude de la manière suivante (2) : « Si le gouvernement étranger demandait ses titres de légitimité ou de légalité au gouvernement de fait, il s'immiscerait dans des questions de politique intérieure, il interviendrait dans les affaires d'un autre Etat, et il interviendrait à un point de vue qui est bien celui sous lequel l'intervention a été le plus complètement bannie du droit international, il interviendrait dans une question de constitution de gouvernement ».

La doctrine énoncée en 1907 par le docteur Tobar est absolument contraire. Elle interdit de reconnaître un gouvernement issu d'une révolution, c'est-à-dire un gouvernement nouveau dont l'origine n'est pas conforme au droit constitutionnel interne d'un pays. Comme les gouvernements de fait naissent, dans la plupart des cas, de troubles plus ou moins graves, cette doctrine aboutit au refus de reconnaissance de la majorité des gouvernements de fait. Elle est certainement excessive. Cependant plusieurs États de l'Amérique Centrale l'ont adoptée dans leurs rapports respectifs. La convention signée le 20 Décembre 1907 à Washington par la République de Costa-Rica, le Guatemala, le Honduras, le Nicaragua, et le Salvador interdit la reconnaissance d'un gouvernement nouveau tant que la représentation du peuple, librement élue, n'a pas réorganisé le pays dans sa forme constitutionnelle.

En 1913, le Président des Etat-Unis d'Amérique, M. Wilson, s'est refusé à reconnaître le gouvernement de fait du Président Huerta au Mexique, parce qu'il ne consentait pas à prouver son autorité effective en organisant une consultation électorale.

L'International Law Association s'est récemment occupée de la question. Plusieurs de ses membres ont formulé une doctrine nouvelle.

(1) Les Guerres civiles et le droit des Gens. Paris, Larose, 1902, p. 486.
(2) Revue générale de droit international public, 1921, p. 496.

Un article du professeur L. A. Podesta-Costa, professeur à l'université de Buenos-Aires, intitulé « *Des règles à suivre pour la reconnaissance d'un gouvernement de facto* » (1), est fort intéressant.

Pour le savant professeur, la reconnaissance n'est pas un acte qui s'impose. Néanmoins les Etats étrangers ne doivent pas reconnaître ou au contraire refuser la reconnaissance par esprit de parti. L'équité doit les guider. Et la reconnaissance doit seulement intervenir quand certaines conditions sont remplies.

Il faut trouver des principes généraux aptes à résoudre la question dans son ensemble.

M. Podesta-Costa déclare deux conditions suffisantes, mais nécessaires, pour qu'un gouvernement nouveau puisse être reconnu.

La première, c'est l'existence même du gouvernement nouveau, qui doit être réel et stable. La constatation de cette existence dépend des circonstances. Elle se reconnait en général à l'obéissance de la population.

L'aptitude du nouveau gouvernement à remplir les obligations internationales de l'Etat, à la tête duquel il se trouve, est la seconde condition.

« Après la vérification de l'existence effective et durable d'une autorité présentant le caractère de gouvernement *de facto*, dit le professeur Podesta-Costa. ce que la communauté internationale a intérêt de connaître avant de pratiquer sa reconnaissance, dans le but d'assurer la reprise des relations normales, c'est de savoir si ce gouvernement possède une aptitude suffisante pour remplir ses obligations internationales.

» On ne pourrait admettre l'aptitude nécessaire pour être reconnu d'un gouvernement *de facto*, qui, dès le début de son existence, méconnait les traités existants ou déclare nulle et sans valeur la dette publique externe de l'Etat, sous prétexte que ce sont là actes de gouvernement appartenant à un régime déchu... Pour traiter avec ce gouvernement *de facto*, comme organe autorisé de l'État qu'il régit, les États étrangers doivent s'assurer de sa capacité et de ses bonnes dispositions pour satisfaire aux obligations internationales inhérentes à tout membre de la communauté des nations. La démonstration en résulte de la prise en sincère et respectueuse considération par le nouveau gouvernement des obligations qui proviennent du passé historique du pays, spécifiées dans des traités et des accords internationaux, et par la résolution de contracter de nouvelles obligations et d'accomplir de bonne foi tous les devoirs que le droit international

(1) Revue de droit international public, 1922, p. 47 et suivantes.

imposé aux États, en commençant par le respect des droits privés des étrangers résidant dans le pays ou de ceux qui, sans y habiter, ont acquis des droits à la protection des lois locales ».

Le docteur Lazcanco est du même avis. Il estime qu'il est nécessaire, avant de reconnaître un gouvernement *de facto*, de constater son respect absolu des droits fondamentaux de l'humanité ou principes généraux du droit, non seulement en faveur des étrangers, mais même de ses natifmaux.

Tous les auteurs paraissent d'accord sur la première condition : l'autorité et la stabilité du gouvernement nouveau.

Au contraire, plusieurs ont laissé de côté la seconde : le respect par le gouvernement nouveau des principes généraux du droit.

Suivant M. Rougier : « Le seul criterium sur lequel un gouvernement étranger puisse s'appuyer, c'est l'autorité et la force dont jouit en fait le nouveau gouvernement, c'est l'obéissance du nombre plus ou moins grand de citoyens qui lui sont soumis ».

Il est vrai que l'ouvrage de M. Rougier a été édité en 1902, bien avant l'arrivée des Soviets au pouvoir.

Mais l'article de M. Larnaude sur les gouvernements de fait est de 1921 et M. Larnaude affirme : « Ce qu'il faut, mais ce qui suffit, pour rendre aux yeux des puissances étrangères le gouvernement de fait capable d'être une personne de droit international avec qui elles peuvent traiter et qui représente l'État, c'est la constatation que ce gouvernement est obéi en fait ».

Cette affirmation est d'autant plus frappante que M. Larnaude, ayant précédemment discuté la situation des gouvernements de fait à l'intérieur des pays où ils se sont établis et la validité des actes qu'ils y ont faits, a déclaré que ces gouvernements devaient, dans leur activité, se montrer particulièrement réservés vis-à-vis des droits et intérêts particuliers. Mais il admet que le titre de légitimation des gouvernements de fait dans les rapports internationaux comporte beaucoup moins de rigueur que dans l'ordre constitutionnel interne.

Les déclarations officielles, faites par les gouvernements alliés et associés après la Révolution russe, tendent à faire croire que la deuxième condition à la reconnaissance d'un gouvernement nouveau formulée par le docteur Podesta-Costa, a été élevée à la hauteur d'un principe obligatoire. « Dans l'opinion de notre gouvernement, a dit le secrétaire d'État des États-Unis Colby, dans une note remise le 10 Août 1920 à l'ambassadeur d'Italie, il ne peut y avoir aucun terrain commun entre nous et une puissance qui se fait des relations internationales une conception si entièrement étrangère à la nôtre et qui répugne si complètement à son sentiment de la morale ».

Que penser de la doctrine nouvelle des conditions à la reconnaissance d'un gouvernement nouveau ?

Pour qu'un gouvernement nouveau puisse être reconnu, il faut évidemment qu'il existe. Cette idée ne supporte pas la discussion. Elle peut être considérée comme un axiome.

Mais l'ensemble des auteurs exige de plus que l'existence du gouvernement nouveau soit ferme et stable.

Une partie de la doctrine voudrait encore que ce gouvernement ne controvienne pas aux principes généraux du droit et qu'il soit apte à remplir ses obligations internationales.

La première condition, admise par l'ensemble de la doctrine, paraît en théorie fort juste ; et, de fait, l'histoire des reconnaissances semble la confirmer.

Quant à la seconde des conditions, mise en lumière par les professeurs Podesta-Costa et Lazcanco, on peut affirmer qu'elle témoigne d'idées très élevées et fort respectables sur les rapports des États entre eux.

Si ces règles pouvaient être considérées comme obligatoires et devaient être rigoureusement appliquées, les problèmes juridiques, qui naissent au sujet de la reconnaissance d'un gouvernement nouveau, seraient facilités.

Il semble, malheureusement, que les conditions imposées à une reconnaissance d'un gouvernement nouveau par la doctrine ne peuvent pas être admises comme des règles de droit obligatoires, en l'état actuel des rapports internationaux.

La reconnaissance est un acte essentiellement politique. Les conséquences juridiques qui peuvent en découler ne modifient pas sa nature. Et le seul principe que doit suivre un gouvernement, en matière de reconnaissance, c'est l'intérêt de l'État ; ce principe nous paraît fondamental.

Il semble donc impossible d'affirmer que les gouvernements sont soumis, en matière de reconnaissance, à des règles de droit spéciales dont l'application pourrait les amener à accomplir des actes contraires à l'intérêt du pays, ou à s'abstenir d'accomplir des actes que l'intérêt de l'État a rendus nécessaires.

La situation de l'Allemagne vis-à-vis de la Russie en 1917 est probante. L'Allemagne a reconnu le gouvernement des Soviets, dès son origine. Il était loin d'être fermement établi ; sa stabilité était des plus incertaines ; quant au respect des Soviets pour les principes généraux du droit, est-il utile de dire qu'il n'existait pas en 1917 ? C'était l'époque du communisme à outrance. L'unique raison de la reconnaissance par l'Allemagne fut son propre intérêt politique, la chute d'un ennemi, une diminution de la puissance des Alliés. Peut-on blâmer, en restant dans le domaine de l'abstraction, le gouvernement allemand et déclarer que sa reconnaissance des Soviets n'était pas valable ? (1).

On peut croire qu'en cherchant des règles obligatoires pour la reconnaissance d'un gouvernement nouveau, on a commis une erreur sur la nature de l'acte de reconnaissance. Sa nature purement politique n'a pas été suffisamment envisagée et une importance exagérée a été accordée aux côtés juridiques du problème, qui sont accessoires.

En matière de reconnaissance d'un gouvernement nouveau, une seule règle a été jusqu'ici obligatoire pour un gouvernement étranger : l'intérêt de son pays. Les conditions de stabilité du gouvernement nouveau et de son respect des principes du droit, énoncées par la doctrine, ne sont pas par elles-mêmes des règles obligatoires.

Cela ne veut pas dire que les travaux des auteurs sur les conditions d'une reconnaissance soient inutiles, car le fait de la force et de la stabilité d'un gouvernement nouveau, sa législation et ses principes de droit ne sont pas sans influence sur la reconnaissance. Ce ne sont pas des conditions obligatoires, mais ce sont des causes qui doivent peser sur la décision du gouvernement étranger, parce qu'elles touchent à l'intérêt de son pays. Il est toujours dangereux, en effet, pour une nation de s'écarter des règles de la justice et de la morale.

Dès lors que l'intérêt politique supérieur du pays étranger ne lui dicte pas une ligne de conduite formellle, il est désirable que son gouvernement tienne compte de la stabilité du gouvernement nouveau et de son respect des principes fondamentaux du droit.

Il n'est pas téméraire de penser que telle a été, en réalité, l'opinion des gouvernements alliés à l'égard de la Russie depuis 1917.

Si la question de la reconnaissance d'un gouvernement nouveau et de la validité de cette reconnaissance est envisagée de la manière qui

---

(1) Les alliés en reconnaissant le gouvernement de l'amiral Koltchak ont été, si l'on écarte l'apparence des déclarations officielles, guidés par leur intérêt politique. Il en a été de même de la reconnaissance du gouvernement du général Wrangel par la France. Ces gouvernements n'ont pas été viables, et les reconnaissances sont tombées avec eux. Mais si l'un d'eux avait réussi à reprendre le pouvoir en Russie, on n'aurait pas pu soutenir que les reconnaissances effectuées n'étaient pas valables. — Dans la matière voisine de la reconnaissance d'un gouvernement, celle de la reconnaissance d'un État, l'intérêt des alliés les a menés encore plus loin ; ils ont reconnu la Tchéco-Slovaquie avant même qu'elle existât en fait. A ce point de vue, l'histoire de la reconstitution de la Pologne est aussi fort intéressante.

vient d'être exposée, on peut conclure que, même si le gouvernement des Soviets avait été instable en 1924, même si sa législation était contraire aux principes fondamentaux du droit généralement acceptés, même s'il était inapte à remplir ses devoirs internationaux, la reconnaissance par le gouvernement français était valable.

II. — D'ailleurs la thèse moderne des docteurs Podesta-Costa et Lazcanco, si on la reconnaissait absolument fondée, resterait purement spéculative. Il serait impossible, pour plusieurs raisons, de l'appliquer en pratique sans exceptions.

1° Les gouvernements étrangers seraient alors obligés d'appliquer les règles admises, ils ne pourraient reconnaître un gouvernement de fait nouveau avant d'être assurés que son autorité et sa stabilité sont certaines et qu'il est apte à remplir ses devoirs internationaux. Quand ces conditions seraient accomplies, la reconnaissance deviendrait obligatoire.

Mais l'appréciation de la réalisation des conditions exigées pour la reconnaissance devrait être laissée à l'arbitraire des gouvernements étrangers, qui seraient alors juges et parties. Il ne manquerait pas de se produire entre eux des divergences dans l'appréciation des faits.

Pour qu'une doctrine uniforme puisse s'imposer un jour comme règle obligatoire en matière de reconnaissance, il faudrait que le pouvoir de reconnaître un gouvernement nouveau soit remis aux soins d'un organisme supérieur, comme la Société des Nations. Il n'est pas vraisemblable que, dans l'état actuel des relations internationales, les Puissances consentent à laisser porter atteinte à leur souveraineté sur ce point (1).

2° L'absence de sanctions aux conditions d'une reconnaissance valable se ferait sentir à l'intérieur des États aussi bien que dans l'ordre international.

En admettant qu'un gouvernement étranger ait reconnu à tort un gouvernement nouveau, peut-on concevoir que ce gouvernement ou son successeur vienne ensuite déclarer nulle la reconnaissance effectuée, cette nullité devant rétroagir et effacer les actes accomplis en vertu de la fausse reconnaissance ?

3° Enfin, et ce point important paraît indiscutable, dans les pays comme la France, où la séparation des pouvoirs est l'une des bases de la constitution, il serait impossible aux organes de l'État, dont le gouvernement aurait reconnu un gouvernement nouveau en contre-

(1) Voir à ce sujet l'article de M. Jules Coucke, professeur à l'Institut des hautes études de Belgique, « Admission dans la Société des Nations et Reconnaissance de Jure », dans la Revue de droit internationale et de législation comparée, 1921, p. 320.

venant aux règles de droit, de discuter la validité de cette reconnaissance. Les tribunaux spécialement ne peuvent pas se poser la question de la validité d'une reconnaissance effectuée par leur gouvernement. Il y aurait abus de pouvoir, s'ils le faisaient, car ce serait un contrôle de l'organe exécutif par le pouvoir judiciaire.

Par conséquent, un gouvernement étranger est maître de reconnaître un gouvernement nouveau, dès qu'il le juge utile pour son propre pays. Les autres États n'ont pas à intervenir et les organes intérieurs de l'État, auteur de la reconnaissance, sont obligés de se soumettre à la décision du gouvernement, sans pouvoir rechercher si elle est équitable ou opportune. Comme le dit M. Charles de Visscher (1), la conduite des relations extérieures étant du ressort exclusif du pouvoir exécutif, c'est au gouvernement de l'État du juge et non pas directement à ce dernier qu'il appartient de prendre une décision à cet égard. Dans cet ordre d'idées, les tribunaux se trouvent nécessairement subordonnés à l'exécutif.

III. — Mais alors une nouvelle question se présente à l'esprit, conséquence du pouvoir du gouvernement en matière de reconnaissance : A supposer que le gouvernement étranger n'ait accepté de reconnaître le gouvernement nouveau que sous certaines modalités, est-ce que la soumission des tribunaux au pouvoir exécutif est telle, en matière de reconnaissance, qu'ils sont obligés d'en tenir compte ?

On pourrait être tenté de le nier, en arguant que le rôle d'un gouvernement, quand il reconnaît un gouvernement nouveau, est limité à l'acte de reconnaissance même et qu'il ne peut pas soumettre la reconnaissance à des modalités ayant des répercussions sur le droit privé.

Nous ne croyons pas que cette objection soit irréfragable. Qui peut le plus, peut le moins. Un gouvernement ayant le pouvoir de reconnaître ou de ne pas reconnaître un gouvernement nouveau, suivant qu'il le juge bon, doit aussi, quand il se décide à procéder à la reconnaissance, être capable d'opérer cette reconnaissance de la manière qui lui semble la meilleure. S'il croit utile de le faire sous certaines conditions, le pouvoir judiciaire n'a pas à les critiquer, mais seulement à s'y soumettre.

La correspondance, engagée les 28 et 29 Octobre 1924 entre les gouvernements de Paris et de Moscou, forme un accord, d'une forme spéciale peut-être, mais certain entre les deux pays, puisque les dispositions du télégramme, envoyé le 28 Octobre par le gouvernement français au gouvernement soviétique, ont été expressément approuvées

(1) Revue de droit international et de législation comparée, 1922, p. 158.

par celui-ci dans sa réponse du 29 Octobre. Cet accord doit-il rester sans effet parce qu'il n'a pas été approuvé par une loi et ratifié par le Président de la République française (1)? Nous ne le croyons pas. Il porte en lui-même sa force obligatoire (2).

Il faut donc croire qu'en imposant certaines conditions, lors de la reconnaissance du gouvernement des Soviets, le gouvernement français n'a pas outrepassé ses pouvoirs et que, dès lors, les tribunaux français seront obligés de tenir compte des dispositions de l'acte de reconnaissance, même si elles doivent avoir pour effet de déterminer le statut des sujets et des biens russes en France, d'une manière autre qu'il ne l'aurait été, en vertu des principes, si la reconnaissance avait été pure et simple.

Les tribunaux français pourront-ils interpréter par eux-mêmes les dispositions du télégramme de reconnaissance, soit parce que ses dispositions apparaîtraient obscures, soit parce qu'il se présenterait des cas où leur application serait douteuse? Puisque la correspondance de reconnaissance doit être considérée comme un accord

(1) Il faut remarquer que le Président du conseil français, chef du pouvoir exécutif en fait, est inconnu de nos lois constitutionnelles. En droit, on peut justifier la validité de ses actes en le considérant comme le représentant du Président de la République, qui est le vrai chef du gouvernement d'après la Constitution. C'est ainsi qu'il est d'usage que la dénonciation des traités (même s'ils ont été approuvés par une loi et ratifiés par le Président de la République) soit faite par les agents diplomatiques, sur l'ordre des ministres, en vertu d'une délégation tacite du Président de la République. Voir dénonciation des conventions de la Haye, J. O., 13 Décembre 1913, Clunet, 1914, p. 303 ; J. O., 20 Janvier 1917, Clunet, 1917, p. 11-48 ; voir aussi arrêt de la Cour de Paris du 28 Janvier 1926, Gaz. Palais, 17 Février 1926.

(2) L'accord intervenu lors de la reconnaissance est un acte de gouvernement, un acte politique, un acte diplomatique, une convention-contrat, comme disent les auteurs, et cet acte est soustrait à la critique des tribunaux. « Le pouvoir exécutif, dit M. Teissier (Responsabilité de la puissance publique, 1906, p. 42 n° 43), est investi d'une double mission : il gouverne et il administre. Gouverner...., c'est exclusivement, suivant nous, veiller au fonctionnement des pouvoirs publics dans les conditions prévues par la Constitution et assurer, comme il est dit à l'art. 8 de la loi constitutionnelle du 16 Juillet 1875, les rapports de l'Etat français avec les puissances étrangères. Le pouvoir exécutif accomplit sa mission gouvernementale sous le contrôle exclusif du parlement.... Les actes gouvernementaux échappent, par conséquent, à toute censure judiciaire ». M. Duguit constate : « Les actes que fait le gouvernement comme organe politique ne sont pas susceptibles d'aucun recours contentieux, pas même du recours pour excès de pouvoir.... Les actes diplomatiques rentrent aussi dans cette catégorie d'actes politiques » Voir : Bonfils et Fauchille, Dr. int. public, 1908, p. 512 ; Duguit, Tr. de dr. const., 1923, T. II, p. 245, T. III, p. 685 ; Hauriou, Dr. adm., 10ᵉ éd., p. 78 ; Jèze, Cours de dr. public, 1924, p. 245 ; Laferrière, 1896, et les nombreux auteurs qu'ils citent.

entre la France et la Russie, il semble qu'on puisse, pour l'interprétation de ses termes, suivre les règles relatives à l'interprétation des conventions diplomatiques par les tribunaux. Ces règles leur permettent d'interpréter les conventions quand elles ont pour objet des intérêts privés (1) ; elles le leur interdisent quand il s'agit de matières de droit public (2). Dans ce dernier cas, c'est au gouvernement qu'il appartient de donner une interprétation officielle du traité.

(1) Cour de Cassation (Ch. Civile), 23 Février 1912, Clunet, 1913, p. 182 ; Cassation (Ch. Criminelle), 8 Mars 1913, Clunet, 1914, p. 964, Affaire Morris, avec les réquisitions de M. le procureur général Sarrut.

(2) Cour de Cassation (Ch. Criminelle) 13 Août 1920, Clunet 1921, p. 970 ; Cassation (Ch. Civile), 2 Juin 1923, Gaz. du Palais, 8 Juillet 1923 ; Conseil d'Etat, 5 Août 1921, Clunet 1923, p. 70 ; Conseil d'État, 27 Janvier 1922, Recueil Penant, 1922, p. 131 ; Cassation (Ch. Criminelle), 22 Mars 1923, Aff. Thyssen et autres, Clunet, 1923, p. 847. Voir M. André Prudhomme, la loi territoriale et les traités diplomatiques.

CHAPITRE III

Généralités sur les effets de la reconnaissance.
Effets de la reconnaissance
sur la situation du Gouvernement soviétique en France.
Distinction entre les ressortissants
de l'Union soviétique et les réfugiés russes

La reconnaissance des Soviets par la France doit avoir des conséquences juridiques d'une importance considérable. Cette importance se fait sentir dans le domaine scientifique et dans le domaine pratique.

Scientifiquement, l'importance des effets juridiques de la reconnaissance n'est pas discutable. La situation toute spéciale qui a existé entre la France et la Russie depuis 1917, les principes extraordinaires qui ont été admis par les Soviets, les innovations de leur législation, encore bien éloignée des législations normales malgré son évolution, font naître des problèmes de droit nouveaux. Ces problèmes devront être étudiés avec soin et leur solution sera, parfois, difficile à discerner.

Pratiquement, l'intérêt des effets juridiques de la reconnaissance est certain.

Elle a complètement changé la situation juridique du gouvernement soviétique vis-à-vis de la France.

Depuis qu'il est reconnu, il a le droit de participer, sur un pied d'égalité, à toutes les manifestations de l'activité politique externe des États (1). Il doit être traité par la France comme tout autre gouvernement et comme le successeur des anciens gouvernements de la Russie, plus spécialement du Gouvernement provisoire de M. Kerenski, dernier gouvernement russe véritable, reconnu par la France avant lui.

Une représentation diplomatique a été envoyée de part et d'autre. Et l'ambassadeur des Soviets en France doit jouir des privilèges et des immunités qui sont les prérogatives ordinaires des représentants accrédités des États étrangers.

Le gouvernement des Soviets peut traiter, dénoncer des conventions.

(1) V. Article de M. de Visscher, R. de droit international et de législation comparée, 1922, page 309.

Normalement, les traités conclus avant la Révolution de 1917 entre la France et la Russie auraient dû survivre et être appliqués dans les deux pays, chacune des puissances ayant le droit de les dénoncer. Mais, avant la reconnaissance des Soviets, le gouvernement de M. Kerenski et la France ont dénoncé plusieurs conventions franco-russes. Ces dénonciations doivent subsister après la reconnaissance. De plus, il a été spécifié dans la correspondance de reconnaissance, que jusqu'à la conclusion d'un traité d'ordre général entre les deux États, les conventions et arrangements ayant existé entre la France ou les citoyens français et la Russie ne devront pas avoir d'effets. Depuis la reconnaissance, aucun traité franco-russe n'est applicable (1). Il ne peut être question de les dénoncer en ce moment. Leur sort sera réglé par un accord ultérieur.

Enfin, le gouvernement des Soviets doit jouir des immunités de juridiction accordées aux États étrangers. Sans vouloir nous étendre sur cette question de l'immunité de juridiction des États étrangers et les controverses auxquelles elle a donné naissance, nous croyons pouvoir avancer qu'en face de la forme essentiellement étatiste du régime soviétique, nos tribunaux seront obligés d'adopter la théorie de l'immunité restreinte de juridiction, c'est-à-dire de limiter cette immunité aux *actes de gouvernement* des Soviets, à l'exclusion des *actes de gestion* (2).

La reconnaissance des Soviets doit aussi avoir pour effet de modifier du tout au tout la situation des Russes et des biens russes en France.

Et cette question, suivant qu'elle sera envisagée d'une manière ou d'une autre, aura une influence profonde sur les rapports politiques et, par voie de conséquence, snr les relations économiques entre la France et la Russie.

Le but qu'il faut atteindre, c'est de faciliter les relations entre les deux pays, en respectant les principes moraux de la nation française et

---

(1) Voir sur cette question, l'arrêt de la Cour de Paris du 28 Janvier 1926, précité, et un arrêt de la Cour de Douai du 6 Février 1926, infra, titre III, chapitre VII, 2ᵉ Section, § 1.

(2) Voir : Pillet et Niboyet, Manuel, p. 671 ; Ch. de Visscher, R. de droit international et de législation comparée, 1922, précité (nombreuses références) ; Van Praag, R. de droit international et de législation comparée, 1923, p. 440 ; Camille Jordan, R. Lapradelle, 1922-23, p. 767 ; C. de Cass., 24 Janvier 1846, D., 1849-1-9 ; Cour de Paris, 30 Avril 1912, D., 1913-2-201 ; Trib. de comm. de Nantes, 29 Juin 1918, R. Lapradelle, 1919, p. 510 ; Trib. de comm. de la Seine, 26 Décembre 1919, R. Lapradelle, 1921, p. 70 ; Trib. de comm. de la Seine, 22 Septembre 1922, R. Lapradelle, 1922-23, p. 748 ; Cour de Rennes, 19 Mars 1919, R. Lapradelle, 1922-23, p. 741 ; Cour de Paris, 16 Mars 1921, R. Lapradelle, 1922-23, p. 745.

en lésant le moins possible les intérêts privés. La difficulté est sérieuse parce que, souvent, les principes français et les intérêts privés sont en conflit avec les principes du droit soviétique et les actes du nouveau gouvernement russe.

Est-il possible de faire table rase des principes français pour rendre plus facile la tâche du gouvernement, dont la politique tend à l'établissement de relations normales avec le gouvernement soviétique ?

Faut-il inversement, appliquer avec rigueur les principes du droit français et repousser l'application, par nos juges ou sur notre territoire, de l'ensemble des principes consacrés par le régime nouveau en Russie ?

Il ne faut tomber dans un excès ni dans l'autre. Le nœud du problème des effets juridiques de la reconnaissance des Soviets réside dans la notion de l'ordre public français. Et l'on sait que le domaine de cette notion est aussi vague que son principe est certain. La doctrine n'a jamais pu se mettre d'accord sur sa définition exacte ni sur sa portée. La jurisprudence s'en sert, mais sans avoir adopté de théorie bien précise. On devra se faire une conception pratique et équitable de la notion d'ordre public pour déterminer quels doivent être ses effets sur la condition des Russes.

D'ailleurs, le gouvernement français, en procédant à la reconnaissance du gouvernement de Moscou, a vu combien certains des problèmes juridiques, nés de la reconnaissance, seraient difficilement tranchés par la jurisprudence française laissée à ses seules ressources. Il a réservé ces questions qui devront faire l'objet d'accords internationaux entre la France et la Russie. Cette méthode, déjà adoptée par l'Allemagne, paraît très raisonnable.

Dès la reconnaissance, une conception fort juste a été admise au sujet de la situation juridique des Russes en France : la distinction des ressortissants de l'Union Soviétique et des réfugiés russes, qui doivent être soumis en France à des règles différentes.

Il était inadmissible de soumettre à la loi soviétique des personnes qui l'ont combattue et qui se sont réfugiées en France pour la fuir, d'autant plus que des décrets du gouvernement soviétique leur ont retiré la nationalité russe.

Pour nous conformer à cette distinction, que nous approuvons entièrement, nous diviserons l'étude de la condition des personnes et des biens russes en deux titres.

L'une aura pour objet de déterminer l'étendue de l'application du droit soviétique en France par l'étude de la situation juridique des ressortissants de l'Union soviétique, des personnes morales et des biens russes. Il sera lui-même divisé en deux chapitres dont le premier traitera la question du point de vue des principes, et le second du point de vue pratique, en passant en revue la jurisprudence française postérieure à la reconnaissance. Cette division nous semble nécessitée par la date relativement récente de la reconnaissance, et parce que de nombreux points de droit n'ont pas encore été tranchés par nos tribunaux.

Dans l'autre titre, nous rechercherons quels doivent être maintenant la condition et le statut personnel des réfugiés russes.

TITRE TROISIÈME

SITUATION JURIDIQUE EN FRANCE
DES RESSORTISSANTS DE L'UNION SOVIÉTIQUE
ET DES BIENS RUSSES NATIONALISÉS

CHAPITRE PREMIER

Etude des principes

SECTION I

CONDITION DES RUSSES, SPÉCIALEMENT AU POINT DE VUE DE L'ACCÈS
EN JUSTICE ET DE LA CAUTION JUDICATUM SOLVI

Quand un tribunal doit trancher un litige de droit international, il a deux questions à se poser, si ce sont des étrangers qui sont en cause :

1° L'étranger a-t-il en France la jouissance du droit contesté, question de condition des étrangers ?

2° La seconde question, qui apparaît ensuite, est celle de l'exercice du droit contesté. Elle peut se présenter sous deux formes différentes : suivant quelle loi, l'étranger peut-il exercer son droit (problème de conflit de lois au sens strict), ou bien, le droit contesté a-t-il été valablement acquis à l'étranger (problème de respect des droits acquis) ? Cette deuxième question, sous l'une ou l'autre des deux formes, amènera souvent l'application de la loi étrangère.

Il est des cas où la seconde question (conflit de lois ou respect du droit acquis à l'étranger) se pose seule, par exemple quand des français, ayant fait un acte à l'étranger, sont seuls intéressés.

La reconnaissance des Soviets par la France aurait dû rester sans aucun effet sur la condition des Russes, en prenant le terme de condition des étrangers, dans le sens de droits dont la jouissance leur est accordée en France et d'institutions qui leur sont spéciales. Car, en matière de condition des étrangers, c'est nécessairement la loi interne du pays où l'on veut se prévaloir d'un droit qui intervient seule (1). Ce principe indiscutable est la conséquence de la souveraineté de l'Etat. La condition des étrangers sur son territoire a pour un Etat une importance capitale.

La législation et la jurisprudence françaises déterminent les droits publics et privés qui sont refusés aux étrangers. Ceux-ci ne peuvent pas jouir de tous les droits accordés aux nationaux, et des dispositions spéciales existent à leur égard.

Ainsi, dans le droit public, les étrangers sont soumis à certaines formalités pour entrer et pour séjourner sur le territoire français, ils peuvent en être expulsés, certaines professions leur sont interdites.

En droit privé, plusieurs textes privent les étrangers de certains droits (2). Aux termes de l'article 11 du Code civil, l'étranger ne jouit en France que des droits civils qui sont accordés aux Français par les traités de la nation à laquelle appartient l'étranger, à moins que celui-ci n'ait obtenu l'admission à domicile en France.

Sans vouloir entrer dans les discussions qu'a soulevées cet article, on peut dire que sont *droits civils*, par opposition aux *droits des gens* accordés aux étrangers, tous les droits dont ils sont privés en vertu d'un texte formel et ceux que la jurisprudence fait encore rentrer sous cette dénomination, comme la tutelle et l'hypothèque légale de la femme mariée.

En ce qui concerne les matières non régies par un accord diplomatique, la reconnaissance des Soviets n'a pas pu modifier la condition des Russes en France, car cette condition est soumise au droit français et ce droit n'a été touché en rien par l'acte de reconnaissance. Dans cette limite, la condition des Russes est restée en France la même qu'elle était avant la reconnaissance.

Mais, lors de cette reconnaissance, deux conventions subsistaient entre la France et la Russie : celle du 25 Juillet 1896 et celle de la Haye du 17 Juillet 1905, qui avaient toutes deux pour effet d'exempter les Russes de la caution *judicatum solvi*. La correspondance, échangée entre Paris et Moscou les 28 et 29 Octobre 1924, d'où résulte la reconnaissance des Soviets par la France, a admis que les effets des traités franco-russes devaient être interrompus. Cette disposition a légèrement modifié la condition des Russes. Jusqu'au

(1) Pillet et Niboyet, Manuel, nᵒˢ 4 et 6, 206 à 247.

(2) Notamment, art. 905 du Code de Procédure, faculté de faire une cession de biens ; loi du 11 Juin 1845, propriété d'un navire ; loi du 10 Juillet 1901, assistance judiciaire : loi du 13 Juillet 1909, bien de famille ; des projets de lois à tendance restrictive ont été déposés devant les chambres.

jour de la reconnaissance, ils étaient exemptés de la caution *judicatum solvi* ; comme les conventions de 1896 et de 1905 sont actuellement sans effet, ils doivent maintenant la fournir (1).

SECTION II

DE LA POSSIBILITÉ D'APPLIQUER LE DROIT SOVIÉTIQUE EN FRANCE

Tant que les Soviets n'ont pas été reconnus, les tribunaux français ont pu soumettre les Russes à leur ancienne législation. La reconnaissance s'impose désormais au pouvoir judiciaire français, qui doit considérer le gouvernement soviétique comme la seule autorité russe. Mais ce gouvernement a bouleversé de fond en comble le droit russe. Il s'agit de savoir si le droit qu'il a créé peut et doit avoir effet en France. Ce droit n'est-il pas inapplicable, au contraire, parce qu'il est, dans son ensemble, hors de la communauté juridique des Etats civilisés ?

Cette question a été vivement discutée en Allemagne. Des juristes, comme les docteurs Schöndorf et de Freytagh-Loringhoven, ont soutenu que le droit soviétique « pris en bloc, est inapplicable en Allemagne d'après les dispositions du droit international allemand, et ceci étant donné qu'il est fondé sur le bolchévisme et qu'il est immoral ».

Cette théorie de l'inapplicabilité absolue du droit soviétique, que personne n'a défendue en France, ne peut pas être admise.

Certes, si l'on se reportait seulement aux déclarations des gouvernants de la Russie qui proclamaient les principes communistes, si même l'on s'attachait à certains textes de la législation soviétique dans lesquels se sont infiltrés ces principes, on pourrait dire que le droit soviétique est en contradiction absolue avec l'ensemble des droits civilisés, et plus particulièrement avec le droit français, dont il aurait pris le contre-pied. Ainsi les articles 3 et 9 de la Constitution des Soviets, certains passages du titre d'introduction au code des droits de famille, de la loi d'introduction au code civil et de ce code lui-même, qui ont l'allure de dispositions de principes, sont pour le moins subversifs.

Mais ces principes sont-ils bien l'expression de l'ensemble de la législation des Soviets ? Il ne le paraît pas. On peut croire, au contraire,

(1) Voir en ce sens, arrêt de la Cour de Paris du 28 Janvier 1926, Gaz. Pal., 17 Février 1926 et arrêt de la Cour de Douai du 6 Février 1926, Gaz. Pal., 5 Mars 1926, étudiés plus loin.

qu'en l'état actuel de la législation soviétique, il y a contradiction entre ces principes et l'ensemble du droit. Que cette contradiction soit motivée par la situation transitoire par laquelle il faudrait passer avant d'arriver à une forme d'Etat vraiment communiste, comme l'ont dit les gouvernants de la Russie, ou par toute autre raison, peú importe. Entre les principes inadmissibles et l'ensemble des codes soviétiques qui ne s'éloignent pas tellement des droits ordinaires, il faut choisir. Il est difficile d'attacher plus d'importance à quelques textes, dont la portée pratique malgré leur allure générale ne semble pas devoir être considérable, qu'à l'ensemble de la législation actuelle de l'U. R. S. S. De même, il est impossible de déclarer que certaines dispositions, comme l'assimilation de la filiation légitime et de la filiation naturelle, le divorce consensuel, certains textes sur le régime de la propriété sont capables de faire rejeter toute une législation. Si on le faisait, il y aurait beaucoup de législations qui ne pourraient pas être appliquées en France, celle de la Turquie par exemple, qui admettait jusqu'ici la polygamie.

Un droit étranger n'est inapplicable en bloc dans un pays, que « s'il est à un niveau de développement si inférieur que son application ne paraît pas possible dans un Etat civilisé. La raison en est que, dans un pareil cas, le droit étranger est purement et simplement absent, d'après notre conception (1) ». Ce n'est pas le cas de la nouvelle législation russe, qui peut être comparée, toutes proportions gardées, aux transformations qu'a fait subir au droit français, la Révolution de 1789.

Mais l'on pourrait prétendre que, si dans son état actuel, issu de l'évolution qui s'est produite depuis la mise en pratique de la N. E. P., le droit soviétique n'est pas hors de la communauté juridique des nations civilisées, il n'en est pas de même de la législation qui a été édictée pendant la période purement communiste. On ne peut rétorquer cette objection par l'argument qui a été employé en Allemagne, argument que nous avons réfuté dans un chapitre précédent, que l'idéal communiste n'est pas contraire à la morale et au droit des nations civilisées, et qu'il serait, en quelque sorte, un progrès. La raison juridique qui s'oppose à ce que, après la reconnaissance, le droit de la période purement communiste soit inapplicable en bloc, c'est que, déjà à cette époque, si injuste qu'ait été la grande majorité des décrets bolchévistes, il y avait un droit dont certaines parties n'étaient pas contraires aux législations des autres

____

(1) Dr Freund, La Révolution bolchevique et le statut juridique des Russes, Clunet, 1924, p. 53. Voir Zitelmann, Droit international privé, p. 167.

nations. « Un aperçu du code des droits de famille de la République soviétique de 1918, dit le docteur Freund, nous apprend que beaucoup de principes de cette loi correspondent parfaitement aux exigences d'une loi moderne ».

On contredirait les faits si l'on admettait que le droit soviétique est inapplicable en bloc après la reconnaissance. Toute la vie privée des Russes restés dans leur pays depuis 1917 a été, est et sera régie par la loi des Soviets. Déclarer cette loi inapplicable en bloc serait méconnaître tous les actes qui se sont passés ou se passent en Russie. On aboutirait ainsi à des résultats absurdes : les actes de l'état-civil, ceux qui intéressent l'état et la capacité, les contrats passés en Russie seraient considérés comme nuls en France. Est-ce admissible, et même concevable? Pour parer à ces conséquences, il faudrait trouver un moyen juridique de donner effet aux actes accomplis en Russie autre que celui résultant de la validité de la loi russe (1) ; ce serait une complication bien inutile.

Nous pensons enfin que le pouvoir judiciaire ne pourrait pas, en droit, déclarer hors de sa communauté juridique l'ensemble de la législation d'un gouvernement que le pouvoir exécutif a officiellement reconnu. En reconnaissant un gouvernement nouveau, le pouvoir exécutif l'a considéré capable de légiférer. La reconnaisance s'impose à tous les organes du pays dont le gouvernement a procédé à la reconnaissance ; si les tribunaux de ce pays venaient affirmer qu'ils ne peuvent pas prendre en considération l'ensemble de la législation du gouvernement reconnu, ils se mettraient en conflit avec le pouvoir exécutif.

En fait, si la jurisprudence française se ralliait à la thèse de l'inapplicabilité de la législation soviétique en bloc, elle gênerait l'action diplomatique et la politique du gouvernement dans sa reprise des relations avec la Russie.

SECTION III

APPLICATION DE LA LÉGISLATION SOVIÉTIQUE POUR LES ACTES POSTÉRIEURS A LA RECONNAISSANCE

Comme on ne peut pas admettre que la loi soviétique est, dans son ensemble, inapplicable en France, il faut en tirer immédiatement la conséquence nécessaire. En principe, cette législation doit être

---

(1) Le moyen employé par la loi des 19-23 Juillet 1871, qui a ordonné la réfection des actes dressés au nom du gouvernement insurrectionnel de la Commune, est absolument impossible, parce que, pour les Russes, il s'agit d'actes établis à l'étranger.

reconnue compétente dans les cas où le droit international français ordonne l'application de la loi étrangère.

De ce principe, on peut déduire des effets généraux.

La règle « *locus regit actum* » doit être suivie pour les actes passés en Russie.

Les jugements des juridictions soviétiques peuvent recevoir l'exequatur.

C'est la loi russe qui doit régir l'état et la capacité des sujets russes.

Les successions mobilières des personnes domiciliées en Russie doivent lui être soumises.

En matière de contrats, la loi soviétique peut être adoptée en vertu de la règle de l'autonomie de la volonté.

Mais, le principe de la compétence de la loi russe est loin d'éviter toutes difficultés.

Les divergences entre les différentes législations font naître des difficultés dans l'application d'un droit étranger en France, même quand il s'agit de celui d'un Etat dont la loi est proche de la loi française, comme celle de l'Italie, de l'Allemagne ou des Etats Anglo-saxons. Le nombre de ces difficultés, leur acuité seront considérablement accrus, quand il s'agira d'appliquer la législation soviétique dont de nombreuses dispositions sont encore contraires aux principes français sur les mêmes matières.

Dans les cas de conflits de lois, au sens général de ce terme, deux notions, celle des qualifications, celle de l'ordre public, servent à trancher les contradictions irréductibles entre les lois en présence ; elles aboutissent tantôt à écarter la loi étrangère, normalement compétente, tantôt à la remplacer par la *lex fori*. De ces deux notions, l'une, l'ordre public, va prendre une importance considérable dans le problème de l'application en France du nouveau droit russe.

Il faudra s'en servir fréquemment pour mesurer la limite dans laquelle chaque disposition de ce droit pourra produire effet.

Cette limite n'est pas facile à fixer parce que, si l'existence et le rôle de l'ordre public sont certains, on n'est pas arrivé à le définir d'une manière précise en doctrine. Toutes les définitions des auteurs sont vagues. Pour Savigny, les lois d'ordre public d'un Etat sont celles « d'une nature positive rigoureusement obligatoire ». Waechter les appelle : « Leges cogentes ». Laurent croit que les lois d'ordre public sont les dispositions d'un Etat qui concernent les « droits de la société ». M. Bartin est d'avis que sont contraires à l'ordre public les dispositions étrangères « qui ne font pas partie de la communauté juridique » de l'Etat du juge. Il n'y a dans ces définitions que des indications générales ; les auteurs le reconnaissent eux-mêmes.

L'ordre public, d'après MM. Pillet et Niboyet, est une notion très fuyante qui ne se plie à aucune classification faite a priori. « Elle fait partie des choses qu'on sent bien mieux qu'on ne les exprime. Le juge devra se refuser à appliquer toutes les lois étrangères dont l'étendue à son territoire causerait un préjudice à la collectivité et heurterait les principes d'ordre qui y sont reçus, touchant notamment les bonnes mœurs, les libertés publiques, la chose publique, etc… Il est mieux placé que quiconque pour se livrer à cette appréciation ».

Mais cette appréciation du juge deviendrait facilement arbitraire. Il ne doit pas s'inspirer de son sentiment personnel. Il ne suffit pas que la loi étrangère soit différente de la loi locale pour que l'ordre public puisse entrer en jeu. Il faut aussi que l'application de cette loi étrangère soit de nature à occasionner un trouble certain et sérieux dans le pays où elle est invoquée. « Les tribunaux, dit Despagnet dans une étude très intéressante sur l'ordre public en droit international privé (1), ne peuvent arriver à une solution sur ce point qu'en se pénétrant de la pensée du législateur, en recherchant ses intentions, en se rendant compte surtout des idées générales que la loi, les mœurs, la religion, l'état politique et économique font considérer, dans leur pays, comme les conditions indispensables de l'ordre public ».

La perturbation que peut produire l'application d'une loi étrangère est plus ou moins forte suivant les circonstances dans lesquelles elle est demandée.

En effet, cette application d'une loi étrangère peut être requise en France pour y acquérir un droit. Par exemple, un sujet de l'Union soviétique intente devant les tribunaux français une action en divorce pour un motif inadmissible en France. C'est un problème de conflit de lois, au sens strict.

On peut aussi demander qu'une application de la loi étrangère, qui s'est réalisée hors de France, y soit reconnue et y produise effet. Par exemple, des Russes, ayant obtenu dans leur pays le divorce par consentement mutuel, demandent que ce divorce soit reconnu en France pour se remarier devant l'officier de l'état-civil français. Il s'agit alors du respect d'un droit acquis à l'étranger.

Dans ces deux cas différents, l'ordre public n'a pas le même effet. Quand il s'agit d'un conflit de lois, c'est la loi étrangère elle-même qui peut être contraire à l'ordre public. Elle doit alors être rejetée et remplacée par le droit français. L'effet de l'ordre public est négatif et positif en même temps. Quand la question porte sur la reconnaissance en France de l'effet d'un droit acquis à l'étranger, ce n'est pas, souvent,

____

(1) Clunet, 1889, p. 18.

la loi étrangère qui peut troubler l'ordre public français, c'est la réalisation de son effet en France. Il ne pourra alors se produire une substitution du droit français au droit étranger. Le refus de reconnaître en France l'effet du droit acquis à l'étranger en vertu de la loi étrangère suffira. L'ordre public a un rôle négatif.

La pratique et les tribunaux français devront prendre garde à ne pas froisser l'ordre public chaque fois que la législation soviétique sera applicable en vertu des règles de notre droit international privé. Nous ne pouvons songer ici à passer en revue les cas où l'ordre public interviendra pour écarter la loi russe ; ce serait une entreprise beaucoup trop longue et qui resterait toujours incomplète. Mais il est quelques matières dans lesquelles l'application de la loi soviétique en France et le rôle de l'ordre public sont particulièrement intéressants. Elles vont être étudiées en distinguant les cas de conflit de lois de ceux de droits acquis.

§ 1. *Conflits de lois.*

Le droit international français soumet certaines matières à la loi territoriale, certaines à la loi étrangère. Les cas de conflit de lois qui doivent être régis par la loi russe nous intéressent seuls. Ce sont notamment les matières touchant à l'état et à la capacité des personnes, les successions mobilières et les contrats soumis à la loi russe, en vertu de la règle de l'autonomie de la volonté.

Le nouveau droit russe sur les contrats n'offre guère de particularités.

Il n'en est pas de même des droits de familles et des règles sur les successions.

Mais il faut d'abord déterminer la valeur pour le juge français de certains principes généraux du code civil soviétique.

A. — Principes d'interprétation du code civil soviétique.

La loi d'introduction au code civil soviétique et ce code même contiennent plusieurs textes d'allure générale qui paraissent inconciliables avec l'ordre public français. Ce sont les reflets dans la législation russe des principes et de la période purement communistes.

L'article 1er du code civil déclare que les droits civils ne sont pas protégés s'ils « sont exercés dans un sens contraire à leur destination économique et sociale », c'est-à-dire à l'intérêt de l'État et au régime communiste. On trouve çà et là dans la législation russe des répétitions de ce principe pour des matières particulières, tel l'article 17 pour les personnes morales.

Il semble qu'un tribunal français, qui aura à trancher un litige selon la loi russe, n'aura pas à rechercher si le rapport de droit litigieux est conforme à l'intérêt de l'État soviétique ; il devra seulement se préoccuper de savoir si ce rapport est conforme à l'équité et au droit russe, tel qu'il résulte des textes du code soviétique qui y sont relatifs.

Et, s'il n'y a pas de texte formel dans les codes russes, est-il utile de dire qu'un juge français ne devra pas prendre en considération l'article 5 de l'Ordonnance du Comité Central Exécutif sur la mise en application du code civil de la République soviétique, aux termes duquel : « l'interprétation extensive du code civil de la R.S.F.S.R. n'est admise que dans les cas où l'exige la sauvegarde des intérêts de l'État ouvrier-paysan et des masses travailleuses » ?

Parce qu'un tribunal doit, dans certains cas, appliquer une loi étrangère, il n'est pas tenu de suivre les principes d'interprétation de cette loi étrangère, surtout quand ils sont aussi éloignés des principes français. Il doit appliquer la loi étrangère, mais il doit l'interpréter conformément aux règles d'interprétation des lois de son propre droit, règles qui sont d'ordre public.

Et, malgré l'article 6 de l'ordonnance d'introduction au code civil soviétique, qui interdit « l'interprétation des dispositions du code sur la base des lois des gouvernements renversés et de la pratique des tribunaux d'avant la Révolution », son interprétation de la loi soviétique pourra, s'il le juge équitable, être établie sur la base du droit ou de la jurisprudence de l'ancien régime russe, quand ceux-ci sont conformes aux principes du droit français.

On ne pourrait pas se servir de l'article 7 de la loi du 30 ventôse An XII, comme d'un précédent, pour dire que les articles 5 et 6 de l'ordonnance d'introduction au code civil russe ne sont pas contraires à l'ordre public français. L'article 7 est d'une nature tout à fait différente. Il refuse la force de loi à l'ancien droit dans les matières qui font l'objet du code civil français, à compter du jour où chaque partie de la nouvelle législation française est entrée en vigueur. Cela se comprend fort bien ; des lois formelles différentes ne peuvent pas exister sur le même territoire au même moment. Mais, quand le code civil français n'a pas statué sur une matière, l'interprétation suivant l'ancien droit est licite.

L'article 2 de l'ordonnance d'introduction au code civil soviétique, décidant « qu'aucun litige sur les rapports de droit civil nés avant le 7 Novembre 1917 n'est admis à examen par les institutions judiciaires ou autres de la République », est certainement inadmissible. Il constitue un véritable déni de loi dans le passé qui aboutit à des dénis de justice réglementaires. Les juges français, qui voudraient l'appliquer, tomberaient sous le coup de l'article 4 de leur propre code, qui punit les dénis de justice.

Les textes russes qui viennent d'être étudiés sont contraires à l'ordre public français. Chaque fois que leur application sera demandée en France, le tribunal devra rechercher si la solution qu'ils devraient amener ne serait pas inadmissible sur le territoire français. Dans l'affirmative, il sera obligé de les rejeter.

B. — ÉTAT ET CAPACITÉ DES PERSONNES.

Dans les matières qui touchent à l'état et à la capacité des personnes, de très nombreuses innovations ont été réalisées par le code des lois sur les actes d'état civil, le droit du mariage, de la famille et de la tutelle.

Beaucoup des institutions réglementées par ce code ne semblent pas contraires à l'ordre public français et pourront être appliquées en France sans difficultés.

Les actes de la vie privée, qui étaient soumis à des règles confessionnelles dans l'ancien droit russe, ont été laïcisés. De ce fait, la nouvelle législation russe est beaucoup plus proche du droit français que l'ancienne.

Les dispositions sur le mariage n'offrent rien de contraire à l'ordre public français.

Les conditions de fond et les causes de nullité sont, à peu de chose près, celles de notre code civil.

L'obligation d'assistance réciproque est longuement établie (art. 107 et suivants).

Il n'y a pas de puissance maritale. La pleine capacité est accordée à la femme mariée.

Les époux peuvent prendre le nom du mari ou de la femme ou bien accoler leurs deux noms (articles 100 et suivants). Ils peuvent être de nationalité différente et choisir leur nationalité (article 103). Ils peuvent également avoir un domicile séparé (article 104).

Ils sont soumis pour leurs biens au régime de la séparation et sont autorisés à contracter entre eux pendant leur mariage. Le régime de la communauté leur est interdit. Il leur est aussi défendu de « restreindre leurs droits patrimoniaux », c'est-à-dire leur capacité.

Il se produira, à ce point de vue, un conflit de qualification entre les lois française et russe. Sans aucun doute, le code des droits de famille russe considère le régime matrimonial comme faisant partie de l'état et de la capacité des personnes. La jurisprudence française, au contraire, place cette matière dans les contrats et la soumet à la règle de l'autonomie de la volonté.

Il est donc vraisemblable qu'en France des Russes seront libres, contrairement à leur loi nationale, de choisir l'un des régimes français, même celui de la communauté, même le régime dotal (1). Peut-être leurs conventions matrimoniales conclues sur le sol français seront-elles soumises à la règle de l'immutabilité (2) ?

Le code des droits de famille a supprimé l'adoption (article 183). Notre loi française du 19 Juin 1923 a donné aux étrangers le droit d'adopter ou d'être adoptés. Mais cette nouvelle disposition ne semble pas d'ordre public ; elle a été motivée par la jurisprudence antérieure qui refusait aux étrangers le droit à l'adoption, de sorte que la loi russe sera applicable et l'adoption interdite aux sujets de l'U. R. S. S. en France.

Le titre IV du code russe, qui traite de la tutelle, l'organise sur des bases essentiellement administratives. A l'étranger, ce sont les représentants diplomatiques de l'U. R. S. S. qui sont chargés de la protection des incapables. Ce titre ne comprend, en soi, rien de contraire à l'ordre public français ; il ne sera pas facile néanmoins de faire fonctionner la tutelle comme elle est organisée par la loi russe, d'abord, parce qu'en l'absence de convention diplomatique les pouvoirs des représentants russes ne peuvent pas être admis en France, ensuite, parce que nos rouages judiciaires et administratifs ne pourront pas fonctionner de la même manière que ceux qui sont établis en Russie pour la tutelle. L'administration de celle-ci n'est pas du ressort de nos tribunaux ni de nos institutions d'assistance.

Est-il souhaitable qu'un accord diplomatique vienne donner aux représentants russes en France les pouvoirs qui leur sont conférés par la loi soviétique ? On peut en douter (3).

On pourra heureusement se servir de l'article 184 du code russe qui permet aux organes, normalement chargés de la tutelle en Russie, de déléguer leurs pouvoirs à des particuliers. En vertu de ce texte, le juge de paix français pourra nommer un tuteur aux incapables russes.

Deux institutions donneront lieu à des difficultés devant les tribunaux français : le divorce et la filiation.

a) Divorce.

La matière du divorce est réglementée par les articles 86 à 99 du code des droits de famille.

(1) Trib. de la Seine, 16 Juillet 1910, Lapradelle, 1912, p. 380.

(2) Trib. de la Seine, 11 Juin 1896, Clunet, 1896, p. 870 ; Amiens, 24 Mars 1904, Lapradelle, 1907, p. 220 ; Contra : Seine, 21 Juin 1910, Lapradelle, 1911, p. 352.

(3) La prudence est nécessaire quand il s'agit d'octroyer des droits à des agents étrangers en France. Il ne faudrait pas amener des difficultés semblables à celles qui ont suivi les conventions de la Haye de 1902 et qui ont obligé la France et la Belgique à dénoncer ces conventions.

Deux modes de divorce sont prévus : le divorce par consentement mutuel, et le divorce par la volonté unilatérale de l'un des époux. « Le divorce, dit l'article 87, peut être fondé tant sur le consentement mutuel des deux conjoints que sur le désir de l'un d'eux de divorcer ».

Le divorce par consentement mutuel peut être requis, soit des tribunaux, soit de l'organe d'enregistrement des actes de l'état-civil (article 90). C'est, en effet, un acte de l'état-civil et non une instance judiciaire.

Mais si la demande en divorce émane de l'un seulement des conjoints, le tribunal seul peut le prononcer, et il ne peut le faire par défaut qu'après une procédure spéciale (article 90 *ter*, établi par le décret du 27 Septembre 1921).

La majorité des auteurs (1) et la jurisprudence sont d'accord pour considérer le divorce comme une matière d'ordre public en France.

Le divorce par consentement mutuel ne pourrait certainement pas y être prononcé (2).

Le divorce par volonté unilatérale du code soviétique est-il conforme à l'ordre public français ? On a dit (3) que ce n'était pas un divorce, mais une répudiation. En vérité, l'absence de causes de divorce, le terme étonnant employé par le code de famille, « désir de l'un d'eux de divorcer » permettent de croire que l'extinction du mariage par la demande de l'un seulement des époux n'a rien de commun avec notre institution du divorce.

Mais telle ne semble pas être la réalité, si l'on considère attentivement l'ensemble du chapitre IV du titre II du code de famille. Le divorce par volonté unilatérale du droit soviétique est bien un divorce, divorce sans causes légales. En effet, tandis que le divorce par consentement mutuel peut être requis de l'officier de l'état-civil, quand un seul époux demande la dissolution du mariage, il est obligé de porter sa demande devant le tribunal de droit commun ; et il ne ressort pas des articles du code russe, qui sont d'ailleurs rédigés sans grande précision, que le rôle du juge se borne à constater le divorce. Au contraire, les articles 90 *bis* et 90 *ter*, ajoutés par le décret du 27 Septembre 1921, emploient les termes de demandeur et de défendeur, ils instituent une procédure spéciale pour les cas où le défendeur est non présent ou absent. D'après l'article 98, « il peut être élevé pourvoi en cassation, dans les formes générales contre les

______

(1) Bartin, dans Aubry et Rau, 5e ed., T. VII, § 490, p. 408, note 4 ; Despagnet, par de Boeck, 5e éd., n° 263 ; Valéry, p. 1097 ; Weiss, 2e éd., T. III, p. 700-701.

(2) Trib. de Marseille, 21 Février 1902, Clunet, 1904, p. 188.

(3) M. Champcommunal, Lapradelle, 1924, p. 349.

jugements de dissolution du mariage du juge local, et dans ce cas, le jugement du juge local ne peut pas être considéré comme passé en force de loi ».

Il semble donc bien résulter de ces textes qu'il y a une véritable instance en divorce et que le juge, s'il n'a pas à se préoccuper de causes légales de divorce, ne peut cependant pas prononcer le divorce sans une juste cause, qui est laissée à son appréciation.

Si cette interprétation du code de famille soviétique est exacte, le divorce « par volonté unilatérale » du droit russe est de la même nature que le divorce français sur la demande d'un des époux.

La différence subsiste sur les causes de divorce qui peuvent être beaucoup plus nombreuses en Russie. Comme la jurisprudence française voit dans les causes légales du divorce français une matière d'ordre public, il faut conclure que les Russes pourront demander le divorce en France, mais qu'ils ne l'obtiendront qu'en basant leur demande sur l'une des causes prévues par la loi française.

Ils ne pourraient pas, au contraire, obtenir en France la séparation de corps que leur législation ignore.

b) Filiation.

La réglementation de la filiation, dont s'occupe le code des droits de famille dans son titre III, est en opposition absolue avec les mœurs et le droit français.

La filiation de fait est reconnue, aux termes de l'article 133 du code des droits de famille, comme la base de la famille. Il n'est fait aucune différence entre la parenté hors mariage et la parenté en mariage. Et la remarque 1 de cet article précise que les droits des enfants nés hors mariage sont, en tous points, égaux à ceux des enfants issus d'un mariage. Ces dispositions sont rétroactives et applicables à tous les enfants nés avant la promulgation du décret du 18 Décembre 1917 sur le mariage.

La recherche de la paternité et de la maternité sont autorisées sans aucune restriction. L'article 136 dispose : « le droit de faire la preuve de la filiation de fait de l'enfant appartient aux personnes intéressées, y compris la mère, même quand sont inscrites comme parents de l'enfant, des personnes qui, au moment de la conception ou de la naissance de celui-ci, étaient unies par un mariage ».

L'adage « *Creditur virgini dicenti se ab aliquo agnitam et ex eo praegnantem esse* » est admis ; il est même plus étendu qu'il ne l'était durant le Moyen-Age, car l'article 140 ordonne à la femme devenue enceinte et non mariée de déclarer le moment de la conception, le nom et le domicile du père.

Enfin, si dans une affaire en recherche de paternité, il est établi qu'une femme a eu, au moment de la conception, des rapports avec plusieurs individus, ceux-ci sont tous mis en cause, et l'article 146 impose à tous l'obligation de subvenir aux frais d'entretien.

Si l'on admet qu'en cette matière l'ordre public français est conforme aux principes moraux de la majorité des français, les dispositions du code soviétique doivent être considérées, dans leur ensemble, comme contraires à l'ordre public français ; un tribunal serait donc tenu de rejeter la législation soviétique sur la filiation et d'appliquer aux Russes la loi française, en cas de conflit de lois. Mais il est difficile d'affirmer que les tribunaux français adopteront une attitude aussi stricte, parce que la famille française n'est pas atteinte elle-même par des dispositions étrangères qui ne concernent que des étrangers.

Le code russe des droits de famille ne connaît pas la puissance paternelle ; il donne au père et à la mère les mêmes droits sur l'enfant ; ils exercent conjointement ces droits (article 150). En cas de désaccord, la question litigieuse est soumise à l'appréciation du tribunal.

Cette innovation du nouveau droit russe ne paraît pas contraire à l'ordre public français, car il faut reconnaître qu'en France les mœurs, sinon la loi, aboutissent dans la réalité à la conception russe.

C. — SUCCESSIONS.

Le droit successoral est envisagé d'un point de vue très nouveau par code civil russe (Livre IV, articles 416 à 435).

La succession ab intestat est dévolue à trois catégories d'héritiers : 1° les descendants en ligne directe, existants ou seulement conçus lors du décès et nés après, 2° le conjoint survivant et 3° « les personnes incapables de travailler ou indigentes, qui étaient à la charge complète du défunt un an au moins avant son décès ».

On ne peut appeler ces catégories des « ordres » d'héritiers, car ce dernier terme, en droit français, implique en général une dévolution successive, un ordre venant à la succession quand il n'y a pas de représentant de l'ordre précédent qui exerce ses droits. D'après le code civil soviétique, au contraire, tous les héritiers, à quelque catégorie qu'ils appartiennent, concourent à la succession, dont le partage se fait par tête et par parts légales (article 420), sauf pour le mobilier de ménage qui revient, hors part, aux personnes qui vivaient avec le *de cujus*. La représentation est inutile, le petit-fils héritant avec le fils.

Le testament, un moment supprimé en Russie, est rétabli. Mais on ne peut y tester qu'en faveur de ses propres héritiers, pour modifier l'égalité de droits héréditaires de l'article 420, ou même pour supprimer les droits de certains des héritiers au profit d'autres successibles.

Ces règles peuvent être critiquées. Elles ne sont certainement pas très scientifiques. Dire qu'elles sont contraires à l'ordre public français, c'est une autre question. L'application de ces règles en France ne pourrait pas y causer de troubles sérieux, d'autant plus qu'on doit tenir compte de la loi française du 14 Juillet 1819 en faveur des héritiers français, dont le résultat pratique est de les soumettre à la loi française.

La difficulté devient sérieuse, dès que l'on touche aux droits que s'est réservé l'Etat russe, en matière de successions, tout au moins jusqu'à une époque toute récente.

En effet, l'article 416 du code civil soviétique n'a admis la succession que « dans les cas où la valeur globale du bien de succession ne dépasse pas dix mille roubles-or, déduction faite des dettes du défunt » et sauf exceptions résultant de contrats conclus par les organes de l'État avec le défunt et de l'article 421 pour les meubles meublants.

Si la valeur de la succession dépasse dix mille roubles-or, il y a lieu à un partage préalable entre les héritiers et l'État, partage qui, s'il doit être désavantageux ou incommode, peut être remplacé par une indivision ou par des cessions de droits soit par l'État, soit par les héritiers.

D'un autre côté, en cas d'exhérédation pure et simple d'un héritier, il n'y a pas d'accroissement en faveur des autres héritiers. La part de l'exhérédé revient à l'État.

Les juges français peuvent-ils admettre que l'État russe exerce en France les droits qu'il tient de sa législation, quand, conformément aux principes du droit international français, des biens successoraux mobiliers situés en France doivent être soumis à la loi russe?

Il est utile de savoir en quelle qualité l'État russe a des droits sur les successions ; ce peut être comme héritier ou à cause de sa souveraineté.

Des textes mêmes du code civil soviétique, il semble résulter que l'État russe n'est pas un héritier, mais qu'il tient ses droits uniquement de sa souveraineté, comme l'État français, en vertu de l'article 768 de notre code civil, acquiert les successions en déshérence. Telle est l'opinion de l'éminent juriste russe qu'est le baron B. Nolde (1).

Il n'y a donc pas de conflit de qualification entre la loi française et la loi russe. Et l'on peut assurer que l'État russe ne pourra exercer en France aucun droit sur des successions, soumises au régime du code civil.

(1) Article paru dans le Bulletin de la Société de Législation comparée, 1922-23.

En effet, si cet État a des droits sur des successions en Russie, c'est parce qu'il y est souverain. Il est inadmissible que ces droits aient un effet extra-territorial, car, en matière de biens, il n'y a en France qu'une souveraineté, celle de l'État français. Or celui-ci a limité l'effet de sa souveraineté sur les biens successoraux au cas de succession en deshérence et aux charges fiscales.

Il faut remarquer que, par une loi promulguée dans les premiers jours de l'année 1926, la législation russe sur les successions a été profondément modifiée. La part de l'État dans les successions supérieures à 10.000 roubles-or est supprimée. Elle est remplacée par un impôt sur les successions. Cet impôt est progessif. En ligne directe, pas d'impôt jusqu'à 1.000 roubles ; son taux s'élève à 1 % de 1.000 à 2.000 roubles, à 5 % de 2.000 à 6.000 roubles, à 8 % de 6.000 à 10.000 roubles, à 10 % de 10.000 à 40.000 roubles, à 25 % de 40.000 à 100.000 roubles, à 40 % de 100.000 à 200.000 roubles, à 60 % de 200.000 à 500.000 roubles, à 90 % au delà de 500.000 roubles.

D. — EFFETS DES NATIONALISATIONS DE BIENS.

Le droit international français soumet les immeubles et les meubles à la *lex rei sitae* (1).

En principe, il ne sera donc pas possible de demander en France l'application des décrets de nationalisation édictés par les Soviets, pour le motif que la loi russe n'est pas la loi compétente, quand il s'agit de l'acquisition de biens situés en France.

Il est cependant certains biens qui ne peuvent pas, à cause de leur nature, être régis par la loi du lieu de leur situation, comme les navires, normalement soumis à la loi du pavillon, les marchandises en transit, auxquelles doit être appliquée la loi du lieu de leur destination.

La loi russe est donc compétente pour les navires russes.

Pourrait-on prétendre que ceux qui sont restés dans un port français depuis la Révolution bolchéviste ont été nationalisés en vertu des décrets soviétiques et pourrait-on demander à un tribunal français d'ordonner leur livraison à l'État russe ?

Le respect de la propriété privée se trouve à la base de la loi française. Il est proclamé par la Déclaration des droits de l'homme. La

---

(1) Pour les immeubles : Art. 3 du Code civil ; Cour de Cassation, 2 Avril 1884, S. 1886-1-121 ; Paris, 11 Juin 1906, Clunet, 1907, p. 156. Pour les meubles, voir : Niboyet, Des conflits de lois relatifs à l'acquisition de la propriété et des droits sur les meubles corporels à titre particulier, thèse, Paris, 1912 ; Trib. consul. français de Tien-Tsin, 4 Octobre 1920, Clunet 1923, p. 148 ; Loi du 24 Juillet 1921, art. 4.

propriété est protégée aussi par l'article 545 de notre code civil : « Nul ne peut être forcé de céder sa propriété, si ce n'est pour cause d'utilité publique, et moyennant une juste et préalable indemnité ».

Il est douteux qu'une expropriation, moyennant indemnité, puisse être exécutée en vertu d'une loi étrangère, sur le territoire français, parce que l'utilité publique, dont il est question dans l'article 545, est uniquement celle de la France. Les nationalisations russes, qui sont en réalité des confiscations, sont contraires, sans aucun doute, à l'ordre public français et il ne peut être question de les appliquer à des navires russes qui se trouveraient en France, en l'absence d'un traité formel.

§ 2. *Respect des Droits acquis*

A. — Principes d'interprétation du code civil soviétique.

Les tribunaux français devront se refuser à interpréter des actes soumis à la loi russe suivant les principes d'interprétation de l'ordonnance d'introduction (articles 5 et 6) et du code civil soviétique (article 1er) ; pourront-ils donner l'exequatur (1) à des décisions des tribunaux russes qui se seront conformées à ces principes d'interprétation ? On ne peut l'affirmer ou le nier d'une manière absolue. Les tribunaux français devront uniquement considérer si la décision des juges russes est conforme à l'équité et ne heurte pas l'ordre public français (2). Chaque espèce obligera à un examen spécial.

Il semble qu'au contraire l'application par un juge russe de l'article 2 de l'ordonnance d'introduction au code civil soviétique, qui interdit de juger les rapports de droits civils, nés avant le 7 Novembre 1917, ne pourra avoir aucun effet en France. En effet, la procédure suivie par le juge russe peut être considérée comme irrégulière par un tribunal français. « L'ordre public s'oppose à la reconnaissance d'un jugement étranger, disent MM. Pillet et Niboyet, lorsque la procédure qui s'est déroulée à l'étranger, a été entourée d'irrégularités ou d'abus tels, que la loi étrangère, qui les encourage, est trop différente de la nôtre ». Il convient de ne pas se rendre complice en France d'une justice trop mal rendue. Et l'article 2 de l'ordonnance, aboutissant à des dénis de justice, les tribunaux français ne pourront pas y participer de quelque manière que ce soit. L'ordre public s'y oppose, qu'il y ait conflit de lois ou droit acquis.

---

(1) En matière d'exécution des jugements étrangers, la jurisprudence française admet le système de la révision. Cour de Cassation, 9 Février 1892, S. 1892-1-201 ; 9 Décembre 1903, Clunet, 1904, p. 391, D. 1906-1-354, S. 1909-1-354.

(2) Voir Champcommunal, Lapradelle, 1924, p. 531.

B. — ÉTAT ET CAPACITÉ DES PERSONNES.

a) Divorce.

Les divorces valablement obtenus en Russie devront, en principe, produire tous leurs effets en France. En effet, la législation russe connait le divorce. Ce n'est pas parce qu'il aurait été interdit à un tribunal français de le prononcer qu'un divorce acquis en Russie ne pourrait pas produire effet en France.

On doit seulement rechercher quel droit a été acquis en Russie : c'est le divorce, qui est, en lui-même, conforme à notre ordre public.

Par conséquent, il devra être reconnu en France, aussi bien s'il a eu lieu en Russie par consentement mutuel, soit devant les tribunaux, soit devant l'organe d'état-civil, que s'il a été prononcé sur la demande de l'un des deux époux pour une cause non admise en France. Les époux seront considérés comme divorcés et pourront se remarier.

Pourquoi ne respecterait-on pas un divorce consensuel acquis en Russie, alors qu'une rupture du lien matrimonial par consentement mutuel produit effet si elle a été obtenue en Belgique en vertu des anciennes dispositions du code Napoléon, abrogées en France ?

Serait-il juste de considérer mal rendu un jugement soviétique, parce qu'il aurait prononcé un divorce pour une cause inconnue de la loi française, alors qu'une décision d'un tribunal allemand est considérée comme bien jugée, quand il a prononcé le divorce pour cause d'abandon malicieux ou de folie incurable de l'un des conjoints ?

Il pourra cependant se trouver des cas dans lesquels un divorce, acquis en Russie, ne devra pas produire d'effet en France parce que, le code soviétique ne déterminant pas de cause de divorce, ce sont les tribunaux russes qui ont à apprécier les motifs des demandes, et les décisions russes, qui feraient état de causes notoirement contraires à la morale, ne devraient pas être admises en France.

Il peut arriver que le mari et la femme, en vertu de l'article 103 du code civil soviétique, soient de nationalités différentes. On peut croire que des tribunaux français n'admettront, dans ce cas, un divorce prononcé en Russie, que s'il est conforme à la législation du mari au moment du mariage, en un mot si le mari était Russe lors de la célébration du mariage.

On peut concevoir l'espèce suivante : deux russes s'étant mariés avant la Révolution bolchéviste, l'un est resté en Russie, il est citoyen de l'Union soviétique, l'autre s'est enfui de Russie et s'est réfugié en France. Celui de ces deux époux qui est resté en Russie introduit une demande en divorce par volonté unilatérale devant le juge local soviétique, qui, après avoir suivi la procédure prescrite par les articles 90 *bis* et 90 *ter* du code de famille pour le cas de non présence de l'un des époux, prononce le divorce pour une cause quelconque. Le ressortissant de l'U. R. S. S. demande ensuite au tribunal français de reconnaître, contre son conjoint, le bien fondé du divorce prononcé en Russie.

Le tribunal français ne sera pas tenu, à notre avis, d'accéder à cette demande, non parce que le divorce russe est contraire à l'ordre public français (il a pu être rendu pour cause d'adultère ou d'injures graves), mais parce que : 1° la décision soviétique n'offre pas les garanties d'impartialité suffisantes, car le défendeur, réfugié russe n'a pas pu se défendre, puisqu'il lui est interdit de se rendre en Russie et de s'y faire représenter et 2° parce que, dans bien des cas, la loi soviétique n'aura pas été la loi internationalement compétente. En effet, si le divorce a été prononcé en Russie avant la reconnaissance des Soviets par la France, il ne pourra pas être reconnu par un tribunal français, car, à cette époque, le conjoint réfugié avait droit acquis à être soumis, pour son statut personnel, au droit impérial russe.

On pourrait même se demander si, de toutes façons, l'ancien droit russe n'est pas le seul droit applicable pour la dissolution de mariages contractés sous son empire, parce qu'il est la dernière législation commune aux deux époux. Nous ne croyons pas cependant qu'il ait pu subsister après la reconnaissance des Soviets.

Mais, même si le divorce a été prononcé en Russie après la reconnaissance, le droit soviétique n'est pas nécessairement la loi compétente. Nous pensons que, si le conjoint réfugié est le mari, la loi compétente est celle qui régit son statut personnel, et l'on verra, plus loin en étudiant le statut personnel des réfugiés russes, qu'ils ne sont pas soumis à la législation soviétique.

b) Filiation.

La législation russe déclare qu'il n'y a qu'une filiation de fait. Le droit français distingue la filiation légitime de la filiation naturelle et, dans cette dernière, fait une nouvelle distinction entre la filiation naturelle simple et les filiations adultérines et incestueuses.

Les enfants naturels russes, nés hors mariage en Russie, ont acquis le droit d'être assimilés aux enfants nés d'un mariage.

Dans quelle mesure ces droits acquis pourront-ils être reconnus en France et y produire effet ?

MM. Pillet et Niboyet déclarent que le respect dû aux droits acquis vient se briser contre l'ordre public chaque fois que leur maintien serait de nature à causer un trouble à la collectivité, en particulier si les dispositions de la loi étrangère heurtent la morale.

Il est donc permis de penser que l'assimilation des enfants nés hors mariage aux enfants légitimes est contraire à l'ordre public français et que ces enfants ne peuvent avoir plus de droits en France qu'il n'en est accordé aux Français, les enfants naturels, au sens strict de ce mot, ayant des droits limités, les enfants adultérins ou incestueux n'en ayant aucun, sauf ceux qui prévoient les articles 331 et 335 de notre code civil sur la légitimation, les articles 762 et suivants et 908 pour les aliments.

Cette opinion nous paraît la meilleure.

Il n'y a pas de doute que la famille, fondement de la nation française, est sapée par l'assimilation entre les enfants légitimes et les enfants nés hors mariage, réalisée par le code du droit de famille soviétique.

Peut-être ce système sera-t-il trouvé trop rigide ? On pourra faire remarquer qu'il s'agit de droits acquis en Russie et que la reconnaissance des droits acquis par les enfants russes, nés hors mariage, ne peut pas atteindre la famille française ; qu'on reconnaît certains droits à des enfants nés d'une union polygamique, en Algérie par exemple, aussi éloignée des mœurs françaises que le principe soviétique de la filiation de fait ; que pareillement il reconnaît aux enfants naturels vis-à-vis de leur mère, en droit allemand, les mêmes droits qu'aux enfants légitimes ; que d'ailleurs, il y a, en France, depuis un certain temps déjà une tendance à augmenter les droits des enfants naturels.

Nous ne croyons pas que l'ordre public français puisse tolérer tous les droits acquis en Russie, en vertu des dispositions du code de famille sur la filiation. Il imposera, au moins, une distinction entre les enfants naturels simples d'une part et les enfants adultérins ou incestueux de l'autre. Il admettra peut-être que les enfants naturels simples bénéficient des droits qu'ils ont acquis en Russie ; mais il s'opposera à ce que les enfants adultérins ou incestueux puissent avoir plus de droits qu'il ne leur en est accordé par la loi française.

Le principe de la filiation de fait n'est pas la seule des dispositions du code des droits de famille, qui heurte par elle-même l'ordre public français et paralyse l'effet du principe du respect des droits acquis. L'exercice en Russie de l'article 140 de ce code, qui reprend l'adage « *Virgini praegnanti creditur* » ne pourra produire aucun effet en France. Et il est de toute évidence qu'un tribunal français ne songera pas à exequaturer la décision d'un tribunal russe qui, conformément à l'article 144 de ce code, aura condamné plusieurs individus à subvenir à l'entretien de l'enfant d'une femme avec laquelle ils ont eu des rapports au moment de la conception.

C. — SUCCESSIONS.

Des droits naîtront en Russie, à cause de successions qui s'y seront ouvertes et pour des biens qui y seront situés. Ces droits devront être respectés en France. Et la limite successorale de l'article 416 du code civil soviétique ne pourra pas être sujette à critiques devant les tribunaux français. Elle est l'expression de la souveraineté du gouvernement des Soviets sur le territoire russe, souveraineté qui a été reconnue par la France.

Les droits acquis en Russie, par suite de successions, devront produire effet en France, même si le *de cujus* était français ou si des Français se trouvaient parmi les héritiers, car la loi du 14 Juillet 1819, qui prévoit le prélèvement au profit des Français, a un caractère territorial, elle ne peut être appliquée qu'aux effets de la succession se trouvant sur le sol français.

Le respect des droits acquis en Russie en matière de succession ne peut faire aucun doute en droit. En fait, il est certain que ce sera une situation pénible pour des Français, surtout quand il s'agira du décès d'un Français en Russie ne laissant que des héritiers français, de subir le régime successoral du code civil soviétique. Il faut espérer qu'un accord diplomatique interviendra dans l'avenir pour les successions ouvertes sous l'empire de ce code.

D. — EFFETS DES DROITS ACQUIS EN RUSSIE PAR LES NATIONALISATIONS.

On sait qu'en vertu de l'article 59 du code civil soviétique, les nationalisations ont cessé en Russie le 22 Mai 1922. Les effets que peuvent produire en France les nationalisations soviétiques ne doivent donc pas être examinés dans cette Section où il s'agit de la portée que peut avoir la législation soviétique pour des actes postérieurs à la reconnaissance des Soviets. On étudiera plus loin les effets des droits acquis en Russie.

SECTION IV

APPLICATION EN FRANCE DU DROIT SOVIÉTIQUE
POUR LES ACTES ACCOMPLIS AVANT LA RECONNAISSANCE DES SOVIETS

§ 1. *Principe de l'effet rétroactif*

La Section précédente eu pour but de rechercher quels effets la reconnaissance devait avoir sur la situation de l'État, des sujets, des biens russes en France, mais seulement pour le présent et dans l'avenir, sans tenir compte du fait que la reconnaissance française est intervenue sept années après que le gouvernement des Soviets avait pris le pouvoir. Il s'agit maintenant de considérer les effets juridiques de ce retard de l'acte de reconnaissance sur le fait de l'existence des Soviets.

Dès lors que la reconnaissance d'un gouvernement nouveau a été effectuée, est-il exact de dire qu'elle est rétroactive ou plutôt qu'elle a effet rétroactif?

La doctrine, remarque M. Charles de Visscher, n'a guère examiné cette question. Il paraît indispensable de l'étudier dans son ensemble après la reconnaissance des Soviets, qui soulève des problèmes fort complexes. On ne peut admettre ou rejeter sans discussion l'effet rétroactif. Mais avant de le discuter, il faut savoir ce qu'on entend au juste par ce terme.

On sait que la reconnaissance est un acte politique d'une nature tout à fait spéciale. Ses effets ne peuvent pas être déterminés par les règles appliquées à d'autres actes de nature différente. Les théories de la rétroactivité des lois ou de la rétroactivité de certains actes de droit privé sont sans utilité dans la matière de la reconnaissance.

Il semble qu'on puisse, au contraire, aboutir à de justes appréciations de la question, si la situation, créée par la reconnaissance d'un gouvernement nouveau, est analysée.

Cette situation peut être envisagée de la manière suivante : un gouvernement nouveau s'étant constitué, il a, pendant un laps de temps plus ou moins long, été officiellement méconnu par un gouvernement étranger, et celui-ci, quand il l'a jugé convenable, a déclaré officiellement qu'il considérait le gouvernement nouveau comme le seul gouvernement véritable du pays où il s'est installé. C'est la reconnaissance. Elle entraîne de nombreuses et importantes conséquences juridiques.

Pour certaines d'entre elles, étudiées précédemment et qui intéressent le gouvernement reconnu lui-même, il ne peut être question d'effet rétroactif. On sait que la reconnaissance *de jure* d'un gouvernement nouveau est la cause des relations diplomatiques entre ce gouvernement et le gouvernement étranger qui l'a reconnu et, qu'à partir de la reconnaissance, le gouvernement reconnu doit être traité de la même manière que les gouvernements des autres États. La reconnaissance est ainsi constitutive d'une situation nouvelle, mais elle oblige, en outre, les organes de l'État, auteur de la reconnaissance, à considérer comme valables, sous certaines réserves, les actes accomplis par le gouvernement reconnu et notamment ses actes législatifs.

On touche ici au problème de l'effet rétroactif. Il suffit pour le mettre en lumière de se demander à partir de quel moment les actes du nouveau gouvernement reconnu doivent être pris en considération. Est-ce du jour de son existence effective ou de celui de sa reconnaissance ? Dans le premier cas, la reconnaissance a effet rétroactif, car les actes accomplis par le gouvernement reconnu entre sa constitution et la reconnaissance doivent être regardés comme valables.

Plusieurs décisions anglo-américaines ont admis l'effet rétroactif de la reconnaisance pour valider des actes accomplis par des gouvernements de fait avant la reconnaissance.

La Cour suprême des Etats-Unis d'Amérique, dans deux affaires Ricaud contre The American Metal C° L^d et Oetjen contre Central Leather C° (1), soulevées après la reconnaissance du gouvernement du général Carranza au Mexique, a décidé que la reconnaissance obligeait à accepter la validité des actes accomplis par le gouvernement reconnu, depuis les débuts de son existence. Il s'agissait, dans ces espèces, d'actes de réquisition et de saisie. Mais ces arrêts américains ont adopté purement et simplement l'effet rétroactif de la reconnaissance, sans même songer à le justifier.

La Cour d'Appel de Londres, par son arrêt du 12 Mai 1921, dans l'affaire Luther contre Sagor, a également admis l'effet rétroactif pour les actes accomplis par les Soviets depuis 1917. Il est vrai que la Cour s'est appuyée sur l'opinion du Foreign Office, qui avait certifié l'existence du gouvernement des Soviets depuis le 13 Décembre 1917.

L'effet rétroactif de la reconnaissance, qui a donc été plusieurs fois mis en pratique, n'a pas été justifié en droit.

Il importe d'étudier : 1° s'il est admissible en droit, et même s'il n'est pas obligatoire ; 2° quelle doit être sa portée.

I. — Plusieurs arguments paraissent justifier l'effet rétroactif.

a) L'existence du gouvernement reconnu est une condition essentielle d'une reconnaissance. Or, un gouvernement ne peut exister s'il n'exerce l'autorité et la manifeste par des actes. Le pouvoir de faire des lois est un attribut primordial de l'autorité ; le fait d'imposer ces lois en est la manifestation. Donc, pour qu'un gouvernement soit reconnu, il faut qu'il ait exercé son autorité en adoptant ou en imposant une législation. Et ces actes d'autorité que sont les lois du gouvernement nouveau, nécessairement antérieurs à la reconnaissance puisqu'ils en sont la condition, doivent être considérés comme valables

(1) Journal of law Association, 1918, p. 417.

par le gouvernement qui reconnaît. Il en résulte que le principe de la rétroactivité des lois s'impose en bonne logique.

b) Le second argument est l'identité et l'unité dans le temps du gouvernement reconnu.

La reconnaissance par un gouvernement étranger ne peut modifier en rien l'existence ou la situation interne du gouvernement reconnu. Ce gouvernement reconnu est le même après la reconnaissance qu'il était avant. Il ne peut donc être considéré d'une manière différente à des époques diverses.

Sa législation s'enchaîne sans pouvoir être divisée. Elle forme un tout. Des lois édictées précédemment continuent d'être exécutées. Il est inadmissible d'apprécier d'une façon contraire des actes identiques, accomplis en exécution de ces lois, sous prétexte que les uns sont antérieurs, les autres postérieurs à la reconnaissance.

c) Envisager la question d'un point de vue différent aboutirait à une impasse juridique. M. Larnaude a démontré que la continuité des gouvernements dans un pays civilisé est un principe du droit public moderne. Si on déclarait qu'un gouvernement de fait reconnu, qui existait depuis un temps plus ou moins long, ne doit être considéré valable que du jour de sa reconnaissance par le gouvernement étranger, il faudrait admettre une absence, quelquefois prolongée, de gouvernement dans un État pendant la période qui a couru du jour de l'établissement du gouvernement de fait jusqu'à sa reconnaissance, conclusion contraire à la réalité de la vie des peuples.

Avant la reconnaissance, cette absence de gouvernement dans un État était écartée par la fiction juridique de la survie du gouvernement ancien. Alors déjà, l'ignorance absolue du gouvernement nouveau était difficile, l'absence presque complète des relations internationales seule la rendait possible. Après la reconnaissance et la reprise des relations de pays à pays, la fiction de la survie du gouvernement ancien tombe et l'effet rétroactif de la reconnaissance peut seul éviter la solution de continuité dans le gouvernement d'un État.

d) Le droit est une science qui doit tenir compte des faits et des réalités, ce n'est pas un art purement spéculatif. L'effet juridique de la reconnaissance est justement l'admission par un pays étranger des faits et des réalités existants dans un autre pays. Si cette reconnaissance n'était pas rétroactive, il y aurait une contradiction flagrante. Ces réalités seraient admises pour le présent et pour l'avenir, elles ne le seraient pas dans le passé. Autant vaudrait dire que la vie s'est arrêtée dans ce pays entre l'établissement du gouvernement nouveau et sa reconnaissance.

Il y · donc lieu de conclure qu'un état étranger, en reconnaissant un gouvernement nouveau, doit normalement le considérer comme valable depuis son commencement. La reconnaissance a un effet rétroactif obligatoire.

11. — Il ne faut d'ailleurs pas exagérer cet effet rétroactif. Il doit rester soumis aux réalités, remonter seulement au temps où le gouvernement nouveau a pu exercer une autorité effective. Et ce gouvernement nouveau étant le plus souvent né à la suite de troubles, il a pu s'établir dans certaines régions plus vite que dans d'autres. Il y a là une question de fait que doit apprécier le gouvernement, auteur de la reconnaissance et, à son défaut, le pouvoir judiciaire.

Comme le gouvernement nouveau est légitimé par la reconnaissance depuis le début de son existence effective, au regard de l'État qui l'a reconnu, il faut admettre que ses lois et les actes accomplis par lui, dès cette époque, sont valables et doivent produire leur effet dans le pays étranger, compte tenu des règles de droit international et de l'ordre public de ce pays.

Mais le principe de l'effet rétroactif de la reconnaissance est insuffisant pour résoudre les problèmes juridiques qui concernent le statut des ressortissants du gouvernement reconnu ou de leurs biens, dans le pays qui a procédé à cette reconnaissance.

Pour résoudre équitablement ces problèmes, il faut tenir compte de deux considérations d'ordres différents.

D'une part, la reconnaissance a un effet rétroactif. Il en résulte, comme on l'a vu, la validité de la législation du gouvernement reconnu et des actes accomplis en vertu de cette législation.

D'autre part, pendant la période qui a duré entre la constitution du gouvernement nouveau et sa reconnaissance, ce gouvernement a été considéré comme inexistant dans le pays étranger. Dans ce pays, des actes ont été accomplis durant cette période, en faisant abstraction du gouvernement nouveau et conformément à une législation différente de la sienne. Il n'y a pas de doute que ces actes ont été accomplis valablement.

La contradiction paraît irréductible entre ces deux considérations. On se trouve en face d'un problème très particulier de conflit de droits acquis. L'une de ces considérations doit-elle, par principe, annihiler l'autre ? Ce n'est pas nécessaire.

On peut trouver un criterium qui permette de distinguer dans quels cas l'effet rétroactif de la reconnaissance peut jouer et dans quels cas il ne le peut pas. Ce criterium semble devoir être celui de la territorialité.

Les actes accomplis par le gouvernement nouveau ou en vertu des règlements de ce gouvernement sont valables, quand ils ont été faits dans le pays même de ce gouvernement ou dans un pays qui l'avait déjà reconnu.

Les actes accomplis avant la reconnaissance, dans l'Etat, auteur de la reconnaissance, ou dans d'autres pays, en vertu de l'ancienne législation, par suite de la fiction juridique de la survie de l'ancien gouvernement, sont valables également.

Mais qu'arrivera-t-il si un même acte a été envisagé en sens divers dans le pays reconnu et dans le pays qui reconnaît, durant la période qui a précédé la reconnaissance ? Il semble bien que, dans ce cas, l'effet rétroactif de la reconnaissance cèdera le pas aux conséquences qu'a produites dans le pays, auteur de la reconnaissance, le fait de l'ignorance du gouvernement nouveau à cette époque. La raison en est que ce conflit de droits acquis repose sur un conflit de souverainetés, et la souveraineté du pays du juge, qui est celui qui vient de procéder à la reconnaissance, doit l'emporter sur toute autre.

§ 2. *Conséquences de l'effet rétroactif pour les Russes.*

Les conclusions auxquelles nous sommes arrivés dans le paragraphe précédent nous serviront de base et nous guideront pour découvrir dans quelle mesure la législation et les actes du gouvernement des Soviets de la période antérieure à la reconnaissance pourront produire effet en France.

Il faut remarquer que l'effet rétroactif de la reconnaissance doit soulever uniquement des questions de droits acquis ; il ne peut s'agir de cas de conflits de lois, au sens strict de ce terme. Depuis la reconnaissance, on peut demander en France la naissance d'un droit en vertu de la législation soviétique pour le présent et pour l'avenir ; il est impossible d'y réclamer l'acquisition rétroactive d'un droit suivant cette législation.

Le problème de l'effet rétroactif de la reconnaissance des Soviets par la France peut être posé et résolu ainsi qu'il suit :

1º En principe, les droits acquis avant la reconnaissance, conformément au nouveau droit russe, en Russie ou dans un pays qui aura reconnu les Soviets plus tôt que la France, seront valables, sous la réserve, bien entendu, de ne pas heurter les principes du droit international français ni l'ordre public. En ce sens la reconnaissance peut être considérée comme rétroactive.

Est-il besoin d'insister sur les conséquences pratiques de ce principe ? Il conduit à ce qu'on accepte en France tous les actes de la vie privée qui se sont produits en Russie depuis la chute du gouvernement Kerenski jusqu'au jour de la reconnaissance. Les mariages, les divorces, les contrats, qui ont eu lieu en Russie, doivent être considérés comme valables. C'est naturel, parce que c'est la constatation de cette réalité : la vie a continué en Russie malgré la Révolution et bien que la France ait tardé à reconnaître les Soviets.

2° Au contraire, des droits ont été acquis en France avant la reconnaissance et conformément à l'ancien droit russe, différent de la législation soviétique. Faut-il dire que la reconnaissance des Soviets étant rétroactive, l'acquisition de ces droits en France est nulle ? Non certainement. Ces droits, nés valablement, doivent subsister, car la reconnaissance ne peut pas effacer le fait que, pendant plusieurs années, la France a méconnu les Soviets et agi comme si le gouvernement, qu'ils avaient abattu et remplacé, avait continué d'exister.

Comme la négation de l'effet rétroactif de la reconnaissance, l'affirmation que cet effet doit être absolu, aboutirait à des conséquences pratiques très fâcheuses ; d'un côté comme de l'autre, on se mettrait en contradiction avec les faits.

De ce deuxième principe, il faut déduire que tous les actes, judiciaires ou non, accomplis sur le sol français, suivant la fiction de survie de l'ancien régime russe, durant la période de non reconnaissance, sont valables et continuent d'exister. L'acte de reconnaissance n'a pas pu les toucher. Les mariages, les divorces, les jugements, qui ont appliqué l'ancien droit russe, demeurent. Sont également valables les actes qui ont tenu compte des différences que faisait l'ancien droit russe entre la filiation légitime et la filiation naturelle, incestueuse ou adultérine.

3° En supposant que des droits contraires aient été acquis sur le même objet en France et en Russie, seront seuls valables, au regard des juridictions françaises, les droits acquis en France, au détriment de ceux qui sont nés en Russie, parce que la souveraineté française doit évincer la souveraineté russe.

Par exemple, un tribunal français a pu débouter un Russe d'une demande en divorce parce que ce tribunal a estimé que les motifs de la demande n'étaient pas conformes à l'ancien droit russe sur le divorce.

Le demandeur, s'étant par la suite rendu en Russie, y a renouvelé la demande qu'il avait faite en France et le juge soviétique lui a donné droit, en prononçant un divorce.

Après que la reconnaissance a été effectuée, ce Russe, revenu en France, veut s'y remarier, son conjoint s'y oppose et l'affaire vient devant le tribunal français. Que devra décider ce tribunal ? Y a t-il eu divorce ou non ?

En vertu du premier jugement français, le conjoint a acquis le droit de rester marié, par application de l'ancien droit russe ; en vertu du jugement russe qui a suivi la loi soviétique, le demandeur a acquis le divorce. Il y a donc deux droits acquis contraires sur le même objet : l'extinction d'un mariage.

Lequel de ces droits acquis les juges français devront-ils prendre en considération ? Suivant notre principe, c'est le droit acquis en France ; par conséquent, le deuxième jugement français devra reconnaître fondée l'opposition au remariage, le premier mariage n'ayant pas été dissous par la décision soviétique, qui ne pouvait pas annuler un jugement français.

En serait-il de même si, au lieu d'avoir débouté le demandeur, le premier jugement français, se ralliant à la jurisprudence instaurée par les arrêts Levinçon, s'était déclaré incompétent, en considérant que l'ancien droit russe exigeait pour le divorce la compétence d'une juridiction confessionnelle ? Nous croyons que dans ce cas il n'y aurait pas de contradiction de droits acquis et que le deuxième jugement français pourrait admettre le divorce rendu par le tribunal soviétique.

Pas de contradiction non plus si les motifs du jugement de divorce prononcé dans l'Union des Soviets sont conformes à la dernière loi commune des époux russes, quand bien même la juridiction compétente pour le prononcer ne serait plus celle qui eût été compétente sous l'ancien droit russe.

Ce troisième principe justifie l'affirmation faite plus haut : quand il est question d'effets rétroactifs de la reconnaissance, il ne peut pas s'agir de cas de conflits de lois. En effet, parmi les droits acquis par des Russes en France, le premier et le plus important, c'était celui d'être soumis à l'ancienne législation russe. En Russie, était acquis le droit de suivre la législation soviétique. Il y a là un cas de conflit général entre le droit acquis en France et celui acquis en Russie et, comme la prédominance du droit acquis en France est admise, il faut affirmer que la reconnaissance n'a pas pu annihiler le droit pour les Russes d'avoir été soumis en France à leur ancienne législation, pendant la période qui a précédé cette connaissance ; d'où il est impossible de demander que l'acquisition en France d'un droit conformément à la législation soviétique rétroagisse dans le passé.

4° Il ne faudrait pas croire qu'un droit acquis sur le territoire français, en vertu de l'ancienne législation russe, soit toujours définitif et que l'on ne puisse jamais le remettre en question après la reconnaissance. Un nouveau conflit de lois pourra parfois être soulevé devant le juge français et celui-ci sera tenu d'appliquer la législation soviétique ; de même un droit nouveau pourra être acquis en Russie après la reconnaissance.

Si nous reprenons l'exemple du divorce, qui a servi plus haut, dans lequel le droit au maintien du mariage pendant la période de non-reconnaissance a été acquis par un jugement français, malgré un divorce en Russie, ce droit acquis n'empêchera pas le demandeur d'intenter, après la reconnaissance, une nouvelle instance en divorce devant le tribunal français, et ce tribunal, qui devra alors appliquer aux Russes leur statut personnel, c'est-à-dire la loi soviétique, sera amené à prononcer lui-même le divorce.

SECTION V

EFFETS DES DROITS ACQUIS EN RUSSIE EN VERTU DES DÉCRETS DE NATIONALISATION

§ 1. *Influence de l'ordre public français si la reconnaissance était pure et simple.*

Parmi les difficultés juridiques qui se sont produites au sujet de la portée du droit soviétique en France, l'une des plus complexes est certainement celle de savoir s'il est possible de reconnaître en France les droits acquis en Russie par les décrets de nationalisation.

Nous nous proposons de rechercher tout d'abord la voie dans laquelle on devrait s'engager en suivant les principes généraux du droit français en cas de reconnaissance pure et simple, et ensuite l'influence particulière que l'acte de reconnaissance des Soviets, tel qu'il a été formulé, peut exercer sur cette question.

A supposer que la reconnaissance du gouvernement des Soviets par la France ait été pure et simple, le principe de l'immunité de juridiction des États étrangers doit conduire à l'incompétence des tribunaux français dans les affaires relatives à des nationalisations où le gouvernement russe serait lui-même intéressé.

Mais les litiges, ayant pour objet des nationalisations, devront soulever de sérieuses difficultés, quand ils se produiront entre particuliers ou quand le gouvernement soviétique acceptera la compétence de la juridiction française.

Avant d'examiner la portée que peuvent avoir en France les décrets de nationalisation, il est indispensable de connaître si, en matière de droits acquis, un tribunal français peut discuter la légalité d'un acte de puissance publique d'un gouvernement étranger. Autrement dit, un tribunal français a-t-il le droit de déclarer injuste une loi étrangère ? L'accord ne semble pas fait sur ce point en doctrine.

Il est, d'après M. Charles de Visscher (1), « un principe, universellement admis, qui interdit aux tribunaux de discuter les actes d'un Etat étranger qui sont la manifestation de sa puissance souveraine... Le respect des actes de puissance publique d'un Etat étranger s'impose aux tribunaux, même dans les instances où cet Etat n'est pas en cause, où par conséquent, il ne peut être lié par la décision à intervenir entre les parties litigantes... Appelés à se prononcer sur les conséquences civiles des actes d'un gouvernement étranger agissant comme puissance publique, les tribunaux s'interdiront toute appréciation qui impliquerait la censure de tels actes ». Cette impossibilité de discuter la légalité des actes de puissance publique, accomplis par un Etat étranger, serait une conséquence du principe du respect des souverainetés étrangères.

Si cette thèse était admise, à quoi mènerait-elle quand un droit acquis en vertu d'une nationalité russe serait contesté en France ? Le tribunal français, n'ayant pas le droit de discuter la valeur morale du décret de nationalisation, se trouverait en face d'un droit acquis, par suite d'une transmission de biens faite à l'étranger, qu'il lui serait interdit d'apprécier et dont l'effet, pris en lui-même, ne heurterait pas l'ordre public français. Il faudrait donc respecter, en France, les droits acquis en Russie, en vertu des décrets de nationalisation.

La théorie du respect absolu des actes de puissance publique d'un gouvernement étranger a été adoptée par les Cours anglaises, après l'accord commercial de 1921. Mais cette opinion est discutable. Pour respecter une souveraineté étrangère, elle paraît faire bon marché de la souveraineté locale, celle de l'Etat du juge.

Une grande partie de la doctrine l'a rejetée (2), ainsi que les jurisprudences de nombreux pays.

Pour M. Pillet, dont l'opinion a été définitive dans la célèbre affaire des Chartreux, la possibilité pour un tribunal de discuter une loi étrangère et de rejeter les droits acquis dans le pays où cette loi a été rendue ne fait pas de doute. « Il faut, dit-il (3), remonter jusqu'aux Bartolistes et à leur distinction des statuts favorables et odieux pour en découvrir les racines les plus éloignées. Bartole et ses contemporains estimaient que les statuts odieux ne s'étendaient pas aux biens situés hors du territoire et ... l'idée dominante était toujours d'entendre

(1) M. Ch. de Visscher, Revue de droit international et de législation comparée, 1922, p. 322.

(2) Voir Van Praag, Revue de droit international et de législation comparée, 1923, p. 448.

(3) M. A. Pillet, La marque des Chartreux et les prétentions du liquidateur R. Lapradelle, 1907, p. 531.

par statuts odieux les statuts contraires à l'équité naturelle, encore
que ceux-ci puissent se recommander des raisons les plus pressantes.
Ce ne sont pas seulement les lois abusives et manifestement injustes,
ce sont aussi celles qui sacrifient à des besoins politiques les exigences
de l'équité ». M. Pillet ajoute que cette idée devait être bien profondément enracinée dans l'esprit des juriconsultes, car, loin de disparaître
avec l'école des postglossateurs, elle se retrouve à toutes les époques
et dans tous les systèmes jusqu'à Boullenois et Bouhier (1). « On ne
parle plus de nos jours, dit-il, de statuts odieux ni de lois exorbitantes
du droit commun ou manifestement injustes. Est-ce à dire que
l'ancienne distinction des statuts favorables et odieux ait perdu toute
influence en droit international privé ? Non, les mots sont tombés
dans l'oubli, mais l'idée maitresse n'en est pas moins demeurée
subsistante et, plusieurs fois, la jurisprudence française a fait
application de cette règle qu'une dérogation au droit commun, inspirée
par des motifs politiques, ne peut avoir que des effets purement
territoriaux ».

La Cour de Cassation, sous le Premier Empire, a accepté implicitement ce principe pour les lois rendues pendant la Révolution
française contre les émigrés.

Par un arrêt du 7 Janvier 1806, elle a décidé que les déchéances
prononcées contre les émigrés par la législation révolutionnaire
n'avaient pas pu les atteindre à l'étranger dans l'exercice de leurs
droits, notamment dans le droit d'ester en justice, et que, dès lors,
rien ne s'opposait à ce que les jugements rendus contre eux, hors
de France, y fussent mis à exécution.

Et un arrêt du 26 Janvier 1807 (2) a déclaré que, en dépit de
la mort civile dont il était frappé dans son pays d'origine, un émigré
français, décédé à l'étranger avant l'amnistie, avait valablement
transmis sa succession avec le titre d'héritier à ses enfants.

Dans la première moitié du XIX⁰ siècle, le duc de Brunswick fut
dépossédé de ses droits et interdit dans son pays, cela dans un
intérêt purement dynastique. La Cour de Paris, par un arrêt du
16 Janvier 1836 (3), a formellement dénié que cette mesure pût être
reconnue valable et produire effet sur le sol français, parce que, par
sa forme, par l'autorité dont elle émanait, par la personne à laquelle
elle s'appliquait, par les circonstances dans lesquelles elle était

(1) Bouhier, Observations, T. I, Chapitre XXXV.
(2) Cour de Cassation, 26 Janvier 1807, Aff. Ficheux, S. 1807-1-123
(3) Cour de Paris, 16 Janvier 1836, S. 1836-2-70.

intervenue, par les motifs sur lesquels elle était fondée, elle était un acte essentiellement politique.

En 1845, un ukase du Tsar de Russie interdit le comte Miceslas Potocki, par mesure de représaille politique ; un jugement du tribunal de la Seine, rendu le 7 Mai 1873 (1), a refusé de tenir compte de cet acte.

Jusqu'ici nous n'avons envisagé que des décisions françaises. On en trouve également à l'étranger qui ont été rendues dans le même sens.

La loi française du 1er juillet 1901, sur les associations, a institué un régime spécial pour les congrégations religieuses. Il n'y a pas lieu ici de rechercher si cette loi a un caractère spoliatoire ou non. Il suffit de savoir, et personne ne peut le contester, qu'elle a institué un régime d'exception pour une catégorie particulière de personnes et qu'elle a été faite dans un but politique.

En vertu de cette loi, les biens de la congrégation des Chartreux ont été liquidés. Parmi ces biens, se trouvait une fabrique de liqueur, exploitée pour les Chartreux par un de leurs membres, jugé en France personne interposée. L'industrie des Chartreux en France fut confiée à un administrateur judiciaire qui la concéda à un distillateur, M. Cusenier. Les Pères Chartreux rétablirent une nouvelle fabrique en Espagne. Des litiges s'élevèrent en de nombreux pays.

La question, qui s'est présentée devant les juridictions étrangères, fut de savoir quel était, après la loi de 1921 et la liquidation des biens des Chartreux, le véritable propriétaire, dans les pays étrangers, des marques de fabrique de la « Chartreuse » déposées dans ces pays. Ce pouvait être les Chartreux, anciens propriétaires des marques, qui s'étaient réinstallés hors de France ; ce pouvait être l'Etat Français ou son ayant droit. Si la loi de 1901 devait avoir un effet extra-territorial, ce dernier obtenait gain de cause ; sinon, les pères Chartreux conservaient tous leurs droits à l'étranger.

Les Chartreux ont triomphé dans la très grande majorité des pays, où les tribunaux (2) ont considéré que les droits acquis en France en vertu de la loi de 1901 ne pouvaient pas être reconnus à l'étranger.

(1) Trib. civil de la Seine, 7 Mai 1873, Clunet, 1875, p. 20.

(2) Tribunal de Buenos-Ayres, 23 Décembre 1905, D. 1907, p. 612, S. 1908-4-9 (note de M. Pillet) ; Cour hanséatique de Hambourg, 5 Novembre 1907, D. 1907, p. 949 ; Trib. de Hambourg, 11 Décembre 1908, R. Lapradelle, 1909, p. 314 ; Cour de circuit district S. de New-York, 18 Novembre 1907, D. 1907, p. 972 ; Cour de la Haye, 28 Octobre 1907, D. 1908, p. 313 ; Trib. fédéral suisse, 13 Février 1906, S. 1908-4-9 ; Haute Cour de justice d'Angleterre, 11 Décembre 1907, D. 1908, p. 270 ; Trib. de commerce de Bruxelles 13 Février 1907, D. 1907, p. 273 ; Cour suprême de Leipzig, 29 Mai 1908, D. 1908, p. 815 ; Chambre des Lords de Grande-Bretagne, 18 Mars 1910, Clunet, 1910, p. 1254.

Les motifs des tribunaux étrangers sont différents, mais, comme l'a remarquablement démontré M. Pillet, la véritable raison de leurs décisions, c'est que la loi de 1901 est une loi politico-sociale (1).

Enfin, pendant la guerre de 1914, les belligérants ont pris des mesures législatives contre les sujets des pays ennemis : le séquestre et même la liquidation des biens appartenant à des ennemis, l'interdiction pour des nationaux de faire le commerce avec l'ennemi (2).

Les tribunaux des pays neutres ont été amenés à statuer sur la question de savoir si cette législation devait avoir un effet extra-territorial. Ces tribunaux n'ont pas hésité à le nier parce qu'il s'agissait d'une législation d'exception dont le but était nettement politique (3).

De cet exposé de doctrine et de jurisprudence, il résulte qu'un tribunal français pourra, pourvu que l'Etat russe ne soit pas personnellement en cause, apprécier la valeur des décrets de nationalisation, quand un litige s'élèvera sur les droits acquis en Russie en vertu de ces décrets.

Comment la législation de nationalisation des Soviets devra-t-elle être appréciée en France et pourra-t-elle y être respectée ?

Les nationalisations heurtent l'ordre public français parce qu'elles sont l'expression de mesures politiques et parce qu'elles sont contraires, par elles-mêmes, à l'ordre public.

Ce sont des mesures politiques, sans aucun doute, ayant pour but d'établir la dictature du prolétariat en détruisant les bourgeois et en volant les voleurs, suivant le mot connu de Lenine. Il n'y a pas de raison de les considérer d'une manière différente que celles qui avaient été prises par l'ancien régime russe, en particulier contre le comte Potocki, ou qui pourraient l'être par tout autre gouvernement.

(1) Voir sur cette affaire : M. Pillet, le régime international de la propriété industrielle, Chapitre XX, n°s 248 à 253 ; Note parue dans le Clunet, 1907, p. 425 et suivantes, contenant l'analyse et des extraits des consultations de M. Weiss, de M. Lyon-Caen, du professeur Joseph Köhler, de l'Université de droit de Berlin, et de M. Alexandre Millerand.

(2) Sur ces mesures de guerre, voir l'article de M. René Cassin, R. Lapradelle, 1918, p. 5 et 388, 1919, p. 38.

(3) Voir : Trib. de Genève, 31 Octobre 1917, Affaire de la société de Sosnowice R. Lapradelle, 1918, p. 190 ; Trib. de Monaco, 21 Mai 1917, Aff. Voiron et Neumann c/Comptoir national d'Escompte, R. Lapradelle, 1917, p. 602, Clunet, 1917, p. 1508 ; Cour d'appel des Pays-Bas, Deutsche Juristenzeitung du 1er Février 1917, p. 236 ; Trib. fédéral suisse, 17 Avril 1916, Aff. Cie La Nationale c/Biermann, Clunet, 1917, p. 306, R. Lapradelle, 1917, p. 348 ; Cour de Chancellerie de New-Jersey, 3 Août 1915, Aff. Cie Universelle de télégraphie et téléphonie sans fil, R. Lapradelle, 1918, p. 122.

De plus, sous le nom de nationalisation, il faut constater que se cachent de véritables confiscations de biens, sans indemnité. Ces nationalisations sont, par elles-mêmes, contraires à l'ordre public français, car l'organisation politique et sociale de la France repose sur l'idée du respect de la propriété privée, et les nationalisations de biens soviétiques « reposent, comme l'a dit M. Grouber, sur un principe exactement contraire, le principe du communisme. Dès lors tout ce qui résulte de ce principe communiste, en antinomie complète avec les principes sur lesquels repose l'organisation sociale de ia France, ne peut recevoir application en France, par une décision des tribunaux français ». Il y a un défaut total de communauté juridique entre les décrets de nationalisations et les principes du droit français.

Mais, on pourrait objecter que méconnaître les droits acquis en Russie, à la suite des nationalisations, serait de nature à troubler les relations économiques franco-russes, car les nouveaux propriétaires de biens qui ont été nationalisés ne pourront pas être assurés de conserver leurs droits sur ces biens quand ils les amèneront en France, et en Russie, il sera difficile à des particuliers, qui achèteront des objets avec l'intention de les apporter en France, de s'assurer de leur origine. Déclarer sans valeur en France les droits acquis par suite des nationalisations russes arriverait, peut-être, à troubler aussi profondément l'ordre public français qu'admettre les effets produits par ces nationalisations en Russie.

De plus, la Révolution russe, pourrait-on dire, a été la cause d'un bouleversement complet des biens et des situations en Russie. On se trouve maintenant en face d'une situation de fait, qu'il serait peut-être nuisible d'ignorer. Puisque le gouvernement français a voulu, par la reconnaissance, renouer les liens qui avaient été rompus entre la France et la Russie, il ne faut pas entraver sa tâche, en se montrant par trop rigoriste sur les principes du droit français. Après les événements survenus en Russie, il faudra, pour arriver à des relations utiles d'un pays à l'autre, procéder à un réajustement pénible, et qui deviendrait impossible, si, de chaque côté, des concessions n'étaient pas faites aux tendances, aux opinions, aux principes de l'autre pays.

D'ailleurs, la situation, en face de laquelle les nationalisations soviétiques ont placé les juges français, n'est pas sans précédent. La Révolution française a eu, elle aussi, ses nationalisations : les biens des émigrés, ceux des fabriques, etc.... Or, l'article 13 du Concordat, signé le 15 Juillet 1801 par la République française et par la Papauté, approuvé par la loi du 2 Avril 1802 solennellement publiée le 18 Avril de la même année, a ratifié les ventes des biens du clergé et déclaré que leurs nouveaux propriétaires ne pourraient pas être inquiétés.

La première Restauration de la Royauté française, par une loi du 5 Décembre 1814 (article 7), a rendu aux émigrés les biens qui leur avaient appartenu avant la Révolution française, pourvu qu'ils n'aient pas été vendus, entre temps, à des particuliers. Si, au contraire, une vente sur soumission avait eu lieu, aucune poursuite ne pouvait être intentée contre le nouveau propriétaire, dont les droits étaient définitifs.

Pendant la seconde Restauration, la loi du 27 Mars 1825, pour indemniser les émigrés des pertes matérielles qu'ils avaient subies durant l'époque révolutionnaire, leur accorda une rente de trente millions de francs : le milliard des émigrés ; mais elle ne songea pas à leur rendre les biens mêmes dont ils avaient été dépossédés.

Cette objection sur les difficultés qu'entraînerait en France le rejet absolu des droits acquis en vertu des nationalisations soviétiques, appuyée sur les précédents de la Révolution française, n'est pas, il faut l'avouer, dépourvue de valeur. Nous admettons qu'elle puisse être prise en considération par le gouvernement français, sans penser cependant qu'elle doive impressionner un tribunal français, livré à ses propres ressources.

En effet, les inconvénients pratiques, qui pourraient résulter du refus opposé en France au respect des droits acquis en vertu des décrets de nationalisation, ne peuvent pas empêcher l'ordre public français d'être absolument contraire à des spoliations telles que l'ont été les nationalisations russes, en l'absence d'un arrangement diplomatique entre la France et la Russie. En leur reconnaissant le moindre effet en France, un tribunal français participerait à ces spoliations. Il ne peut certainement pas le faire de sa propre initiative.

Les droits acquis par suite des décrets de nationalisation pourront se présenter sous deux formes différentes. Dans certains cas, il s'agira de la confiscation d'un bien à une personne privée ; dans d'autres, il faudra examiner l'extinction de la personnalité morale des sociétés en Russie.

A. — BIENS NATIONALISÉS ET IMPORTÉS EN FRANCE.

La nationalisation étant absolument contraire à l'ordre public français, les tribunaux français ne pourront pas respecter les droits qui seront nés en Russie en vertu des décrets de nationalisation. Spécialement, la propriété acquise sur des biens nationalisés ne pourra pas être protégée en France, et l'ancien propriétaire aura le droit d'y exercer une action en revendication. Il est vrai que l'ancien propriétaire, demandeur dans l'instance, devra faire la preuve de sa propriété sur les biens litigieux antérieurement à la Révolution, et l'obligation de faire cette preuve aboutira à une conséquence importante, c'est que ne pourront être revendiqués que des corps certains, non des choses de genre. Evidemment, le propriétaire russe qui se sera réfugié en France, lors de la Révolution, et auquel les Soviets auront confisqué une certaine quantité de blé ou de lin, ne pourra pas revendiquer une quantité égale de la même matière sur la première cargaison de cette matière qui sera importée en France. Le demandeur pourra bien, dans ce cas, faire la preuve qu'il a été dépouillé en Russie ; il lui sera impossible de prouver sa propriété sur les choses introduites en France, bien qu'elles soient du même genre.

Mais que se produira-t-il quand un ancien propriétaire russe aura fait la preuve de son droit de propriété sur un corps certain et de son éviction en exécution d'un décret de nationalisation ? L'effet de l'ordre public, en matière de droits acquis, est purement négatif ; la nationalisation, étant contraire à l'ordre public français, ne devra pas avoir d'effet en France ; le droit de propriété, acquis en Russie à la suite de la nationalisation, sera sans valeur en France, et la restitution à l'ancien propriétaire devra être ordonnée.

Mais alors, le nouveau propriétaire de l'objet nationalisé ne pourra-t-il pas opposer, pour sa défense, l'extinction de l'action en revendication par prescription ou l'acquisition de la chose par usucapion ?

Il faut écarter la remarque 1 de l'article 59 du code civil soviétique, qui dispose que « les anciens propriétaires, dont les biens ont été expropriés en vertu du droit révolutionnaire, ou, d'une manière générale, sont passés dans la possession des travailleurs, avant le 22 Mai 1922, n'ont pas le droit de réclamer la restitution de ces biens ». Ce texte est le complément des décrets de nationalisation. Peut-être n'a-t-il pas été édicté dans un même but de spoliation, mais pour stabiliser la situation existant en fait ? Il n'en est pas moins contraire à l'ordre public français et un tribunal ne devra pas en tenir compte.

Dans ces conditions, il faudra appliquer à l'action en revendication des biens nationalisés les règles normales de la prescription.

I. — Peut-on admettre que l'action en revendication se soit éteinte par prescription ? L'article 44 du code civil soviétique déclare que les droits d'agir en justice s'éteignent par l'expiration d'un délai de trois ans. Comme les nationalisations ont, en principe, cessé le 22 Mai 1922, on constate que, suivant la loi russe, les actions en revendication des biens nationalisés sont prescrites.

Mais ce n'est pas la loi russe, qui régit la prescription extinctive d'une action intentée devant un tribunal français, ce doit être la loi française. La prescription extinctive d'une action peut être, en effet, considérée comme une matière de procédure, soumise en vertu des règles du droit international français, à la loi du juge, *lex fori*.

Dès lors, la durée de la prescription extinctive de l'action doit être celle que prévoit le droit civil français : trente ans, sauf les interruptions et les suspensions de prescription, qui auraient pu se produire. Il en résulte que l'action en revendication des anciens propriétaires n'est pas éteinte pour les biens nationalisés, importés en France.

II. — L'acquéreur de ces biens n'a-t-il pas pu usucaper en Russie ou en France ?

Il faut, pour déterminer les règles de la prescription acquisitive, appliquer la loi du lieu de la situation, au moment de l'entrée en possession de celui qui se réclame de la prescription.

En matière de nationalisation, l'ordre public français, qui exclut les effets des décrets de nationalisation, ne doit-il pas aussi exclure les effets d'autres institutions de la législation soviétique, qui pourraient avoir pour conséquence indirecte de valider les nationalisations, comme la prescription acquisitive ? Cela peut se soutenir. Cependant, si iniques qu'aient été les nationalisations soviétiques, nous croyons plutôt qu'on ne doit pas déclarer inefficaces des institutions russes différentes, n'ayant par elles-mêmes rien de contraire à l'ordre public français, pour ce seul motif qu'elles auraient pour effet de protéger les bénéficiaires de nationalisations.

Le code civil soviétique traite, dans son article 59, de l'action en revendication du propriétaire « contre toute possession étrangère illégale, » il ne parle pas de l'acquisition de la propriété par la possession d'une certaine durée. On pourrait donc croire que le droit soviétique ignore l'usucapion. Mais, si nous considérons qu'une limite a été fixée au propriétaire pour intenter son action en revendication, limite qui est de trois ans, sous réserve des interruptions et des suspensions de la prescription extinctive, nous sommes obligés de constater qu'une fois écoulé le délai de l'action de revendication du propriétaire, l'acquéreur *a non domino* ne peut plus être troublé dans sa possession. Et une possession, qui ne peut pas être troublée, ressemble fort au droit de propriété. On peut donc dire qu'en Russie l'usucapion coïncide, en principe, avec la prescription extinctive de l'action en revendication de l'ancien propriétaire.

L'article 60 du code civil soviétique refuse l'action en revendication du propriétaire contre la personne qui a acquis de bonne foi un bien *a non domino*, sauf dans les cas où ce bien aurait été perdu ou dérobé.

« L'acquéreur est réputé de bonne foi, constate la remarque de cet article, s'il ne savait pas ou ne devait pas savoir que la personne dont il a acquis la chose n'avait pas le droit de l'aliéner ».

Par conséquent, les régles du droit soviétique, en matière d'usucapion, peuvent être interprétées de la manière suivante :

a) Quand l'acquéreur *a non domino* est de mauvaise foi ou quand il est de bonne foi mais qu'il s'agit d'un bien perdu ou volé, la prescription acquisitive est de la même durée que la prescription extinctive de l'action en revendication, soit trois ans au minimum.

b) Si l'objet litigieux n'a pas été perdu ou volé, le possesseur de bonne foi en devient immédiatement propriétaire, suivant l'adage « *En fait de meubles possession vaut titre* ».

Le tribunal français, devant qui un bien nationalisé sera revendiqué, sera obligé de qualifier spoliation la nationalisation. Dès lors, que les acquéreurs en Russie de biens nationalisés aient été de mauvaise foi ou qu'ils aient été de bonne foi, les objets litigieux devant être considérés par le tribunal français comme dérobés, ces acquéreurs n'ont pu usucaper les biens nationalisés qu'après une durée égale à celle qui est prévue par le code soviétique pour la prescription de l'action en revendication. Cette durée sera normalement de trois années à partir du jour de la nationalisation (article 44) ; mais elle aura pu être suspendue (article 48), lorsque, dans les six derniers mois de ce délai, des obstacles, de force majeure se seront élevés et auront empêché l'ancien propriétaire d'intenter son action en revendication.

Si telle est bien la nouvelle législation russe sur l'acquisition des biens par voie d'usucapion, le tribunal français ne sera-t-il pas amené, dans beaucoup de cas, à protéger le nouveau propriétaire en constatant qu'il a acquis le bien nationalisé, non pas en vertu de la législation russe sur les nationalisations, mais à cause de cette législation sur la prescription ? De nombreuses nationalisations auront eu lieu depuis plus de trois années quand les biens nationalisés seront importés en France.

On peut se demander, il est vrai, si les magistrats français, constatant qu'il aura été impossible aux anciens propriétaires, qui se sont enfuis de Russie, d'agir pour recouvrer leurs biens ne devront pas décider que la prescription a été suspendue à leur égard.

Si l'on applique strictement l'article 48 du code civil soviétique, cette suspension de la prescription ne doit pas être envisagée dans notre matière, car ce texte de la loi russe prévoit la suspension de la prescription uniquement dans le cas où un événement de force majeure s'est produit dans les six derniers mois du délai de prescription. Telle n'est pas la situation des anciens propriétaires de biens nationalisés. Mais l'article 49 du code civil soviétique permet aux juges de prolonger le délai de la prescription pour des raisons valables. Les tribunaux français ne pourront-ils pas s'en servir ? Et, dans cette matière fort complexe, on peut même se demander si l'ordre public français n'exige pas que la prescription acquisitive contre l'ancien propriétaire d'un bien nationalisé soit suspendue, tant que ce bien est demeuré en Russie.

Il y aura des cas dans lesquels les articles 2279 et 2280 du code civil français devront servir à protéger le nouvel acquéreur d'un bien nationalisé. Il suffit de supposer qu'un bien confisqué, après avoir été importé en France, y a été vendu à une personne de bonne foi et qu'il est ensuite revendiqué par son ancien propriétaire.

B. — ANCIENNES SOCIÉTÉS RUSSES EN FRANCE.

Les décrets du gouvernement communiste russe ont, dans les premières années de son établissement, nationalisé de nombreuses sociétés en Russie. Parmi ces sociétés, il y en avait qui se trouvaient en 1917 en relations avec la France : certaines y avaient une succursale, d'autres se contentaient d'un agent ou d'un représentant, d'autres encore y entretenaient seulement des relations commerciales avec le commerce français, sans avoir de représentation.

Après la Révolution bolchéviste, comme la France se refusait à reconnaître les Soviets, la jurisprudence française admit la continuation de l'existence des sociétés russes, à l'aide de la fiction de survie de l'ancienne législation russe, et aussi en faisant usage de la notion de force majeure.

Quel devrait être l'effet de la reconnaissance des Soviets sur la situation de ces sociétés, si l'on n'avait pas à tenir compte des dispositions spéciales de l'acte de reconnaissance ?

Les droits, acquis en France pendant la période de non-reconnaissance, l'ont été valablement et ils doivent être pris en considération après que cette reconnaissance a été effectuée. De ce principe, on peut tirer deux conséquences importantes.

Les opérations, qui ont été effectuées par des sociétés russes pendant la période antérieure à cette reconnaissance, restent valables et elles devront être exécutées, quelle que soit désormais la situation de la société.

Bien plus, si, avant la reconnaissance des Soviets, une société russe a pu se reconstituer en France, réunir des assemblées générales, et si cette société s'est régulièrement transformée en société française, cette transformation est un droit acquis, qui ne peut être contesté. Après la reconnaissance, on se trouve en face d'une société française, contre laquelle la législation de nationalisation soviétique ne peut avoir aucune prise.

Mais les sociétés, qui ont pu se transformer régulièrement en sociétés françaises, sont rares. Dans la plupart des cas, il a été impossible de réunir les assemblées générales des sociétés russes et le tribunal français s'est contenté de constater le transfert du siège social en France, où plusieurs administrateurs de la société s'étaient réfugiés, ou bien de nommer un administrateur provisoire, chargé de gérer pour le compte de la société ses biens situés en France.

Dans tous ces cas, à plus forte raison quand un directeur de succursale ou un représentant de la société a seul pris la charge de continuer ses opérations en France, la personnalité morale de la société n'a pas été modifiée. On reste en présence d'une société russe.

Le principe de l'ignorance juridique de la législation soviétique a dû cesser lors de la reconnaissance des Soviets. Depuis le jour de cette reconnaissance, la législation soviétique est applicable aux sociétés russes, sauf quand elle est contraire à l'ordre public français.

La législation soviétique, en nationalisant les sociétés, a supprimé leur personnalité morale.

En Angleterre, la Chambre des Lords a bien cherché à interpréter certains décrets de nationalisation comme ayant laissé subsister la personnalité des sociétés nationalisées, mais son argumentation paraît trop subtile pour qu'on puisse l'adopter. On ne peut pas non plus considérer que la législation russe a limité les effets des décrets de nationalisation aux territoires soumis aux Soviets. Certains passages de deux circulaires des Commissaires du Peuple à la justice et aux affaires étrangères, en date, l'une du 12 Avril, l'autre du 26 Septembre 1923, tendraient à le faire croire. Mais l'ensemble de ces circulaires montre que la territorialité des lois de nationalisation n'est pas le principe qu'ont admis les Commissaires du Peuple ; au contraire, ils ont fait application du principe de l'intérêt de la République des Soviets. Ces circulaires prescrivent, en somme, aux consuls de la Russie de ne pas se réclamer des lois de nationalisation à l'étranger, et même d'y défendre les droits des personnes ou entités juridiques, frappées par les Soviets, mais seulement quand ce sera l'intérêt de la République Soviétique. De sorte que les dispositions de ces circulaires, faisant usage du principe de l'intérêt supérieur de la R. S. F. S. R., heurtent elles-mêmes l'ordre public français.

Les décrets soviétiques de nationalisation sont contraires à l'ordre public français. Une nationalisation est toujours une nationalisation, qu'il s'agisse de biens ou de sociétés, et l'on sait que nationalisation, en langage soviétique, veut dire confiscation pure et simple. Il n'y a, par conséquent, pas de raison de considérer les nationalisations de sociétés comme étant moins contraires à l'ordre public français que les nationalisations de biens.

Il est difficile de suivre M. Parigot, substitut près le tribunal de la Seine, qui ne croit pas les nationalisations de sociétés d'assurances contraires à l'ordre public parce qu'il s'agit d'un monopole. « Les monopoles en eux-mêmes, dit-il, n'ont rien de contraire à l'ordre public français puisque nous en avons, et, au fond, le monopole des assurances, au point de vue économique, au point de vue politique, serait peut-être mieux fondé encore que le monopole du tabac ou des allumettes ». Sans doute, un monopole n'est pas contraire à l'ordre public français, mais la nationalisation n'est pas un monopole, c'est une spoliation qui aboutit au monopole. Et cette expropriation sans indemnité, M. le Substitut Parigot le reconnaît lui-même, est contraire à notre ordre public.

Dans ces conditions, les nationalisations des sociétés russes ne devront pas être regardées en France comme ayant fait naître des droits valablement acquis en Russie.

En droit, il faudrait donc repousser tout effet des décrets de nationalisation des sociétés russes, et la continuation de l'existence de ces sociétés en France devrait être admise. Mais, si l'on considère la situation de fait, on aperçoit qu'en réalité les sociétés nationalisées ont été détruites en Russie et que leur existence y est devenue impossible.

Peut-on, dès lors, admettre qu'une société russe, qui n'existe plus en Russie, continue d'exister et survive en France ? Cela ne nous semble pas possible, à moins d'admettre que la succursale soit régie par une loi différente de la loi à laquelle est soumis le siège social. Mais cette thèse, qui aboutirait à un dédoublement de la personnalité des sociétés, les succursales à l'étranger ayant une personnalité distincte de celle du siège social, est repoussée par la doctrine comme par la jurisprudence.

Par conséquent, on doit conclure que les sociétés russes, parce qu'elles n'existent plus en Russie, doivent également cesser d'exister en France.

Cette solution ne résout pas entièrement la question des personnes morales russes en France. Pendant leur existence, elles y ont fait des opérations, elles y possédaient des biens.

Les opérations, accomplies avant la reconnaissance, seront sauvegardées, comme on l'a déjà dit, en vertu du principe de la validité des droits acquis en France pendant la période antérieure à la reconnaissance des Soviets. Les actes accomplis après la reconnaissance pourront être validés grâce aux principes de la gestion d'affaire.

Le sort des biens, appartenant aux sociétés russes en France, ne peut pas faire de doute. On ne peut appliquer les décrets de nationalisation pour déterminer la propriété de ces biens.

L'ordre public français s'oppose avec beaucoup plus de vigueur à la transmission à l'État russe des biens des sociétés russes situés en France (question qui ressortit au conflit des lois), qu'il ne s'oppose à l'effet international des decrets soviétiques de nationalisation, quand ils ont fait acquérir un droit de propriété en Russie.

La question de la propriété des biens des sociétés russes doit être influencée par deux règles de droit différentes :

1° Ces biens, étant situés en France, doivent être soumis, pour leur mode de transmission, à la loi française, car c'est une règle absolue du droit international français que le régime des biens est réglé par la loi du lieu de leur situation.

2° La règle de l'autonomie de la volonté intervient également. Les statuts de la société ont prévu de quelle manière seraient répartis ses biens, quand elle viendrait à expiration. Il ne faut pas se préoccuper en France de la législation soviétique abrogeant ses statuts, car cette législation est contraire à l'ordre public français, et si la société doit cesser en France, ce n'est pas à cause des décrets de nationalisation, c'est parce qu'en fait son existence est devenue impossible. Par conséquent, il faudra appliquer les statuts quand il s'agira de répartir l'actif social existant en France.

En résumé, notre opinion sur la situation des sociétés russes en France, abstraction faite des modalités du télégramme de reconnaissance, peut se résumer ainsi :

Les décrets de nationalisation sont contraires à l'ordre public français et ils sont sans effet en France.

Mais la situation de fait des sociétés en Russie est telle, qu'on ne peut plus les considérer comme existantes. Ayant cessé d'exister en Russie, elles doivent cesser d'exister en France, parce que leur personnalité est unique et que les circonstances ne leur permettent pas de continuer à exister normalement.

La nécessité de liquider leurs biens, qui se trouvent en France, empêche d'admettre que la cessation de leur existence se soit produite brutalement au jour de la reconnaissance des Soviets. Il est en effet un principe de droit, qui veut que la personnalité morale d'une société soit reconnue jusqu'à l'achèvement de sa liquidation. Les sociétés russes devront donc survivre pour les besoins de leur liquidation.

Les biens qu'elles possédaient en France devront être liquidés conformément à leurs statuts et en suivant les règles de la loi française sur la transmission des biens. Après règlement du passif, le solde devra être réparti entre les associés conformément aux dispositions statutaires. Il se pourra que des actionnaires soient dans l'impossibilité de faire valoir leurs droits. L'ordre public français exige que ces droits soient sauvegardés.

Cette solution paraît la plus équitable et la plus pratique. Elle permettrait parfois à l'ancienne société de se reconstituer sur des bases nouvelles.

§ 2. *Modalités particulières de l'acte de reconnaissance.*

Jusqu'ici, l'application de la loi soviétique et la situation des Russes en France ont été examinés sans prêter attention aux termes de l'acte de reconnaissance par la France et comme si cet acte avait été pur et simple. Or, le télégramme de reconnaissance du gouvernement français ne se borne pas à constater le fait de la reconnaissance du nouveau gouvernement russe, il comprend des réserves et il attache une grande importance à des accords futurs qui, suivant ses prévisions, interviendront entre les deux gouvernements dans le but d'aplanir les difficultés qui peuvent subsister entre la France et Russie (1).

La correspondance, échangée entre Paris et Moscou les 28 et 29 Octobre 1924, doit être analysée avec soin, car elle peut avoir, dès maintenant, une influence sur le problème de l'application de la loi russe en France.

A première vue, le télégramme de reconnaissance du gouvernement français apparaît obscur, Il ressort de ses termes que des accords interviendront dans l'avenir, dont le but sera de régler les questions délicates que la reconnaissance n'a pas fait disparaître ; mais il est difficile de déterminer de quelle manière ces questions devront être considérées jusqu'à la conclusion des accords prévus. La plus importante de ces questions, au dire du télégramme même, est la question économique, et celle-ci est étroitement liée aux solutions qui seront adoptées dans l'ordre purement juridique.

Le télégramme n'est pas seulement obscur en apparence, certaines de ses dispositions semblent contradictoires en ce qui concerne les effets de la reconnaissance pendant le temps qui précèdera les accords définitifs.

---

(1) On sait qu'une Conférence franco-russe est réunie à Paris, depuis quelque temps déjà, en vue de négocier les accords envisagés par l'acte de reconnaissance.

Le § 1ᵉʳ du télégramme contient cette déclaration : « Le gouvernement de la République reconnaît *de jure* à dater de ce jour, le gouvernement de l'U. R. S. S. ». Cela pourrait signifier que, pour le gouvernement français, le gouvernement des Soviets ne doit être considéré comme un gouvernement véritable que du jour de la reconnaissance, de sorte que l'effet rétroactif de cette reconnaissance serait entièrement écarté.

On trouve dans le § 3 : « Le gouvernement de la République veut croire à la possibilité d'un accord d'ensemble dont la reprise des relations diplomatiques n'est que la préface ». Et dans le § 4 : « Dans cet esprit, le gouvernement de la République pour servir une fois de plus les intérêts de la paix a dessein de rechercher avec l'Union un réglement équitable et pratique qui permette de rétablir entre les deux nations des rapports utiles et des échanges normaux quand la conscience française aura reçu ses justes apaisements ». C'est donc, pourrait-on dire, qu'avant la conclusion des accords prévus, la reconnaissance ne devra pas avoir d'effets juridiques et que la législation soviétique demeurera sans valeur en France jusqu'à ces accords.

Enfin il est déclaré dans le § 5 que « jusqu'à l'heureuse issue de ces négociations... les rapports de droit privés nés avant l'établissement du pouvoir des Soviets entre Français et Russes resteront régis comme ils l'ont été jusqu'ici ». De cette phrase on pourrait conclure, a contrario, que les rapports nés entre Français et Russes après l'établissement effectif des Soviets, c'est-à-dire depuis 1917, ne devront plus être régis en France, comme ils l'avaient été jusqu'à la reconnaissance et qu'il seront soumis à la loi soviétique. Dans ce cas, la reconnaissance du gouvernement soviétique aurait un effet rétroactif absolu, non seulement en Russie, mais aussi en France.

N'y a-t-il pas contradiction aussi entre ce texte : « Cette reconnaissance qui ne saurait porter atteinte à aucun des engagements pris et des traités signés par la France », et cet autre : « Les traités conventions et arrangements ayant existé entre la France ou les citoyens français et la Russie ne devront pas avoir d'effets » ?

Il est difficile également de comprendre pourquoi le § 3 du télégramme réserve, d'une part, les obligations contractées par la Russie ou ses ressortissants sous les régimes antérieurs aux Soviets, et de l'autre, les responsabilités assumées depuis 1914 par la Russie envers l'Etat français et ses ressortissants, ces responsabilités ayant été assumées jusqu'en 1917 par l'ancien régime russe, depuis par les Soviets.

Enfin, dans ce même paragraphe, le télégramme semble distinguer les droits de la France et des Français, qui sont réservés, de ceux des Étrangers, dont il n'est pas fait mention. Mais il est ensuite ajouté que les droits, réservés pour les Français, le sont en vertu « des principes généraux du droit qui reste pour nous la règle de la vie internationale ». Est-ce que ces principes généraux du droit ne seraient pas les mêmes pour les Français et pour les Étrangers ?

Il n'est donc pas téméraire de dire que les termes du télégramme de reconnaissance sont obscurs et même contradictoires.

Et cependant cette obscurité et ces contradictions sont purement superficielles. Le télégramme est difficile à comprendre, ce n'est pas chose impossible.

Ce serait une erreur de s'hypnotiser sur certains de ses termes pour affirmer que le gouvernement français a voulu suspendre d'une manière totale l'application en France de la législation soviétique jusqu'à la conclusion des accords qu'il désire conclure avec les Soviets. Il ne faudrait pas croire non plus que l'effet rétroactif de la reconnaissance est accepté ou repoussé d'une manière absolue par le télégramme du 28 Octobre 1924.

Quand le gouvernement français déclare reconnaître *de jure*, à dater de ce jour, l'Union soviétique, il n'envisage pas l'effet rétroactif de la reconnaissance, il veut seulement entendre qu'il procède à la reconnaissance et que les éléments constitutifs de cette reconnaissance se produisent dès ce jour. Ces éléments sont ceux qui ont été étudiés précédemment (1) et pour lesquels il ne peut être question d'effet rétroactif.

La partie du télégramme relative à la loi applicable aux rapports de droit privés nés avant l'établissement des Soviets et à leur validité ne signifie pas que l'application de la législation soviétique, en France, doit rétroagir d'une manière absolue. Ce texte est incompréhensible, s'il n'est pas rapproché de l'article 2 de l'ordonnance d'introduction au code civil soviétique. On sait que cet article 2 interdit aux tribunaux russes de juger les rapports de droit nés avant le 7 Novembre 1917. Le gouvernement français, en reconnaissant les Soviets, s'est refusé à accepter les effets de ce texte. C'est uniquement, à notre avis, ce qu'il a voulu dire quand il a parlé de rapports de droit privés nés avant l'établissement des Soviets. On ne peut donc en tirer aucun argument concernant la législation applicable aux actes faits durant la période de non-reconnaissance.

L'acte de reconnaissance de Soviets par la France, tel qu'il résulte du télégramme envoyé de Paris le 28 Octobre 1924 et accepté le lendemain par Moscou, ne peut être justement interprété que si on

(1) Voir supra : Chapitre IV du Titre II.

l'envisage dans son ensemble et en tenant compte de la situation de fait qui était créée.

Si l'on se place de ce point de vue, le gouvernement français n'a pas rejeté les règles sur l'application de la loi soviétique, qui ont été déduites dans les chapitres précédents comme effets de la reconnaissance. En principe il les a admises. Mais il a fort bien compris que la reconnaissance, dont le but était la reprise des relations normales franco-russes, ne pourrait arriver à un résultat satisfaisant que si certaines questions d'une très grande complexité, résultant de la conduite suivie par le gouvernement des Soviets dans ses premières années, étaient résolues d'une manière acceptable pour les deux pays. Ces questions sont le règlement des dettes russes et les effets des nationalisations en France.

Elles ne pouvaient pas être résolues dans de bonnes conditions par les jurisprudences de deux pays, laissées à leurs propres ressources, car chacune des jurisprudences aurait dû forcément les régler en vertu des principes de son propre droit et elles auraient abouti fatalement à des conclusions opposées. En effet, si la reconnaissance avait été pure et simple, jamais la jurisprudence française n'aurait pu admettre l'abolition des dettes russes ni les effets directs des nationalisations ; jamais les tribunaux russes n'auraient pu admettre des réclamations françaises, soit pour des dettes abolies, soit pour des biens nationalisés par la législation de leur pays.

Le gouvernement français, en reconnaissant les Soviets, a voulu éviter de laisser aux tribunaux la charge de trancher ces questions. Dans son esprit, un arrangement diplomatique entre les deux puissances pouvait seul les aplanir, après des discussions approfondies. Cet arrangement ferait œuvre de transaction et ne pouvait être du ressort que des gouvernements.

Le gouvernement français ne doit pas, semble-t-il, être critiqué dans ses réserves. Il ne fait d'ailleurs que suivre la méthode déjà adoptée par l'Allemagne et par l'Italie à l'égard des Soviets. Ces Etats ont réglé les questions des dettes et des nationalisations russes par des traités.

La négociation des accords sera difficile et fort longue, car les négociateurs sont partis de points de départ absolument opposés.

Pendant la période qui doit s'écouler entre la reconnaissance et la conclusion des accords, des litiges pourront s'élever devant les tribunaux, dont l'objet concernera des dettes russes ou des nationalisations. Que devront alors décider les tribunaux ? Bien que cela n'ait pas été formellement exprimé par le télégramme de reconnaissance, il semble que les tribunaux devront laisser les choses en l'état et se contenter de prendre des mesures conservatoires, quand le besoin s'en fera sentir. Sinon, ils pourraient rendre des décisions qui se trouveraient en complète opposition avec les arrangements diplomatiques, qui interviendront dans l'avenir, et ils pourraient, dès maintenant, entraver et rendre plus difficile la tâche des négociateurs français (1).

Mais, pourra-t-on dire, le gouvernement français, dans le télégramme de reconnaissance s'est déclaré attaché aux principes généraux du droit qui restent pour lui la règle de la vie internationale. Les principes généraux du droit ne tolèrent ni l'abolition des dettes russes ni les nationalisations ; par conséquent, dès la reconnaissance, les tribunaux français ont pu appliquer, dans ces matières, les principes généraux du droit et rejeter les effets de l'abolition des dettes et des nationalisations.

Cette interprétation ne nous donne pas satisfaction. Quand le gouvernement français s'est proclamé fidèle aux principes généraux du droit, il n'a fait que prendre une base de revendications pour les négociations qui sont engagés avec la Russie. L'exemple de l'Allemagne et de l'Italie montre que, dans une situation aussi extraordinaire que celle née de la Révolution russe, les résultats des négociations entre la Russie et une puissance qui reconnaît les Soviets peuvent fort bien s'écarter des principes que le droit international impose dans une situation normale. D'ailleurs, on trouve dans le télégramme que les accords devront aboutir à un règlement équitable et pratique. L'équité absolue exigerait qu'il ne soit pas tenu compte des décrets russes sur l'abolition des dettes et sur les nationalisations ; mais, pratiquement, on ne pourra pas arriver, dans les accords, à l'équité absolue, car il est à craindre qu'elle ne soit pas admise par le gouvernement des Soviets. Il paraît donc douteux qu'on puisse tirer argument des termes du télégramme sur les principes généraux du droit pour dire que, depuis la reconnaissance, les tribunaux peuvent, sans entraver les négociations franco-russes, trancher définitivement, selon les principes du droit, des litiges dont l'objet porterait sur des dettes de l'État russe ou sur des nationalisations.

Par le télégramme du 28 Octobre 1924, le gouvernement français ne s'est pas seulement déclaré fidèle aux principes généraux du droit, il a surtout expressément réservé les droits des Français, soit pour les obligations contractées avant 1914 (question des dettes russes), soit

______

(1) A l'objection, qui pourrait être faite, que ce système est en opposition avec l'article 4 de notre Code civil, on peut répondre qu'il n'y aura pas de déni de justice, puisque les tribunaux pourront pourvoir, par des mesures transitoires, aux difficultés qui se produiront avant le règlement définitif en exécution du traité. C'est ainsi que les intérêts des sociétés russes pourront être confiés ou maintenus à des administrateurs judiciaires.

pour les responsabilités assumées par la Russie, depuis cette époque, ces responsabilités pouvant provenir d'actes accomplis pendant la guerre, tels que des réquisitions, ou d'actes accomplis par les Soviets, en particulier les nationalisations.

Cette distinction entre les Français et les Étrangers peut, à première vue, ne pas paraître très élégante. Elle se comprend cependant fort bien. L'État français, en traitant avec les Soviets, n'a pour mission que de protéger les Français et non les Étrangers ; ceux-ci ont leur propre gouvernement. Des auteurs comme Pradier-Fodéré et M. Larnaude l'admettent sans difficulté (1).

Avant les accords, nos tribunaux ne pourront-ils pas, dès lors, trancher librement les affaires dans lesquelles seront intéressés des Français ? Nous ne le croyons pas. Si les droits des Français sont réservés, on ignore complètement de quelle manière et même dans quelle mesure ils seront sauvegardés.

L'esprit des réserves de la reconnaissance a été fort clairement exprimé par M. de Monzie, dans les directives qu'il a données aux autorités judiciaires françaises, peu de temps après la reconnaissance. Il observait qu'il fallait : 1° moratorier le conflit de revendications qui ne pouvait manquer de s'élever entre le gouvernement des Soviets et les détenteurs d'actif dépendant des sociétés russes nationalisées ; 2° constituer un gage en faveur des porteurs français de valeurs russes ; 3° mettre l'embargo sur les biens russes situés en France dans l'intérêt des créanciers français.

En résumé l'application de la législation soviétique en France doit, à notre avis, se produire de la manière suivante, en tenant compte des dispositions de l'acte de reconnaissance.

Il faudra, en général, suivre les principes du droit français sur l'application de la loi étrangère. L'acte de reconnaissance ne les écarte pas, il les adopte, sauf exceptions. On peut donc en conclure qu'il faut depuis la reconnaissance appliquer le droit soviétique dans les matières ou la compétence de la loi étrangère est admise. La reconnaissance des Soviets doit avoir effet rétroactif. L'application de la loi russe est limitée par l'ordre public français, tant dans les cas de conflit de lois que dans ceux de droits acquis. Les modalités de l'acte de reconnaissance ne concernent pas, par exemple, l'état et la capacité des sujets russes sur le territoire français ni la matière des successions.

(1) Pradier-Fodéré, Traité de droit international public européen et américain, T. I, p. 154. M. F. Larnaude, Les Gouvernements de fait, Revue générale de droit public, 1921, p. 502, 503.

Au contraire, les questions relatives aux anciennes dettes russes ou aux effets des nationalisations seront réglées par des accords entre la France et la Russie, dont les solutions ne peuvent pas encore être prévues.

Quand des accords auront été conclus, les tribunaux français seront obligés de s'y soumettre. En attendant leur conclusion, ils doivent, à notre avis, s'abstenir de trancher *définitivement* les litiges relatifs soit aux dettes soit aux nationalisations russes ; il serait regrettable que soient rendus, dès maintenant, des jugements que les accords pourraient détruire plus tard.

CHAPITRE II

Etude de la jurisprudence française postérieure à la Reconnaissance

SECTION I

PRINCIPES GÉNÉRAUX

Depuis que la reconnaissance des Soviets par la France est intervenue, il ne s'est pas encore écoulé suffisamment de temps, pour que les nombreuses questions juridiques, pouvant naître de cette reconnaissance, aient été toutes portées devant les tribunaux français.

La jurisprudence française est inexistante dans certaines matières, comme celles des successions ou de la filiation. Si elle est abondante en ce qui concerne les effets des nationalisations sur les sociétés russes, elle est encore loin d'être définitivement fixée.

On peut croire cependant que, d'une manière générale, les grandes lignes du système, que nous avons précédemment admises pour l'application de la législation soviétique en France, seront mises en pratique par les tribunaux français. Dès maintenant des décisions françaises ont accepté le principe de l'application du droit soviétique, quand la loi russe est compétente, en vertu des règles du droit international privé.

L'ordre public a été ou sera aussi appelé à jouer un grand rôle pour écarter dans certains cas le droit soviétique.

Et plusieurs jugements ont implicitement adopté l'effet rétroactif de la reconnaissance.

1. — *Principe de l'application de la loi soviétique en France quand elle est compétente.*

Un jugement, rendu le 26 Février 1925 par la première chambre du tribunal civil de la Seine (1), a admis le principe de l'application de la loi soviétique dans les matières où cette loi est compétente, d'après les principes du droit international privé en vigueur en France.

Une Française avait épousé en 1904 à Paris un Israélite russe. Peu de temps après son mariage, elle intenta une instance en divorce contre son mari ; mais le tribunal la débouta pour les motifs suivis par la

(1) Gaz. du Palais, 27 Février 1925.

jurisprudence française depuis les arrêts Levinçon. Après la reconnaissance des Soviets par la France, la femme a introduit une nouvelle instance en divorce devant le tribunal civil de la Seine, et, la reconnaissance des Soviets entraînant la reconnaissance des nouvelles lois civiles russes, la recevabilité de l'instance a été admise par un jugement avant-dire droit qui a ordonné une enquête sur les faits articulés.

Il résulte de ce jugement que les Russes sont soumis en France, pour leur état et leur capacité, à leur loi nationale, qui est maintenant la loi soviétique.

Si cette législation est applicable en France dans les cas de conflit de lois, on peut affirmer qu'à plus forte raison les droits qu'elle a fait acquérir à l'étranger doivent être respectés.

II. — *Effet rétroactif de la reconnaissance sous réserve des droits acquis en France.*

L'effef rétroactif de la reconnaissance paraît ressortir de plusieurs décisions françaises, notamment d'un jugement rendu le 9 Mai 1925 par le tribunal civil de la Seine dans une affaire L'Union et Phénix espagnol contre Cie d'Assurances le Nord de Moscou, et, d'un autre rendu le 25 Mai 1925 par le tribunal de Commerce de la Seine (1). La tendance des tribunaux est d'autant plus frappante qu'il s'agissait dans ces espèces de nationalisations.

Dans une affaire Nolde contre Korechkoff (2), le demandeur, baron Nolde, avait, tant en son nom personnel qu'au nom du Comité Central de la Croix-Rouge russe (ancienne), assigné le défendeur par exploit du 23 Février 1923 ; il demandait de condamner le défendeur à lui remettre une somme importante, qu'il avait antérieurement reçue de Londres, alors qu'il était gérant d'affaires de l'ancienne Croix-Rouge russe. Cette somme était le produit de dons manuels, recueillis dans le but de soulager la détresse des réfugiés russes ; elle avait été déposée dans une banque au nom du défendeur. Le baron Nolde, demandeur, avait personnellement reçu mandat d'assurer aux fonds versés l'emploi auquel ils étaient destinés. La gestion du défendeur avait cessé lors de la reconstitution en France de l'ancienne Croix-Rouge russe.

Pendant le cours de l'instance, alors que les Soviets n'étaient pas encore reconnus, la société de la Croix-Rouge soviétique avait signifié des conclusions d'intervention le 18 Juillet 1924.

(1) Gaz. du Palais, 17 Novembre 1925, Nouvelles économiques et financières, 16 Juin 1925.

(2) Aff. Nolde c/ Korechkoff et Rapp, dite affaire de la Croix-Rouge russe, Clunet, 1925, p. 377.

Le tribunal rendit son jugement le 21 Janvier 1925. Il admit la recevabilité de la demande d'intervention de la Croix-Rouge soviétique.

Mais il a aussi admis la validité des droits acquis en France avant la reconnaissance, car il a reconnu la reconstitution de l'ancienne société de la Croix-Rouge russe pendant la période de non-reconnaissance. Et il a constaté la survie de cette association à la reconnaissance des Soviets. Suivant le tribunal, l'existence de l'ancienne Croix-Rouge russe après la reconnaissance des Soviets se justifie par deux motifs : d'abord, parce que le Comité international de la Croix-Rouge a admis la coexistence des deux sociétés de la Croix-Rouge russe ; ensuite, parce que, malgré la reconnaissance, l'ancienne Croix-Rouge russe est une association de personnalités charitables dont le but est licite, qui n'a rien d'occulte et qui a été accueillie par le gouvernement français. D'après le tribunal, cette association n'a pas besoin, pour pouvoir ester en justice, d'avoir fait la déclaration prévue par l'article 5 de la loi du 1er Juillet 1901 ; procédant de la Croix-Rouge russe, régulièrement reconnue en France, elle n'est pas soumise à cette formalité ; la capacité d'ester en justice en France constitue un droit valablement acquis pendant la période qui a précédé la reconnaissance des Soviets.

Dès lors, la solution du litige ne pouvait pas être douteuse. Quelle était la nature du droit litigieux ? Il semble qu'on se trouve en face d'une donation avec charge. Mais la charge équivalait à la valeur des biens donnés. Y avait-il donation, dans ces conditions ? Nous ne le croyons pas ; il s'agissait plutôt d'un mandat (1). Et cette opinion est renforcée par les pouvoirs qui avaient été donnés au baron Nolde.

Les sommes avaient été confiées *intuitu personae*, comme le dit le tribunal, il était donc impossible, de toutes façons, qu'elles fussent remises à la Croix-Rouge Soviétique. Celle-ci, évidemment, s'en serait servie dans un sens opposé à la destination qui leur avait été donnée.

L'existence de l'ancienne Croix-Rouge étant admise, elle pouvait seule répartir les fonds litigieux. C'est ce qu'a jugé le tribunal.

Si l'existence de la société de l'ancienne Croix-Rouge avait été méconnue, le mandat donné au baron Nolde devait subsiter et la solution pratiquement aurait été la même.

(1) Voir Planiol, Traité élémentaire, T. III, 1921, nos 2505, 2542, 3009 ; Trib. de la Seine, 18 Janvier 1884, Le Droit, 19 Janvier 1884 ; Cour de Caen, 21 Avril 1841, D. 1841-2-229 ; Cour de Douai, 2 Février 1850, S. 1851-2-182 ; Cour de Cassation, 21 Décembre 1887, D. 1888-1-256.

Un référé du Président du tribunal civil de la Seine, M. Servin, du 23 Décembre 1924 (1), a consacré le principe de la validité des droits acquis en France avant la reconnaissance. On lui demandait de mettre sous séquestre les biens d'une société russe qui s'était régulièrement transformée en société française avant la reconnaissance. Le Président du tribunal de la Seine a refusé d'accorder le séquestre contre cette société, parce qu'il ne s'agissait plus d'une société russe, mais d'une société française.

III. — *Ordre public français.*

Il est beaucoup plus difficile d'entrevoir la tendance des juridictions françaises sur le rôle de l'ordre public dans le problème de l'application de la loi soviétique en France. Une chose est certaine : les tribunaux n'ont pas estimé que l'ordre public français dût avoir pour effet de faire rejeter la législation soviétique en bloc. A notre connaissance, aucune affaire sur l'état ou la capacité des personnes ou sur les successions, ne s'est encore produite dans laquelle on ait dû recourir à l'ordre public. Il en a été question dans des affaires concernant des nationalisations, qui vont être étudiées plus loin.

SECTION II

LA JURISPRUDENCE ET LES MODALITÉS DE L'ACTE DE RECONNAISSANCE

§ 1. *Anciens traités franco-russes*

Aux termes du télégramme de reconnaissance du 28 Octobre 1924, les effets des anciens traités franco-russes doivent être suspendus.

La dispense de l'exception *judicatum solvi*, qui résultait de la convention du 27 Juillet 1896, a été demandée par des Russes, plusieurs fois depuis la reconnaissance.

Dans une affaire Renault et société des Automobiles Renault contre la société russe Rousski-Renault, les demandeurs opposèrent l'exception de la caution *judicatum solvi*. La société défenderesse argua de la convention de 1896 et le tribunal (2) lui donna gain de cause sans prêter attention aux termes de l'acte de reconnaissance.

Peu de temps après, une affaire identique se présenta devant le

---

(1) Banque générale pour le commerce étranger c/ Jaudon, ès-qualité, Clunet, 1925, p. 419.

(2) Trib. de commerce de la Seine, 19 Février 1925, Clunet, 1925, p. 383.

tribunal de commerce de la Seine, qui condamna le demandeur, sujet russe, à fournir la caution *judicatum solvi* (1).

Les motifs du tribunal sont intéressants parce qu'ils considèrent l'échange des télégrammes entre les gouvernements français et russes comme un accord obligatoire pour les tribunaux. « Attendu, dit ce jugement, que les télégrammes échangés entre le gouvernement français et le gouvernement de l'U.R.S.S. mentionnent, notamment, que jusqu'à l'heureuse issue des négociations diplomatiques, au reste reprises, les traités, conventions et arrangements, ayant existé entre la France ou les citoyens français et la Russie, ne devront pas avoir d'effets, les rapports de droit privés nés avant l'établissement du pouvoir des Soviets entre Français et Russes resteront régis comme ils l'ont été jusqu'ici ; attendu qu'Avtchinnikoff ne peut point méconnaître que le gouvernement de l'U.R.S.S. a acquiescé à la reconnaissance *de jure* telle que faite par le gouvernement français, l'envoi réciproque d'ambassadeurs et la mise sous séquestre conservatoire de l'avoir russe laissé à l'abandon constituant au reste, au premier chef, des actes d'exécution des nouveaux accords ».

La jurisprudence française nous semble être arrivée à une excellente solution de la question des anciens traités franco-russes dans un arrêt de la Cour de Paris du 28 Janvier 1926 et un arrêt de la Cour de Douai du 6 Février 1926 (2). Ces arrêts sont en parfait accord et ils justifient en droit la suspension des traités en vertu de la correspondance de reconnaissance. Ils font remarquer que, si certains traités, tels ceux sur la compétence, ne sont définitifs qu'après avoir été votés par les deux chambres, l'intervention du pouvoir législatif n'a pas d'autre objet que d'autoriser le Président de la République française à ratifier ces traités et à les rendre exécutoires en les promulguant. C'est au Président de la République seul qu'il appartient « dans la plénitude de ses attributions propres et à l'exclusion du pouvoir législatif, en vertu de la clause résolutoire qui est expresse ou sous-entendue dans les traités, de les dénoncer pour y mettre fin ou d'en suspendre seulement les effets, quand l'intérêt du pays le lui commande. Le Président de la République agit en la matière comme chef du pouvoir exécutif ; il peut déléguer son droit au gouvernement et spécialement

(1) Trib. de commerce de la Seine, 20 Mai 1925, Vladimir Avtchinnikoff c/ Firmin Donnette, Gaz. du Palais, 9 Juin 1925.

(2) Paris (1re ch.), 28 Janvier 1926, Aff. Renault c/ Rousski-Renault, Gaz. Pal., 17 Février 1926 ; Douai (2e ch.), 6 Février 1926, Aff. Déguillage c/ Tubin, Gaz. Pal., 5 Mars 1926.

au Ministre des affaires étrangères. Il accomplit par lui-même ou par son délégué un acte gouvernemental au premier chef et l'autorité judiciaire n'a qu'à en prendre acte pour en faire état dans sa teneur sans avoir le droit de le discuter ou de l'apprécier ».

Il en est ainsi pour la correspondance de reconnaissance du gouvernement des Soviets par la France. Aux termes du télégramme envoyé par le gouvernement français, les anciens traités franco-russes doivent rester sans effet jusqu'à l'issue des négociations engagées entre les deux pays.

C'est pourquoi les Cours de Paris et de Douai ont décidé : 1° que l'exécution de la convention de 1896 et des conventions de La Haye de 1897 et de 1905 a été suspendue et que, la situation diplomatique n'ayant pas changé depuis la reconnaissance, les citoyens russes qui plaident devant les tribunaux français sont provisoirement soumis au droit commun qui régit les étrangers ; 2° que la suspension des traités doit être appliquée aux litiges pendants au 28 Octobre 1924, car il est de principe qu'à défaut d'un texte, qui dise nettement le contraire, les lois de procédure rétroagissent et s'appliquent aux litiges en cours, dès qu'elles deviennent obligatoires pour quelque motif que ce soit.

§ 2. *Les affaires relatives à des nationalisations.*

Il faut tout de suite constater qu'en ce qui concerne les effets des nationalisations les diverses décisions, qui ont été rendues par des juridictions françaises depuis la reconnaissance, sont contradictoires tant sur l'interprétation du télégramme de reconnaissance que sur le rôle de l'ordre public en matière de nationalisations. L'objet des litiges, qu'ont tranchés ces décisions, a porté en général sur la situation des sociétés russes en France.

Trois tendances se sont manifestées dans la jurisprudence.

La première, que nous approuvons, admet que les sociétés russes en France, ainsi que les biens nationalisés, se trouvent dans la période actuelle, qui est une période transitoire, dans une situation incertaine et que les tribunaux français ne doivent pas prendre de mesures absolues et définitives. Cette tendance est représentée : 1° par les ordonnances de référé, prises aussitôt après la reconnaissance, par le Président du tribunal civil de la Seine, qui ont confié à un administrateur de justice les biens russes abandonnés et les intérêts des succursales des sociétés russes en France ; 2° par un jugement du tribunal de la Seine du 25 Mai 1925.

La seconde, à laquelle se rattachent les décisions de l'affaire État russe contre Cie de Navigation à vapeur et de Commerce, interprète dans un sens restrictif l'acte de reconnaissance et se sert de la notion d'ordre public pour déclarer les nationalisations sans aucun effet en France.

La troisième, qui est celle d'un jugement rendu le 9 Mai 1925 par le tribunal civil de la Seine, dans une affaire Cie d'Assurances l'Union et Phénix espagnol contre Cie d'Assurances Le Nord de Moscou, semble ignorer les modalités de l'acte de reconnaissance et considérer surtout la situation des sociétés russes en fait. Elle admet indirectement la survie des sociétés russes reconstituées en France, sans en expliquer le motif juridique.

A. — DÉCISIONS SE RATTACHANT A LA PREMIÈRE TENDANCE.

1. — *Ordonnances de référé du Président du Tribunal civil de la Seine.*

La recherche et la gestion de certains biens russes, qui s'étaient trouvés à l'abandon par suite de la Révolution russe, avaient été confiées à une commission interministérielle, dite Commission de Liquidation russe (1). Au mois d'Octobre 1924, cette commission cessa de fonctionner.

Le procureur de la République près le tribunal de la Seine requit le président du tribunal de nommer un administrateur provisoire, chargé de la garde « de tous biens, droits et intérêts inventoriés ou gérés par la Commission de Liquidation russe et de tous autres de même origine qui seraient également à l'abandon par suite des mêmes circonstances ».

Par ordonnance rendue le 22 Octobre 1924 (2), le président du tribunal nomma M. Pierre Jaudon, agent général français auprès du tribunal arbitral mixte franco-allemand, « administrateur-séquestre des biens abandonnés, avec les pouvoirs les plus larges, en vue d'assurer la conservation et l'administration de ces biens ».

Le 29 Novembre, sur requête du ministère public, une nouvelle ordonnance du président du tribunal de la Seine étendit (3) la mission de l'administrateur-séquestre « aux biens droits et intérêts de toute nature, détenus ou exercés par les succursales en France de toutes les

---

(1) Arrêté du 10 Juin 1920 ; décret du 11 Décembre 1920 ; arrêtés des 23 Juin et 4 Octobre 1923.

(2) Clunet, 1925, p. 530.

(3) Clunet, 1925, p. 531.

sociétés russes et notamment des banques russes, soumises en Russie à la législation de l'U. R. S. S. »

La requête du procureur fait remarquer que des sociétés russes ont en France des succursales, dont la situation est incertaine et l'administration, suivant les règles statuaires antérieures, impossible, et que l'ordre public, comme la sauvegarde de tous les intérêts en cause, exigent que des mesures conservatoires soient prises.

Ces mesures ont été vivement critiquées. On a dit qu'elles sont illégales parce qu'aucun texte du droit français, ni aucun principe du droit international, ne permettaient à l'Etat français de s'immiscer, à cause des décrets de nationalisation soviétiques, dans les affaires d'établissements commerciaux situés en France. Il a été soutenu aussi que la juridiction française n'avait pas le droit de nommer d'office un administrateur-séquestre, sans que les intéressés en aient manifesté le désir ou y aient même consenti. Il ne peut s'agir là, a-t-on dit, que de mesures arbitraires, fruit d'un étatisme juridique dangereux par ses conséquences illimitées.

M. André Prudhomme (1) a réfuté ces objections. Il remarque que ce droit de contrôle et ce pouvoir de mainmise, au profit de l'État français, ne peut être qu'un droit de caractère temporaire, de très brève durée, dont l'exercice, entendu avec libéralisme, doit se concilier avec les exigences de la vie économique et financière de l'établissement commercial assujetti.

Après avoir constaté que l'existence d'une succursale se trouve juridiquement subordonnée à celle de l'établissement principal, dont elle n'est qu'une émanation, et que l'établissement principal, en vertu de la loi soviétique, est devenu propriété de l'État, au lieu de demeurer propriété privée, M. André Prudhomme justifie les mesures prises par les autorités judiciaires françaises, en ce qui concerne les succursales des sociétés russes. « Les biens qui constituent l'actif des succursales des banques russes, dit-il, en passant du régime juridique ancien au régime nouveau de caractère si différent, ne peuvent manquer de devenir biens litigieux. Comment, et à quelles conditions, le gouvernement des Soviets pourra-t-il revendiquer ces biens ? (2). L'État français ne peut, en effet, opérer pareille restitution, sans qu'il ait été procédé à un règlement de compte préalable, permettant de concilier

(1) Voir l'article de M. André Prudhomme, « La Reconnaissance des Soviets en France et ses conséquences juridiques », Clunet, 1925, p. 520.

(2) Il faut remarquer que l'acceptation absolue des effets des décrets de nationalisation en France n'est pas du tout certaine. Cela dépendra des résultats des accords en cours de négociation.

le respect, dû à la souveraineté du nouvel État russe reconnu, avec la défense de ses propres droits ainsi que ceux de ses nationaux et des étrangers vivants sur son territoire sous la sauvegarde de sa loi. Bref, le conflit d'intérêts privés masque un conflit de souverainetés d'une acuité extrême, qui se rattache étroitement au problème politique de la reconnaissance du gouvernement des Soviets... Les objections formulées s'évanouissent, si l'on prend soin de rattacher la séquestration des succursales russes au droit de maîtrise territoriale que possède l'État français et à l'obligation, qui lui incombait, d'intervenir et de prendre toutes mesures utiles pour résoudre au mieux le conflit de souverainetés, qui s'élevait sur son propre territoire ».

La thèse de M. André Prudhomme ne nous semble irréfutable que si elle s'appuie sur l'accord intervenu entre la France et la Russie par l'échange des télégrammes de reconnaissance. Elle ne peut tenir, abstraction faite de cet accord. On ne peut, en effet, la défendre en vertu des seuls principes du droit, en considérant la reconnaissance comme pure et simple.

M. André Prudhomme fonde son opinion sur un conflit de souverainetés. Mais il est, en matière de conflits de souverainetés, un principe absolu : une souveraineté étrangère ne peut nuire à la souveraineté territoriale, lorsque l'ordre public établi par celle-ci est en jeu. Or, si la reconnaissance avait été pure et simple, l'ordre public français se serait opposé à tout effet des nationalisations en France. Il eût, par conséquent, été inutile de stabiliser momentanément les intérêts qui se trouvaient en présence au sujet des sociétés russes. Le problème aurait été reculé, il n'aurait changé en rien.

Au contraire, la thèse de M. André Prudhomme devient indiscutable, dès qu'elle est rattachée aux modalités du télégramme de reconnaissance du gouvernement français, comme nous les avons précédemment interprétées (1). En effet, le gouvernement français a renoncé implicitement à ce qu'il soit fait un usage immédiat de la notion d'ordre public en matière de nationalisation, cette question ne devant, dans son esprit, être définitivement réglée que par les arrangements diplomatiques prévus entre la France et la Russie.

Les mesures conservatoires, prises au sujet des succursales de sociétés russes en France, constituent une application très exacte des modalités de l'acte de reconnaissance. Elles organisent, avec prudence, la situation provisoire et incertaine, dans laquelle doivent se trouver les sociétés russes nationalisées avant que ne soit décidée leur situation définitive par les accords envisagés.

(1) Voir supra : Chapitre I, Section IV, § 2.

II. — *Jugement du Tribunal de Commerce de la Seine du 25 Mai 1925.*

Dans le courant de Septembre 1917, une société anonyme belge, qui avait des roubles en Russie, les déposa dans la succursale russe d'une banque française. Ce dépôt fut accompli dans la crainte de la Révolution bolchéviste, et la banque française ne l'accepta que contre une commission de 1°/₀ de la somme déposée. Les fonds déposés furent confisqués par le décret de nationalisation des banques du 27 Décembre 1917.

En 1924, la société belge poursuivit la banque française, en recouvrement des fonds déposés devant le tribunal de commerce de la Seine.

Le tribunal a rendu le 25 Mai 1925 son jugement dans lequel il a déclaré la société belge non recevable, du moins quant à présent, en sa demande (1).

Le tribunal considère les roubles déposés non comme des choses fongibles, mais comme un corps certain. « Les roubles reçus en 1917, dit-il, tant par suite de la spoliation dont la banque A... a été l'objet que par leurs démonétisations successives, ont perdu leur caractère de choses fongibles et n'ont plus aujourd'hui la moindre valeur en numéraire, par suite de l'impossibilité matérielle où se trouve aujourd'hui la Banque A... de rendre à l'échéance autant de choses de même espèce et qualité qu'elles a reçues ».

Il estime que le contrat intervenu entre les parties n'est pas un prêt de consommation, comme le sont les dépôts en Banque, qui sont normalement un prêt de choses fongibles, obligeant le débiteur à rembourser des choses du même genre, et dans lequel les risques se trouvent à sa charge. Il reconnaît que, suivant l'intention des parties, il s'agit d'un dépôt, au sens juridique de ce terme. Or, en matière de dépôt, les risques sont à la charge du déposant. Par conséquent, la confiscation des roubles déposés par les Soviets, cas de force majeure certain, qui s'est produit avant que le débiteur ne fût en demeure, devait le libérer.

Après avoir démontré que les principes de droit français conduisent à libérer le débiteur, le jugement se reporte au droit soviétique, en vertu duquel la même solution devrait être admise. « La responsabilité civile du débiteur fléchirait encore, dit-il, si, faisant abstraction des règles du droit français, ce tribunal se référait uniquement aux

____

(1) Trib. de commerce de la Seine, 25 Mai 1925, Affaire Banque A... contre B..., Nouvelles économiques et financières, 16 Juin 1925.

dispositions légales ou non des autorités russes qui ont imposé en Russie, aux banques et à leurs déposants, une confiscation contre laquelle elle ne pouvait, elle, banque A... (banque débitrice), ni se garantir, ni garantir ses clients. Le créancier ne peut donc prétendre, par le seul fait qu'il ait déposé ses fonds en Russie, dans l'agence d'une firme française, bénéficier d'un régime de faveur interdit à tous leurs autres déposants en Russie ».

Mais, en considérant les textes de la correspondance de reconnaissance, le tribunal constate que les droits des Français en Russie ont été réservés et que des négociations sont prévues pour régler les questions délicates entre la France et la Russie. L'espoir, que de ces négociations sortiront des solutions propres à indemniser les banques et leurs déposants étrangers en Russie des conséquences des spoliations dont ils ont été l'objet, le décide à « réserver les droits éventuels des banques françaises et de leurs déposants en Russie, jusqu'au jour où un régime réparateur atténuera les effets de la forfaiture, commise par le gouvernement soviétique dans un moment d'égarement, au mépris des règles de droit privé et du droit public, sans le respect desquelles aucune vie économique normale ni aucun accord commercial sérieux ne sont possibles ».

Cette interprétation des modalités du télégramme de reconnaissance est excellente. Elle suffisait à résoudre l'affaire, tout au moins d'une manière provisoire. Pourquoi donc le tribunal s'attarde-t-il si longuement à vouloir démontrer qu'en vertu des règles du droit français (dont la compétence était loin d'être certaine, puisqu'il s'agissait d'un contrat soumis par les parties à une loi étrangère) le dépôt, cause du litige, n'a fait naître qu'une dette de genre ? Ce n'est pas, en effet, sur les règles de la perte par force majeure que le tribunal édifie sa décision, mais sur l'accord intervenu entre la France et les Soviets, lors de la reconnaissance. Les modalités de l'acte de reconnaissance s'appliquent à tout ce qui a été touché par les nationalisations, qu'il s'agisse de choses de genre ou de biens nettement individualisés.

Mais le passage le plus difficile à comprendre est celui où le tribunal se reporte à la législation soviétique. Il est inadmissible de penser que le tribunal considère la législation de nationalisation comme pouvant être normalement appliquée en France, en l'absence de conventions diplomatiques. Il flétrit d'ailleurs très vigoureusement cette législation à un autre passage de son jugement. Il est probable que le tribunal a considéré les nationalisations comme un état de fait, une situation irrémédiable, une force majeure s'imposant au débiteur.

B. — DÉCISIONS SE RATTACHANT A LA DEUXIÈME TENDANCE.

Jugement du Tribunal de Marseille du 23 Avril 1925, arrêt de la Cour d'Appel d'Aix du 23 Décembre 1925, affaire de la Ropit.

Il a déjà été question de la compagnie de navigation russe, dite la Ropit (1). Lors de la reconnaissance des Soviets, les intérêts que cette société possédait en France, notamment une partie de sa flotte, étaient confiés, par décision du tribunal, à un administrateur provisoire, jouissant de pouvoirs très étendus, l'Intendant général Bourgeois, assisté dans sa gestion par un conseil de direction.

Après la reconnaissance des Soviets, le gouvernement de l'Union soviétique, par le commissaire des voies et communications Roudsoutak et ensuite par son ambassadeur, M. Krassine, forma tierce-opposition au jugement qui avait organisé l'administration de la Ropit en France. L'Union soviétique demanda au tribunal d'ordonner la remise à l'État russe des biens de la société situés en France, et subsidiairement, de substituer au conseil de direction deux nouveaux administrateurs provisoires, dont l'un, Russe, serait désigné par l'U.R.S.S.

La question de l'effet des nationalisations en France était très nettement posée. Le gouvernement russe se référait en effet à la reconnaissance par la France pour soutenir que les lois et décrets des Soviets devaient être applicables en France et que, tout au moins, cette reconnaissance impliquait, au profit du gouvernement des Soviets, une vocation au droit de propriété des navires nationalisés par le décret du 26 Janvier 1918.

La demande du gouvernement des Soviets fut déclarée irrecevable par le tribunal de commerce de Marseille, le 23 Avril 1925. Les Soviets ont fait appel de cette décision ; mais la Cour d'Aix, par un arrêt du 23 Décembre 1925, a confirmé le jugement du tribunal de Marseille.

Les décisions du tribunal de Marseille et de la Cour d'Aix reposent sur les arguments suivants :

1° La reconnaissance des Soviets par la France ne peut pas avoir pour effet d'obliger les tribunaux français à admettre la validité de tous les actes et de toutes les dispositions législatives des Soviets. « Reconnaître le gouvernement d'un pays, a dit le tribunal de

(1) Voir supra : Livre I, ch. V. — Trib. de commerce de Marseille, 23 Avril 1925, Gaz. du Palais, 9 Juin 1925, Clunet, 1925, p. 391 ; Cour d'Appel d'Aix, 23 Décembre 1925, Gaz. du Palais, 5 Janvier 1926.

Marseille, c'est accepter d'avoir avec ce gouvernement des relations diplomatiques, consentir à conclure des traités de commerce ou autres, et ce n'est en aucune façon convenir de faire siennes, pour en assurer l'exécution, les mœurs et les lois de la nation dirigée par le gouvernement reconnu ».

Le tribunal et la Cour ont cherché la confirmation de cette règle dans le télégramme de reconnaissance.

Pour le tribunal de Marseille, « la reconnaissance *de jure* de l'U. R. S. S. ne constitue pas, de la part du gouvernement français, une acceptation du droit soviétique ; elle n'a été faite que sous réserve expresse des droits que les citoyens français tiennent des obligations contractées par la Russie.., obligations dont le respect est garanti par les principes généraux du droit, qui restent pour nous la règle de la vie internationale ; il est encore spécifié, dans la lettre précitée du 28 Octobre 1924, que les rapports de droit privés nés entre Français et Russes resteront régis comme ils l'ont été jusqu'ici ». La Cour d'Aix en conclut que « si la reconnaissance accomplie ne permet plus au juge français d'ignorer le droit soviétique et de le rejeter systématiquement, en bloc, elle ne lui défend point d'en examiner dans chaque hypothèse le texte et l'esprit, et de lui refuser tout effet juridique, s'il l'estime portant atteinte aux principes essentiels de l'organisation politique et sociale ».

2° Les décrets soviétiques de nationalisation des biens sont par eux-mêmes contraires à l'ordre public français. « Une pareille législation, aux termes de l'arrêt de la Cour d'Aix, heurte les bases mêmes de tout l'édifice juridique français qui repose sur le respect de la propriété et de l'inviolabilité des droits qu'elle engendre ; elle ne peut donc recevoir, devant une juridiction française, aucune application directe ou indirecte ».

De plus, la législation soviétique de nationalisation ne peut pas avoir d'effet extraterritorial, parce que son but est nettement politique (1).

____

(1) Tribunal de Marseille, « Il demeure indiscutable que les dispositions ci-dessus mentionnées du nouveau droit interne des pays russes, présentent au premier chef un caractère politique et social, en opposition formelle avec notre législation... ; elles sont dès lors contraires au droit public en France et elles ne peuvent pas être sanctionnées par justice ». Cour d'Aix : « Il ressort avec évidence, des événements qui ont marqué la Révolution russe, des buts poursuivis et avoués par l'autorité de laquelle il émane, que le décret de 1918 a été pris et appliqué, dans un but politique, en vue de servir un parti ; le droit international n'admet pas qu'une loi inspirée par de tels motifs, puisse produire des effets en dehors du pays qui l'a promulguée.

3° Dès lors, le Gouvernement soviétique ne peut pas prétendre qu'il a des droits sur la société Ropit, et son intervention dans une instance qui intéresse cette société doit être rejetée parce que « la première des conditions pour qu'elle puisse être accueillie, est, aux termes de l'article 474 du code de procédure civile, que le jugement préjudicie aux droits de la partie qui l'a formé ».

4° La Ropit a conservé la personnalité juridique en France. En effet, ce droit lui a été acquis par les différentes décisions judiciaires françaises qui ont organisé son administration provisoire en France. D'ailleurs, la personnalité morale d'une société ne cesse que lorsque les opérations de sa liquidation sont achevées.

L'argumentation du tribunal de commerce de Marseille et de la Cour d'Aix paraît irréfutable ; ces juridictions ont fort bien discerné le principe et l'étendue d'application de la législation soviétique qu'on ne peut admettre ou rejeter en entier, mais qui doit produire effet en France tant qu'elle ne se trouve pas contraire à l'ordre public français.

Il ne nous paraît cependant pas possible d'approuver sans réserve les motifs des décisions concernant la Ropit, parce que nous croyons qu'elles n'ont pas interprété justement l'esprit de l'acte de reconnaissance des Soviets par la France. A notre avis, le tribunal de Marseille et la Cour d'Aix n'ont pas dégagé le sens véritable du télégramme de reconnaissance qui était de réserver à un accord diplomatique le règlement des questions de nationalisation. Ils ont extrait de l'ensemble du télégramme certains termes qui, évidemment, impressionnent quand on prend connaissance de ce document, mais qui ne sont que fragmentaires. C'est ainsi que nous avons été conduits à ne considérer le passage relatif à la réserve des droits français et au respect des principes généraux du droit que comme un point de départ pour les diplomates français en vue des négociations actuellement en cours ; d'un autre côté, la phrase qui a trait aux rapports de droit privés nés avant l'établissement des Soviets ne semble pas devoir s'interpréter dans le sens qui lui a été donné par le tribunal ; celui-ci a, d'ailleurs, été amené à la déformer, car il admet que restent régis de la même manière que dans le passé, non seulement les rapports de droit nés avant 1917 entre Français et Russes, mais aussi ceux qui ont été créés pendant la période de non-reconnaissance des Soviets et ceux qui se sont produits entre Russes soviétiques et réfugiés.

C. — DÉCISION SE RATTACHANT A SA TROISIÈME TENDANCE.

Jugement du Tribunal civil de la Seine du 9 Mai 1925, Affaire du Nord de Moscou.

Pour déterminer la situation des sociétés russes nationalisées, il n'est fait appel ni à la correspondance de reconnaissance ni à l'ordre public. C'est la situation de fait de ces sociétés qui emporte la décision du tribunal.

Depuis 1907, deux compagnies d'Assurances, l'une française L'Union et Phénix Espagnol, l'autre russe, le Nord de Moscou, étaient en relations ; chacune d'elles réassurait les risques assurés par l'autre. Les dernières conventions de réassurances entre les deux compagnies dataient des 20 et 23 Décembre 1918.

L'Union et Phénix Espagnol, ayant appris en 1919 la confiscation dont le Nord de Moscou avait été l'objet en Russie, résilie les conventions le 14 Octobre.

En 1923, le Nord de Moscou, représenté par M. André, son administrateur délégué, assigne L'Union et Phenix Espagnol devant le tribunal civil de la Seine, en paiement d'une somme importante, formant le solde à son profit des comptes qui avaient existé entre les deux sociétés, et en validité d'une saisie-arrêt, pratiquée entre les mains d'un établissement de crédit.

L'Union et le Phénix Espagnol oppose une fin de non recevoir, en soutenant que la demande du Nord de Moscou est irrecevable pour le motif qu'en l'état de la nouvelle législation russe cette société ne peut justifier de son existence actuelle. La société défenderesse prétend, d'autre part, que M. André ne peut prouver sa qualité d'administrateur délégué du Nord de Moscou ni ses pouvoirs pour représenter valablement cette société.

Les motifs du tribunal, dans son jugement rendu le 9 Mai 1925, peuvent être résumés ainsi :

D'une part, il n'y a aucun doute que les sociétés d'assurances privées ont été nationalisées, c'est-à-dire liquidées et leurs biens transférés à l'État russe. Elles ont donc cessé d'exister en Russie. Aux termes du jugement, « le Nord de Moscou qui est, et cela n'est pas discuté, une société privée d'assurances contre l'incendie, constituée sous la forme d'une société anonyme par actions, tombe, sans contestation possible, sous le coup des dispositions susrappelées ; il s'ensuit que cette société n'a plus d'existence légale en Russie et que ses biens sont devenus propriété de l'État ». Aucune disposition de la législation russe ne permet de penser qu'elle admet la survie de ces sociétés hors de Russie.

D'autre part, on ne peut pas dire qu'en France l'existence du Nord de Moscou ait pu continuer en vertu de ses statuts. Ceux-ci exigent un certain nombre de formalités : nomination des administrateurs pour cinq ans et remplacement chaque année de l'un d'eux par l'assemblée des actionnaires, élection du président du conseil de direction chaque année par ce conseil, nécessité d'une ratification par l'assemblée générale pour la validité de la nomination d'un administrateur délégué par le conseil de direction.

Aucune de ces formalités n'a été accomplie par le Nord de Moscou. Son siège social n'existe plus en Russie et n'a pas été valablement transféré en France ; l'assemblée générale des actionnaires ne s'est pas réunie depuis 1919 ; le renouvellement des administrateurs n'a pas été effectué.

D'ailleurs, aux termes de l'article 64 des statuts, en cas de perte de la moitié du capital social, la cessation des opérations et la liquidation de la compagnie sont obligatoires de plein droit, à moins que les actionnaires ne reconstituent le montant du capital jusqu'à son chiffre primitif. Or, les biens de la société en Russie ayant été perdus pour elle, par suite de la nationalisation, la cessation des opérations et la liquidation sont obligatoires puisque le capital n'a pas été reconstitué.

M. André est sans qualité pour agir, car il ne peut agir au nom d'une société dont l'existence n'est pas justifiée. Il ne peut pas prouver, au surplus, qu'il soit réellement et régulièrement investi des fonctions d'administrateur-délégué. On ne peut pas non plus tenir compte d'une procuration, qui lui a été donnée par le conseil de direction en Janvier 1918, car il n'est pas justifié que la constitution de ce conseil de direction ait été régulière. Il ne paraît pas que le consul général de Russie, qui représentait l'ancien gouvernement russe, ait pu, le 30 Juillet 1923, avant la reconnaissance des Soviets, certifier, à juste titre, que M. André avait qualité pour représenter le Nord de Moscou.

Par ces motifs, le tribunal a décidé « qu'André ne justifie, quant à présent, ni de la continuité de l'existence de la société le Nord de Moscou ni de son fonctionnement régulier dans les termes de ses statuts, ni de la régularité des pouvoirs d'administrateur » et il a déclaré qu'il était « non-recevable, en l'état, tant dans sa demande en paiement de sommes que dans sa demande en validité de saisie-arrêt ».

Que faut-il penser de ce jugement ? En l'état de la question, les motifs du tribunal de la Seine semblent pouvoir être critiqués.

1° La demande a été introduite en 1923, antérieurement à la reconnaissance ; comme il faut se placer au moment de l'introduction de la demande pour apprécier la qualité de celui qui agit, ne devait-il pas être admis que le Nord de Moscou et son administrateur-délégué, M. André, pouvaient ester en justice en France ? Il semble que ce droit était acquis par le certificat que lui avait délivré le 30 Juillet 1923 l'ancien Consul général de Russie en France. Le tribunal a admis que la reconnaissance des Soviets n'étant pas alors intervenue, le consul représentait le gouvernement russe, mais il n'a pas accepté la validité de son certificat. En raisonnant ainsi, il a méconnu le principe de la validité des droits acquis en France avant la reconnaissance. Peut-être cette opinion erronée ne devait-elle pas avoir de conséquences sérieuses en l'espèce ? Il pourrait ne pas en être de même dans d'autres cas. Il est, d'ailleurs, permis de penser que le tribunal n'a pas aperçu qu'il avait à appliquer ce principe de la validité des droits acquis et qu'il n'a pas voulu délibérément le rejeter. Il paraît l'admettre, comme on le verra plus loin, dans un autre attendu de son jugement.

2° Le vice capital des motifs du jugement réside dans leur méconnaissance des termes de l'acte de reconnaissance, qu'ils ne cherchent même pas à interpréter.

Mais, si l'on se reporte aux conclusions de M. le substitut près le tribunal de la Seine Parigot, faisant fonction de ministère public dans l'affaire, conclusions qui ont eu une grande influence sur l'opinion du tribunal, on remarque qu'il a été question, au cours des débats, des négociations engagées entre le gouvernement français et celui des Soviets. M. le substitut Parigot a dit : « La France a sur la Russie une créance très importante. Notre gouvernement se préoccupe très légitimement, actuellement, de chercher à recouvrer cette créance ; mais il est à prévoir que le gouvernement des Soviets, de son côté, cherchera à payer le moins possible et en tous cas à compenser, dans la plus large mesure possible, la créance de ses nationaux sur la France ou sur les Français... ».

Est-il, dès lors, téméraire de croire que le tribunal, sans oser s'en servir et la proclamer dans ses motifs, a été influencé par cette idée que les questions relatives aux nationalisations ne seront réglées définitivement que par des accords diplomatiques entre la France et la Russie soviétique ?

Le dispositif du jugement ne paraît pas la conséquence logique des motifs que nous avons passés en revue. En effet, les motifs ont eu pour but de démontrer l'inexistence de la compagnie le Nord de Moscou, et le dispositif, décidant que cette existence n'est pas justifiée « quant à présent » et que la demande est irrecevable « en l'état », semble conclure à la possibilité de l'existence de la société. Quelle est la cause de cette contradiction ? Le tribunal n'aurait-il pas craint de rendre une décision susceptible d'être plus tard en contradiction avec les accords diplomatiques en vue ? On peut concevoir le jugement comme une mesure conservatoire, l'Union et Phenix Espagnol étant constituée elle-même gardienne de la somme qu'elle devait, jusqu'à ce que cette somme puisse recevoir une affectation définitive. Il aurait mieux valu alors la faire remettre entre les mains de l'administrateur des biens russes abandonnés, M. Jaudon, et l'on peut s'étonner de ce que le ministère public n'ait pas réclamé cette mesure.

3° Le tribunal paraît admettre la validité des droits acquis en Russie, en vertu des décrets de nationalisation. Il insère dans ses motifs des extraits du décret de nationalisation des compagnies d'assurances du 1/13 Décembre 1918. Il interprète les circulaires du commissariat du peuple aux affaires étrangères, dont le Nord de Moscou se servait pour soutenir qu'aux termes du droit soviétique l'effet des nationalisations n'est pas extra-territorial, et il affirme que cette prétention est fausse.

Si telle était bien la pensée du tribunal, elle devrait être rigoureusement repoussée. Nous ne pensons pas que le tribunal se soit décidé à accepter aussi facilement la législation de confiscation, législation purement politique. Malgré les termes du jugement, nous croyons que le tribunal n'a pas songé à apprécier, en droit, la portée que peut avoir en France cette législation, ni à l'admettre, en écartant la notion d'ordre public.

Le tribunal de la Seine s'est plutôt, à notre avis, borné à rechercher la situation de la compagnie le Nord de Moscou, en fait ; l'allure générale de la rédaction de son jugement fait croire qu'il a examiné, d'une part, la situation de la société en Russie, où elle a matériellement subi les effets de la législation de nationalisation, d'autre part, sa situation en France, où elle n'est plus viable, par suite des pertes qu'elle a subies et de l'impossibilité de se reconstituer normalement. Dans ces conditions, le tribunal n'a pas apprécié les décrets de nationalisation comme des actes législatifs, mais comme de simples faits.

C'était d'ailleurs l'opinion de M. le substitut Parigot dans ses conclusions : « En définitive, dit-il, si je dénie à la compagnie du Nord de Moscou l'existence, ce n'est pas tant à raison du droit soviétique que des conséquences de l'application qui lui en a été faite en Russie même. Ce n'est pas devant le droit soviétique que je m'incline, c'est devant les répercussions inévitables que l'application, qui en a été faite, a entraînées sur l'existence de la compagnie ». Néanmoins, puisque le tribunal a fait état de la nationalisation subie par le Nord de Moscou, il eût été désirable qu'il fasse ressortir son caractère contraire, en droit, à l'ordre public français.

Le jugement rendu par le tribunal de la Seine, dans l'affaire L'Union et le Phénix Espagnol contre le Nord de Moscou, donne lieu à une observation intéressante. Avant la reconnaissance des Soviets par la France, la jurisprudence française a donné une importance considérable à la notion de force majeure en matière de sociétés. Il n'en est pas de même dans le jugement dont il s'agit ici. Au lieu d'essayer d'adapter les statuts aux circonstances, il les a interprétés avec rigueur, et, s'il a fait mention de leurs dispositions, c'est seulement pour constater qu'elles n'ont pas été appliquées. Cette différence s'explique. Depuis la reconnaissance, la fiction de la survie de l'ancienne législation russe n'a plus de raison d'être. Or, c'est cette fiction qui a motivé le rôle pris par la force majeure dans la question des sociétés russes.

Le tribunal de la Seine a fait, incidemment, dans ce jugement, une distinction très importante : « Il est absolument impossible, dit-il, d'admettre qu'une société qui serait inexistante dans son pays d'origine puisse cependant continuer d'exister en pays étranger, en l'absence de toute succursale ou de toute reconstitution en ce pays ».

L'existence des sociétés russes reconstituées en France et qui se sont transformées en sociétés françaises ne fait pas de difficultés, car la transformation est un droit acquis en France, avant la reconnaissance, et, après cette reconnaissance, il ne peut être question de nationalisation pour une société française.

Il est plus difficile de croire que les sociétés russes, dont le siège social a été transféré en France, pendant la période de non-reconnaissance, soient devenues françaises (1). On ne peut l'admettre que si l'on fait dépendre la nationalité des sociétés du lieu de la situation de leur siège social ; mais cette théorie compte en France de moins en moins de partisans.

Le tribunal de la Seine paraît aussi accepter l'existence des succursales françaises de sociétés russes, succursales qui ont pu fonctionner jusqu'à la reconnaissance, en vertu du principe de la survie de l'ancien droit russe et de la force majeure. Le tribunal n'appuie pas son allégation sur des arguments juridiques. Ici encore, il a suivi les conclusions de M. le substitut Parigot, qui a dit : « On peut concevoir jusqu'à un certain point qu'une succursale puisse continuer son existence, de fait tout au moins, en dehors de la société elle-même. En droit, évidemment, si la société n'existe plus, les succursales ne devaient plus exister non plus. Mais enfin il n'en est pas moins vrai

(1) Voir cependant : tribunal de Commerce de la Seine, Aff. Rabinovitch, c/ Banque russe pour le commerce étranger, 15 Mai 1925, Gaz. du Palais, 17 Novembre 1925.

qu'en fait une succursale constitue un organisme spécial qui a son siège, qui a un fonds de roulement, qui a sa comptabilité, qui opère dans une région spéciale, qui a un directeur, et par conséquent, dont l'existence peut encore être admise, au moins provisoirement et au moins pendant un certain temps ».

En disant qu'on peut admettre provisoirement la survie des succursales de sociétés russes, M. Parigot nous semble bien près de penser que leur situation en France ne doit pas être définitivement réglée à l'heure actuelle. L'ordonnance du président du tribunal civil de la Seine, qui a confié les intérêts des succursales russes à un administrateur de justice, est plus prudente.

Si, après avoir étudié les motifs des décisions, rendues par les juridictions françaises dans les affaires où il s'est agi des effets des nationalisations soviétiques, nous devons apprécier ces décisions elles-mêmes et leurs dispositifs, nous sommes amenés à constater qu'ils ne s'opposent pas à l'opinion que nous avons formulée plus haut (1).

Nous avons été d'avis, en effet, que les tribunaux français ne pouvaient pas régler définitivement la situation des biens ou des sociétés russes frappées par les nationalisations en Russie, avant la conclusion des accords franco-russes.

Les décisions relatives à la Ropit ont refusé de livrer à la République des Soviets la flotte qui appartenait à cette société et de laisser l'Etat russe s'immiscer dans l'administration de cette flotte . C'est fort juste, car si ces décisions avaient reconnu les prétentions de l'Etat russe, elles auraient tranché définitivement une question que les gouvernements français et russe se sont réservée. Et rien n'est moins certain que l'attribution à l'Etat russe, par les accords envisagés, des biens des sociétés russes nationalisées. En réalité, ces décisions ont consacré la situation provisoire dans laquelle se trouvait déjà la Ropit, mise sous la tutelle d'un administrateur de justice.

Le jugement du tribunal civil de la Seine du 9 Mai 1925, dans l'affaire Union et Phenix espagnol contre le Nord de Moscou, n'a pas voulu prendre de décision définitive. Cela résulte des expressions employées dans son dispositif : « en l'état », « quant à présent ».

---

(1) Voir : Chapitre Ier, Section IV, § 2.

TITRE IV

LA SITUATION JURIDIQUE DES RÉFUGIÉS RUSSES

CHAPITRE PREMIER

Perte de la nationalité Russe
Détermination de la qualité de réfugié

Les tribunaux français auront souvent à s'occuper d'affaires relatives aux réfugiés russes. Le nombre de ces réfugiés en France est très élevé, 400.000 au moins.

Leur situation juridique soulève plusieurs questions : Quelle est leur nationalité et comment déterminer la qualité de réfugié russe ? Quels doivent être leur condition et leur statut personnel en France ? La nationalité des réfugiés russes domine le problème de leur situation en France. S'ils ont gardé leur nationalité, ils sont soumis aux lois françaises sur la condition des étrangers et la loi russe régit leur état et leur capacité. S'ils l'ont perdue, ces réfugiés pourront encore être considérés comme étrangers, il ne sera plus nécessaire ou même possible de leur appliquer le droit russe.

1. — La nouvelle législation russe a déterminé des cas de perte du droit de cité soviétique. Cette législation résulte du décret de l'U. R. S. S. du 29 Octobre 1924, qui s'est lui-même référé aux actes législatifs promulgués antérieurement en Russie depuis la Révolution bolchéviste, au nombre desquels se trouve un décret de la R. S. F. S. R. du 28 Octobre 1921 (1). Sont notamment privées du droit de cité soviétique en Russie : 1° « Les personnes ayant séjourné à l'étranger plus de cinq années sans interruption et qui n'auraient pas reçu des représentants soviétiques des passeports étrangers ou des certificats correspondants ». Mais, pour les pays comme la France, où les Soviets n'avaient pas de représentation diplomatique, le gouvernement soviétique doit fixer un délai à l'échéance duquel sera perdue la nationalité russe.

(1) Texte des décrets au Clunet, 1925, p. 348 et suivantes.

2⁰ « Les personnes ayant quitté la Russie, après le 7 Novembre 1917, sans l'autorisation du pouvoir soviétique ».

3° « Les personnes ayant servi volontairement dans les armées qui ont combattu le pouvoir soviétique, ou ayant participé sous une forme ou sous une autre à des organisations contre-révolutionnaires ».

De nombreux réfugiés russes sont donc considérés en Russie comme ayant perdu le droit de cité soviétique.

Mais cette perte de la nationalité d'origine sans acquisition d'une nationalité nouvelle, n'est-elle pas contraire à l'ordre public français ? La Cour de Cassation (1) a repoussé cette application de l'ordre public français et elle considère que la dénationalisation d'un étranger habitant la France peut être admise, parce que la loi française sur la nationalité connait elle-même des cas de perte de la nationalité sans acquisition d'une nationalité nouvelle.

Il est vrai que la dénationalisation des réfugiés russes est plus grave, surtout celle des Russes qui ont fait partie d'organisations contre-révolutionnaires, car c'est une des mesures prises par le nouveau régime dans sa lutte contre ses adversaires politiques et sociaux. Elle résulte d'une loi d'ordre politique, et l'on a vu que les lois de cette nature ne doivent pas avoir d'effet extraterritorial, au moins en matière de capacité et en matière de biens. Ne doit-il pas en être de même pour les dénationalisations des réfugiés russes ? On pourrait le nier, en remarquant que la dénationalisation d'un individu est toujours un acte politique, comme toutes les dispositions sur la nationalité, puisque la matière de la nationalité est essentiellement de droit public. Un tribunal français n'a pas à apprécier les dispositions d'une loi étrangère sur la nationalité, quand elles ne sont pas en opposition directe avec les lois françaises sur la même matière.

Nous pensons qu'il faut admettre la perte de la nationalité russe par les réfugiés, non seulement à cause des décrets soviétiques de 1921 et de 1924, mais aussi parce qu'elle est nécessitée par la situation de fait.

Dans une circulaire, envoyée le 28 Avril 1925 aux procureurs généraux près des Cours d'Appel, le ministre de la justice français, d'accord avec le ministère des affaires étrangères, a admis la perte de la nationalité russe par les réfugiés.

En perdant la nationalité russe, ont-il acquis la nationalité française ? Ils ne l'ont certainement pas acquise *ipso facto*. La loi française ne

(1) Cour de Cassation (Ch. des Req.), 15 Mars 1922, S.1922-1-105 ; 1ᵉʳ Août 1922, Gaz. du Palais, 1922, p. 364. Voir Audinet, Clunet, 1925.

permet pas de considérer comme français des étrangers parce qu'ils ont perdu leur nationalité d'origine. Elle n'a pu qu'autoriser les réfugiés, remplissant les conditions prévues par le droit français, à demander leur naturalisation en France.

Jusqu'à présent, aucune disposition spéciale n'a encore été prise par le Parlement français à l'égard des réfugiés russes. La Commission chargée des affaires russes se livre à des recherches pour établir un statut d'accueil en leur faveur. Au lendemain de la reconnaissance, M. de Monzie déclarait (1) : « Il ne saurait être question d'imposer la naturalisation française comme une charge ; elle n'est, elle ne sera jamais qu'une faveur. La question est de savoir si cette faveur ne doit pas être octroyée plus généralement à des hommes qui, n'ayant pas dix ans de séjour en France selon les termes de la loi, n'en ont pas moins des droits de rester des nôtres, du fait de leurs souffrances, du fait de leur amitié et aussi parce qu'il leur est impossible de rentrer dans leur propre pays ».

Les sentiments accueillants et généreux de la Commission méritent d'aboutir et d'être consacrés par une loi. Mais une loi, faite dans ce sens, ne résoudrait pas complétement la question de la nationalité des réfugiés russes, parce qu'elle ne leur conférerait pas la nationalité française, à la place de la nationalité russe ; elle leur donnerait seulement des facilités pour se faire naturaliser français.

Dans ces conditions, les réfugiés, qui ont perdu la nationalité russe, n'ont pas acquis, sauf de rares exceptions, la nationalité française. Une autre nationalité ne peut pas leur être imposée. Ils sont donc maintenant sans nationalité, heimathlos ou apatrides.

Certes, il est regrettable de voir dans une telle situation des personnes malheureuses, honorables, sympathiques et dont le patriotisme ne peut être contesté. Cette situation, nécessitée par les circonstances, n'est qu'un pis-aller.

Il serait pénible pour ces personnes d'être qualifiées par un terme auquel la moralité douteuse de beaucoup d'apatrides a attaché un sens péjoratif. Cette impression doit leur être évitée. La Société des Nations, quand elle s'est occupée en 1921 de la situation des Russes qui s'étaient enfuis de Russie à cause de la Révolution, a recommandé aux États adhérents de leur délivrer des pièces d'identité qui constateraient leur qualité de « Réfugiés russes ». Cette appellation doit leur être officiellement reconnue. Le Garde des Sceaux s'en est d'ailleurs servi dans la circulaire qu'il a envoyée aux procureurs généraux.

---

(1) Nouvelles économiques et financières, 2 Décembre 1924.

II. — Il ne suffit pas de constater l'absence de nationalité des réfugiés russes, encore faut-il savoir quels sont les réfugiés russes et quand ils ont définitivement perdu la nationalité russe ?

La législation soviétique, comme on l'a vu plus haut, a fait perdre la nationalité russe aux personnes qui ont fait partie d'une organisation contre-révolutionnaire, à celles qui ont quitté la Russie depuis le 7 Novembre 1917 sans autorisation du gouvernement soviétique, ou qui, ayant obtenu cette autorisation, n'y sont pas rentrées sur son injonction, à celles enfin qui ont abandonné le droit de cité soviétique avec la permission des autorités russes. Quant aux Russes, absents de Russie avant l'arrivée du pouvoir des Soviets, ils sont dans une situation incertaine, puisque leur nationalité ne sera perdue que s'ils laissent passer un délai, que le gouvernement soviétique n'a pas encore fixé, sans s'être fait délivrer de passeport ou de certificat par ce gouvernement.

Comme le remarque M. Paul Tager (1), l'application en France des décrets de 1921 et de 1924 donnera lieu à de sérieuses difficultés. Un tribunal français pourra-t-il exiger et même admettre la preuve qu'un Russe a fait partie d'une organisation contre-révolutionnaire ?

Mais surtout, la France peut-elle tolérer que des personnes, habitant son territoire, se trouvent dans une situation incertaine quant à leur nationalité par le seul fait d'une législation étrangère ?

La question de la nationalité des Russes doit donc être rapidement résolue. La meilleure méthode pour arriver à déterminer quels sont les réfugiés russes serait un accord entre les gouvernements français et soviétique. Sur ce point, on peut croire que les deux gouvernements arriveront facilement à une entente. Cet accord pourrait prévoir un délai assez court, pendant lequel les Russes, habitant la France, seraient obligés de se munir de pièces d'identité constatant leur qualité de réfugiés russes ou de ressortissants de l'Union soviétique. Passé ce délai, les Russes, qui n'auraient pas pris parti, seraient tous considérés soit comme réfugiés, soit comme sujets des Soviets. Il semble qu'il faudrait plutôt voir en eux des réfugiés, parce que la grande majorité des Russes qui se trouvent en France ont émigré de Russie par crainte des Soviets ou par fidélité à l'ancien régime.

En attendant cet accord (ou s'il ne doit pas se produire), le gouvernement français pourrait, comme la Ligue des droits de l'homme l'a suggéré à la Commission des affaires russes, s'occuper de la protection des réfugiés et les inviter à se procurer le certificat

(1) Clunet, 1925, p. 552-553.

d'identité, dit passeport Nansen, recommandé en 1921 par la Société des Nations aux États adhérents.

M. Tager propose aux personnes qui sont sorties de Russie, avant la Révolution bolchéviste, et dont la situation est actuellement incertaine suivant la législation russe, un moyen de faire constater leur perte du droit de cité soviétique. Il consisterait en une déclaration, faite au Comité Central Exécutif des Soviets, constatant leur intention de ne pas devenir citoyens de l'Union soviétique. « Le fait même de cette déclaration, dit M. Tager, serait suffissant pour qu'elles ne pussent être considérées comme citoyens de l'Union ». Ce moyen ne peut être considéré, à notre avis, que comme un expédient. Le droit soviétique ne le prévoit pas, et il faudrait, pour qu'il puisse réussir, que le gouvernement soviétique acceptât la déclaration. Si le Comité Exécutif des Soviets se refusait à la prendre en considération, il est difficile d'imaginer comment un tribunal français pourrait considérer le réfugié comme ayant perdu sa nationalité par une déclaration faite au gouvernement russe et restée sans réponse.

Le cas suivant pourra se produire : Une personne, dont les sentiments sont hostiles au gouvernement des Soviets, est restée en Russie, sous leur domination, jusqu'à la reconnaissance de ce gouvernement par la France ; munie d'un passeport soviétique, elle arrive en France. Comment peut-elle perdre le droit de cité soviétique pour prendre la qualité de réfugié russe ? Bien entendu, cette situation n'est pas envisagée par la nouvelle loi russe. Aux termes de celle-ci, en dehors des cas de dénationalisation, un citoyen russe ne peut perdre sa nationalité qu'en vertu d'une autorisation du gouvernement soviétique.

Si cette autorisation n'a pas été obtenue avant le départ de Russie, l'intéressé pourrait tenter de se servir du moyen proposé par M. Tager : une déclaration faite au Comité Central Exécutif. Celui-ci peut alors accorder la perte du droit de cité soviétique ou rappeler en Russie l'auteur de la déclaration ; il peut aussi ne pas répondre.

Dans les deux premiers cas, la situation s'éclaircit. Si l'ordre de rentrer en Russie est donné, il suffit à l'intéressé de s'y soustraire pour perdre la nationalité russe. Mais, si le gouvernement soviétique reste muet, il semble difficile d'admettre la perte de la nationalité russe, à moins que l'intéressé n'obtienne d'être naturalisé dans un autre pays. Dans la situation actuelle, ce n'est pas possible en France, à cause des délais de domicile imposés aux personnes qui demandent à acquérir la nationalité française.

La perte de la nationalité russe résulterait peut-être de l'expédient suivant : la personne, qui arrive de Russie, se rend dans un pays, où le gouvernement des Soviets n'a pas été reconnu, où il est par conséquent considéré comme inexistant ; dans ce pays, cette personne se munit de la carte d'identité de réfugié russe ; revenant en France, elle peut se servir de cette pièce pour faire constater la perte de sa nationalité. Ce moyen n'est pas très juridique et une réclamation du représentant des Soviets en France aurait chance d'être prise en considération par le gouvernement français.

On doit aussi se demander à quelle époque les réfugiés russes ont perdu leur ancienne nationalité. Pour ceux, qui se trouvaient hors de Russie, quand s'est produite la reconnaissance du gouvernement soviétique, et c'est le plus grand nombre, ce doit être au moment de la reconnaissance. Cette date est seule admissible. Avant la reconnaissance, les réfugiés ont conservé leur nationalité, aux yeux des tribunaux français. C'est pour eux un droit valablement acquis. Ont-ils pu conserver cette nationalité pendant un temps plus ou moins long, après l'acte de reconnaissance ? Il n'est pas possible que des réfugiés aient conservé leur nationalité après la reconnaissance. Quelle serait, en effet, leur situation entre le jour de la reconnaissance et le moment où leur nationalité russe serait définitivement perdue ? Ce ne serait pas une réponse de dire qu'elle est incertaine. Toute personne doit avoir une nationalité déterminée ou être apatride. Il n'y a pas de milieu. Il faudrait donc admettre qu'ils ont gardé la nationalité russe. Une nationalité russe différente du droit de cité de l'Union soviétique ne peut plus être admise après la reconnaissance ; il n'y a qu'un État russe, il ne peut y avoir qu'une sorte de sujets russes. Par conséquent, les réfugiés, qui n'auraient pas perdu leur nationalité russe au jour de la reconnaissance, se trouveraient pendant un certain temps sous la souveraineté de l'Union des Soviets. Ils passeraient par des vicissitudes inconcevables : Russes d'ancien régime jusqu'à la reconnaissance, ensuite sous le pouvoir des Soviets, enfin sans nationalité. Nous ne pouvons admettre cette solution, dont les conséquences juridiques seraient déplorables. Les personnes, dont la qualité de réfugié ne peut pas encore être déterminée, devront quand même être considérées comme ayant perdu leur nationalité russe au jour de la reconnaissance, lorsque leur situation définitive aura été constatée. Cette opinion est partagée par le gouvernement français. La circulaire du ministère de la justice l'admet implicitement, puisqu'elle soumet les réfugiés à la loi française à partir de la reconnaissance.

CHAPITRE II

Condition et Statut personnel des réfugiés Russes

La France a accueilli sur son sol, à plusieurs reprises dans le passé, un grand nombre de personnes que les circonstances politiques avaient chassées de leur pays.

Au commencement du XIXe siècle, alors que les lois françaises étaient fort rigoureuses pour les étrangers et que la jurisprudence interprétait strictement les articles 11 et 13 du code civil sur les droits accordés aux étrangers, Proudhon (1), traitant de la condition et du statut des étrangers définitivement établis en France, proposait de les soumettre à un régime spécial qu'il appelait l'Incolat.

« L'origine et la naturalisation, dit-il, donnent le droit de cité ; le
» domicile donne ceux d'incolat.... Il existe en France des milliers
» d'individus que le sort de la guerre y a amenés comme prisonniers
» ou autrement, que la douceur du climat y fixe et qui s'y établissent
» sans esprit de retour, mais sans autorisation spéciale du Roi ; quel
» est leur statut personnel ? L'habitant de la Russie (2), qui a quitté
» son pays pour n'y plus retourner et qui s'est établi en France à
» perpétuelle demeure, ne peut plus être considéré comme Russe ;
» autrement, s'il s'était échappé de l'esclavage, il serait encore serf dans
» le pays de la liberté.... Pour avoir changé de pays, cet étranger
» d'origine ne peut être placé hors de toutes les lois ; il ne doit point
» être traité comme un mort civilement. Il faut donc que sa personne
» comme ses actions soient subordonnées à une législation quel-
» conque ; or, il est évident que les lois de la Russie lui sont devenues
» étrangères, puisqu'il ne fait plus partie du corps pour lequel elles
» sont portées, d'où il reste démontré que les qualités de sa personne
» doivent désormais être régies par les lois française, comme ses
» actions seront soumises à ces mêmes lois... Il n'est donc plus
» étranger proprement dit et dans toute l'étendue de l'expression,
» puisque son état personnel est celui d'un français ; mais quoique
» l'état de sa personne soit indivisible en ce sens qu'un individu ne peut

(1) Proudhon, Traité sur l'État des Personnes et sur le Titre préliminaire du Code civil, revu par Valette, Chapitre XII, p. 190, Éd. de 1842.

(2) Proudhon avait spécialement en vue les Polonais chassés de leur pays par représailles politiques.

» être Russe et Français tout à la fois, comme un enfant ne peut avoir
» deux mères, les prérogatives attachées à son état civil sont suscep-
» tibles de plus ou de moins, parce que la loi ne doit pas les mêmes
» avantages à toute classe d'hommes qu'elle régit, il peut donc jouir
» d'une partie des droits civils sans les avoir tous... Cet étranger
» d'origine ne jouira pas de tous les droits civils en France, puisqu'il
» s'y est établi sans l'autorisation du Roi, néanmoins il ne résulte pas
» de là qu'il ne doive jouir d'aucun droit civil parmi nous, parce qu'il
» y a bien de la distance entre la jouissance entière et une privation
» totale : la loi ne prive pas de tous les droits par cela seul qu'elle ne
» les accorde pas tous ; c'est pourquoi nous soutenons que les droits
» purement personnels, pour le règlement de ses qualités et de son
» état, lui sont acquis ».

Un siècle a passé depuis que Proudhon a construit sa théorie de
l'incolat ; elle eut peu d'influence sur la jurisprudence française ; celle-ci
n'a jamais fait de distinction entre les étrangers établis à perpétuelle
demeure, et ceux qui avaient des pensées de retour dans leur pays
d'origine. La Cour de Poitiers et la Cour de Cassation, par des arrêts
des 15 Juin 1847 et 16 Mai 1849, ont déclaré les tribunaux français
incompétents pour statuer sur des questions intéressant l'état des
étrangers, même réfugiés politiques (1).

Mais la législation française et surtout la jurisprudence ont été
modifiées et ont évolué dans des proportions considérables en ce qui
concerne la condition et le statut des étrangers en France. Le régime
de faveur, proposé par Proudhon pour une certaine classe d'étrangers,
s'est peu à peu étendu à tous les étrangers qui se trouvent en France.
Par exemple, la loi de 1819 sur les successions leur est favorable ;
l'interprétation des articles 11 et 13 du code civil par la jurisprudence,
très stricte au début, est devenue très large. Enfin la théorie
de l'heimathlosat ou apatridie, différente de celle de l'incolat,
parce qu'elle s'applique aux personnes sans nationalité et non aux
étrangers établis à perpétuelle demeure, s'est imposée avec toutes ses
conséquences. On ne peut donc pas, en l'état actuel des règles du droit
international français, reprendre la théorie de l'incolat, telle qu'elle a
été conçue par Proudhon. Néanmoins, ses idées généreuses sont dignes

---

(1) Cour de Poitiers, 15 Juin 1847, Aff. Czarnicki, S. 1848-2-438 ; Cour de Cassation
(Ch. des Requêtes), même affaire, 16 Mai 1849, S. 1849-1-478. « Attendu que, si
des mesures de rigueur ont été prescrites par le gouvernement russe pour
suspendre l'exercice des droits civils et politiques des individus qui se trouvent dans
la position de Czarnicki, ces mesures... tiennent aux rapports qui existent entre ces
étrangers et leur gouvernement, mais ne peuvent avoir d'influence sur l'application
en France des principes en matière de juridiction et de compétence ».

d'être reprises en faveur des réfugiés russes ; si elles ne doivent pas servir à améliorer leur statut, elles peuvent faciliter leur condition.

En 1830, en 1848 et en 1863 des troubles se produisirent dans plusieurs États Européens. Après leur répression, de nombreux étrangers sont venus se réfugier en France. Le gouvernement français a pris plusieurs mesures à leur égard (1). Par une loi, promulguée le 24 Avril 1832 (2), leur répartition fut ordonnée sur différents centres, désignés par le gouvernement français. Cette loi, dont l'effet ne devait pas dépasser un an, fut renouvelée chaque année jusqu'en 1850. Quelques légères modifications ont été apportées à ses dispositions par les lois du 1er Mai 1834 et du 24 Juillet 1839 (3) ; cette dernière dispensa les réfugiés de l'obligation de résider dans un endroit déterminé par le gouvernement français, quand ils se trouvaient en France depuis cinq ans. Enfin, la loi du 1er Janvier 1850 prolongea les mesures prises à l'égard des réfugiés pour trois années ; elle n'a pas été renouvelée en 1853. D'autre part, les lois de finances prévoyaient des dépenses destinées à remédier à la misère des étrangers réfugiés en France. Des allocations devaient leur être accordées par le gouvernement dans la proportion de leur situation sociale et de leur grade.

Les allocations aux réfugiés témoignaient d'un esprit généreux ; elles ne modifiaient en rien la condition et leur statut personnel en France. Au contraire, leur condition a été aggravée dans une certaine mesure, par la législation précitée, qui leur a imposé une résidence forcée. Et les arrêts de la Cour de Poitiers et de la Cour de Cassation, dans l'affaire Czarnicki, rapportés plus haut, prouvent que leur statut personnel demeurait soumis aux mêmes règles que celui de tous les étrangers.

On ne trouve donc pas, dans le passé, de mesures intéressantes, prises en France, soit par le gouvernement, soit par le pouvoir législatif, afin d'établir un régime spécial en faveur des étrangers réfugiés.

Est-il désirable de suivre ces errements pour les réfugiés russes ? Pour y répondre, il faut connaître leur condition et leur statut personnel, en l'absence de mesures particulières.

Les réfugiés russes, comme on l'a vu dans le chapitre précédent, ne sont plus Russes et ne sont pas Français, ils sont sans nationalité. Leur condition et leur statut personnel sont ceux des apatrides, sous réserve

(1) Blanche, Dictionnaire général d'administration ; Block, Dictionnaire de l'administration.

(2) Bulletin des lois, 1832, 1re partie, 1er semestre, p. 192.

(3) Bulletins des Lois, 1re partie, 1834, 1er semestre, p. 44 ; 1839, 2e semestre p. 30.

des avantages que procure l'admission à domicile aux réfugiés qui l'ont obtenue.

La condition des apatrides, en France, est celle des étrangers, car les lois françaises de droit public ne protègent que les nationaux ; il est logiquement impossible d'étendre leur protection à des individus, parce qu'ils n'ont pas une nationalité étrangère caractérisée. Les réfugiés russes seront donc soumis à toutes les dispositions françaises sur la condition des étrangers. Ces dispositions n'ont pas en vue de les protéger, mais de sauvegarder la souveraineté de l'Etat, en empêchant les étrangers d'exercer en France une influence par trop considérable. Ce sont des mesures de restriction. Les réfugiés russes tombent sous le coup des lois de police contre les étrangers ; ils peuvent être expulsés sans recours possible ; la loi du 1er Avril 1923 les astreint au service militaire dans l'armée française ; certaines professions leur sont interdites ; l'assistance judiciaire leur est refusée ; en cas de procès on peut exiger d'eux la caution *judicatum solvi* (1).

Les réfugiés ne sont pas protégés par l'État français ; ils ne le sont pas non plus par un État étranger, puisqu'ils ont perdu leur précédente nationalité. Leur position est fort pénible. Les idées de Proudhon peuvent être reprises pour faciliter leur existence. Leur condition en France doit faire l'objet d'un régime spécial. Le pouvoir judiciaire n'a pas les moyens de créer, par lui-même, ce régime particulier aux réfugiés russes qu'exige l'équité. Le gouvernement et le pouvoir législatif en ont seuls le pouvoir.

M. André Prudhomme (2) suggère l'idée de confier aux ancienne organisations diplomatiques, dépouillées de leur caractère primitif et qui devraient s'interdire toute activité politique, la charge « de veiller aux intérêts de ces réfugiés sous le contrôle direct du gouvernement français. Ce *modus vivendi* ne pourrait être envisagé qu'après un accord avec le gouvernement soviétique, dont les droits de souveraineté se trouveraient respectés, puisqu'il s'agit là de sujets russes qui ont cessé pour lui d'avoir la qualité de citoyens russes ». Cette idée paraît excellente ; personne ne pourrait s'occuper avec autant de dévouement et de compétence des réfugiés que les hommes qui les ont représentés et protégés depuis 1917. Ils leur inspirent une confiance entière ; leur loyauté envers la France est bien connue.

Cette organisation nouvelle aurait pour mission générale la protection des réfugiés. Elle pourrait, en particulier, servir d'inter-

(1) Le tribunal de la Seine a admis que les réfugiés russes étaient obligés de fournir la caution judicatum solvi ; Trib. corr. de la Seine, aff. prince Youssoupoff c/ Chicago Tribune, Seligmann et Mayenobe, Mars 1925.

(2) Clunet, 1925, p. 324.

médiaire entre eux et l'administration française ; leur faire connaître les actes de nature à faciliter leur vie en France, comme l'admission à domicile ; rechercher les pièces d'identité, qui leur sont indispensables en bien des circonstances, et les établir en cas d'inexistence.

Mais on ne pourrait voir dans cette organisation qu'un état provisoire. Il nous semble qu'une législation spéciale doit être créée pour déterminer la condition des réfugiés, habitant le sol français ; elle leur donnerait par exemple, les bénéfices de l'admission à domicile.

L'accord est fait en doctrine pour appliquer aux apatrides la loi de leur domicile, quand il s'agit de leur statut personnel (1), et la jurisprudence française n'a pas hésité à suivre la doctrine sur ce point (2).

Dès lors que les réfugiés russes sont regardés en France comme ayant perdu leur nationalité sans en acquérir d'autre, ils doivent être soumis, pour leur état et leur capacité, à la loi de leur domicile, c'est-à-dire le plus souvent à la loi française.

Il est impossible de songer à leur appliquer une loi russe. L'ancienne a bien pu faire acquérir des droits dans le passé, mais la reconnaissance des Soviets a éteint les derniers reflets de son existence; elle ne peut même plus survivre par l'effet d'une fiction. Le droit soviétique ne peut pas non plus les régir, car ils n'ont jamais eu le droit de cité soviétique.

La circulaire du Garde des Sceaux a fort bien envisagé la situation des réfugiés, pour ce qui est de leur statut personnel. « Les tribunaux dit-elle, auront à apprécier, le cas échéant, la législation à laquelle les réfugiés russes devront être soumis et qui paraît devoir être, en toute matière, celle du domicile, c'est-à-dire la loi française. Cette règle toutefois n'est applicable qu'aux actes de la vie civile des réfugiés russes accomplis depuis le 28 Octobre 1924, date de la reconnaissance par le gouvernement français de l'U. R. S. S.. Pour les actes et contrats antérieurs à cette date, il est évident que les tribunaux ne pourront,

(1) Arthuys et Surville, Cours élémentaire de droit international privé, 5e éd., 1910, p. 151 ; Audinet, Principes élémentaires de droit international privé, 2e éd., 1906, p. 130 ; Baudry-Lacantinerie et Houques-Fourcade, Traité de droit civil, 3e éd., 1907, T.I, n° 210 ; Demolombe, Cours de Code Napoléon, T. I, p. 76 ; Despagnet, Précis de droit international privé, 5e éd., 1909, p. 370 ; Féraud-Giraud, Clunet, 1895, p. 387 ; Lainé, Etude sur le projet de code civil belge, p. 57 ; Pillet et Niboyet, Manuel, n° 429 ; Valéry, Manuel, p. 325 ; Résolutions de l'Institut de droit international, Oxford, 1880, Annuaire, T.V, p. 56; Audinet, Clunet, 1925 ; Voir en sens contraire : Noël Vindry, L'Apatridie, thèse, p. 75 et suivantes, 1925.

(2) Trib. de la Seine, 23 Février 1883, Clunet, 1883, p. 388 ; Nancy, 10 Juin 1914, Clunet, 1915, p. 620 ; Paris, 25 Novembre 1913, R. Lapradelle, 1914, p. 130.

pour en apprécier la validité, que se référer à la loi russe sous l'empire de laquelle ces actes ou ces contrats auront été passés ».

Dans cette matière du statut personnel, les conséquences favorables aux réfugiés de la théorie de l'incolat, ont été largement dépassées par les résultats de la doctrine de l'heimathlosat, qui arrive à l'application de la loi française, comme loi du domicile, chaque fois qu'il s'agit d'état ou de capacité.

Il faut remarquer que la circulaire du ministère de la justice tient justement compte des droits acquis jusqu'à la reconnaissance du gouvernement de Soviets. Pour les actes intéressant le statut personnel des réfugiés, antérieurs à cette reconnaissance, les tribunaux français devront se référer à l'ancienne loi russe, c'est en effet sous l'empire de cette loi que ces actes ont été passés. Il en est ainsi pour ceux qui avaient été faits avant la Révolution bolchéviste, comme pour ceux qui ont eu lieu pendant la période de non-reconnaissance, à cause du principe de la fiction de survie de l'ancienne législation russe.

Le statut personnel des réfugiés russes, ainsi régi par la loi de leur domicile, ne semble pas devoir soulever de grandes difficultés. Quand il s'agira de réfugiés pris isolément ou d'époux qui auront tous deux cette qualité, la règle sera d'une application facile. Il ne faudra toutefois pas l'étendre à des matières qu'elle ne concerne pas. Nous voulons entendre par là l'influence des conventions matrimoniales sur la capacité des époux. La capacité des réfugiés russes, mariés avant la reconnaissance des Soviets, dans les limites où elle est régie par leur régime matrimonial, ne devra pas être modifiée, parce qu'il s'agit d'une matière relevant de la règle de l'autonomie de la volonté. Et cette capacité demeurera inchangée, quand il y aura eu des conventions matrimoniales, et même quand les époux se seront mariés sous le régime légal russe. En effet, le régime légal est qualifié par le droit français comme étant la volonté présumée des époux. L'effet pratique le plus important sera la possibilité pour des conjoints réfugiés russes de contracter entre eux, même après la reconnaissance des Soviets. C'est pour eux un droit acquis. Au contraire, si l'on admettait que le statut matrimonial ressort de l'état et de la capacité des époux, les réfugiés russes seraient incapables de contracter entre eux, parce que le droit français l'interdit.

MM. Grouber et Tager et M. André Prudhomme ont posé une question fort complexe. « A quelle loi faire appel, dit M. André Prudhomme, lorsque la difficulté à résoudre mettra en jeu à la fois le statut juridique du sujet russe devenu heimathlos et celui d'un sujet russe relevant de la souveraineté soviétique » ?

Le cas le plus fréquent, en pratique, sera celui de savoir à quelle loi sera soumise l'union des époux quand l'un d'eux sera réfugié et l'autre citoyen de l'Union soviétique. S'il s'agit de Russes mariés avant la reconnaissance des Soviets, il faut constater que le statut matrimonial des époux ne peut pas être la dernière loi commune, comme c'est généralement admis pour les différends entre conjoints, qui, pendant leur mariage, ont acquis des nationalités différentes. En effet, la dernière loi russe commune, c'est l'ancien droit russe. Celui-ci est un droit mort, qu'il est désormais impossible de faire revivre. Par conséquent, la solution doit être la même, que le mariage ait été contracté avant ou après la reconnaissance du gouvernement des Soviets.

A défaut de règles impératives qu'une convention entre la France et la Russie pourrait seule fixer, nous croyons les solutions suivantes préférables :

1° Si les époux cohabitent, la loi du domicile matrimonial semble devoir leur être appliquée. Cette loi est la seule qui leur soit commune. Ce sera, en général, la loi qui régit le statut personnel du conjoint réfugié russe.

2° Si les époux ont un domicile séparé, l'un habitant en France et l'autre à l'étranger, l'application de la loi du domicile n'a plus de raison d'être. La loi qui devrait régir le statut matrimonial pourrait être celle du mari. On peut justifier cette solution en disant que, dans cette situation, rien ne permet de faire prédominer la législation de l'un des époux plutôt que celle de l'autre, et que le tribunal français doit se rattacher aux principes de son propre droit, qui soumet les conjoints à la loi du mari.

Avec MM. Grouber et Tager et M. André Prudhomme, nous croyons une entente diplomatique nécessaire. Elle aurait l'énorme avantage d'imposer, une fois pour toutes, des règles stables. Si elle n'intervenait pas, il se pourrait fort bien que la jurispudence française soit longue à se fixer, et l'incertitude règnerait dans les rapports qui mettraient en jeu, à la fois, le statut juridique d'un sujet russe devenu heimathlos et celui d'un sujet russe relevant de la souveraineté soviétique.

CONCLUSION

Nous nous sommes efforcés d'exposer les vicissitudes par lesquelles est déjà passée la situation juridique des Russes habitant la France depuis la Révolution de 1917. Il nous fallait rechercher et montrer les réactions des autorités françaises, du gouvernement comme des tribunaux, en face du régime soviétique et de ses lois. Nous souhaitons y être parvenus.

La position juridique des Russes en France, jusqu'en 1917, a offert peu de particularités dignes d'intérêt. Elle était facilitée sur certains points par des conventions diplomatiques ; une erreur de la jurisprudence française, commise depuis 1902, empêchait les Russes d'obtenir en France la rupture ou l'annulation de leur mariage, à cause du caractère confessionnel de leur législation nationale : c'est la question bien connue, dite du divorce des Israélites russes.

La prise du pouvoir en Russie par les Soviets, qui donna lieu, pendant plusieurs années, à un régime de destruction des anciennes institutions russes en vertu des principes communistes, la mauvaise foi du nouveau pouvoir russe à l'égard des États étrangers, sa méconnaissance des principes les plus certains du droit international public conduisirent les puissances étrangères, tout d'abord à combattre plus ou moins ouvertement les Soviets, et ensuite à les tenir dans l'isolement. Elles se refusaient à les reconnaître.

Cette politique, qui a duré pour la France jusqu'au mois d'Octobre 1924, a eu plusieurs effets juridiques. La nation russe, nation civilisée, est alors distinguée des Soviets, faction considérée comme détenant illégalement le pouvoir de fait en Russie ; les actes des Soviets sont sans force et sans aucune valeur juridique en France ; les Russes, qui gardent leur nationalité, puisque l'existence de l'État russe n'a pas cessé, y sont régis par leur législation nationale, celle du dernier gouvernement russe reconnu. Cependant l'état de fait de la Russie ne peut être entièrement ignoré. D'une part, la vie continue dans ce pays malgré la Révolution ; les actes de l'état civil, les mariages accomplis au pays des Soviets doivent être acceptés en France ; d'autre part, il est parfois impossible d'appliquer, à la lettre, l'ancienne législation russe parce que les institutions, chargées avant la Révolution de lui donner la vie en Russie, ont disparu ; cette situation a conduit les tribunaux français à se servir de la notion de force majeure pour

15

remplacer dans certains cas, surtout en matière de sociétés, l'ancienne législation russe défaillante.

A la fin du mois d'octobre 1924, le gouvernement français, suivant l'exemple de plusieurs États étrangers, reconnaît le gouvernement de l'Union soviétique comme le gouvernement véritable des territoires russes soumis à son autorité et le successeur des anciens gouvernements russes.

Cette reconnaissance, acte politique en lui-même, a bouleversé la position juridique des Russes en France.

Depuis, on distingue les anciens Russes en réfugiés et en ressortissants de l'Union soviétique.

Les premiers ont perdu la nationalité russe. Devenus apatrides, leur statut personnel doit être régi par la loi de leur domicile ; mais leur condition, très pénible, car c'est celle d'étrangers sans aucune protection, fera, l'espoir en est permis, l'objet de mesures particulières.

La souveraineté de l'U. R. S. S. s'étend sur les citoyens de l'Union soviétique, sur les personnes morales et sur les biens russes. Ils sont, en principe, régis par le droit soviétique, quand la loi russe doit être appliquée en vertu des règles du droit international français. Toutefois la portée du droit soviétique, en France, doit souvent être limitée par la notion de l'ordre public français.

Les actes accomplis avant la reconnaissance, en Russie, en vertu de la législation soviétique, sont valables en France ; c'est l'effet rétroactif de la reconnaissance. Mais cet effet rétroactif ne peut s'étendre aux actes accomplis en France. Les droits qui y ont été acquis, conformément au principe de la survie de l'ancienne législation russe, restent intacts après la reconnaissance.

Il faut enfin constater que le gouvernement français, en reconnaissant les Soviets s'est rendu compte des difficultés qui ne pouvaient manquer de se produire, à cause de certaines dispositions prises par le gouvernement de Moscou à ses débuts : les nationalisations et l'abolition des dettes russes. C'est pourquoi il a voulu, suivant notre interprétation du télégramme de reconnaissance du 28 Octobre 1924, réserver ces questions et les régler, une fois pour toutes, par des accords diplomatiques avec le gouvernement soviétique.

Jusqu'à la conclusion de ces accords, des décisions *définitives* ne doivent pas intervenir dans les affaires relatives aux nationalisations ou aux dettes russes. Nos tribunaux, qui ne peuvent se refuser à rendre la justice, doivent se borner à prendre des mesures provisoires.

Il faut espérer que le gouvernement français arrivera, dans les accords qui se négocient, à concilier, comme il l'a dit lui-même, l'esprit d'équité et les résultats pratiques. Il est permis de penser que les droits, dont ont été frustrées tant de personnes par les décrets d'abolition des dettes et de nationalisation, seront vigoureusement défendus. Les bases des revendications françaises, insérées dans le télégramme de reconnaissance, paraissent le prouver, tout au moins pour les droits et les intérêts français, car il est vraisemblable que le gouvernement français s'attachera d'abord à sauvegarder les droits de ses nationaux.

Cependant une catégorie d'étrangers mérite de ne pas être abandonnée, dans la mesure du possible, par le gouvernement français : celle des réfugiés russes. Ceux-ci sont dénués de toute protection, si le gouvernement français ne s'en charge pas, et le fait qu'ils ont librement fixé leur domicile en France, où ils contribuent à la prospérité du pays, leur donne certains droits à la protection de la France. Un accord des gouvernements français et soviétique, fait à leurs dépens, nous paraîtrait manquer à l'équité.

L'ensemble du problème de la situation des Russes en France nous incite à présenter quelques considérations d'ordre général.

Remarquons, tout d'abord, combien l'interdépendance, qui existe aujourd'hui entre les diverses nations, a donné d'ampleur aux questions soulevées par la Révolution russe. Leur nouveauté réside moins dans leurs détails que dans leur ensemble. En effet, comme on l'a déjà dit dans l'Introduction, les progrès de l'industrie ont amené l'augmentation des voyages d'un pays à l'autre, développé l'investissement de capitaux étrangers dans les affaires d'un pays, permis l'extension des affaires commerciales, la multiplication des succursales, hors du pays du siège social. La Révolution russe a atteint à l'étranger un nombre de situations infiniment plus considérable que ne l'avait pas fait la Révolution française.

Une constatation s'impose ensuite. Le droit international privé et le droit international public ne sont pas deux sciences distinctes, sans aucun rapport entre elles. Le but de ce travail était l'étude de questions de droit international privé ; il nous eût été impossible de les traiter, en faisant abstraction d'un fait, qui est essentiellement de droit public : la reconnaissance d'un gouvernement nouveau par un État étranger. L'acte politique de la reconnaissance du gouvernement des Soviets domine le problème de la condition des Russes en France. Inversement, une théorie de la reconnaissance des gouvernements de fait ne serait pas complète si elle ne considérait les effets de cette reconnaissance en droit privé (1).

(1) Confer : article de M. Larnaude, Revue générale de droit public, 1921, p. 457.

15*

Cette compénétration entre le droit public et le droit privé s'explique facilement. Les actes du pouvoir exécutif ont une répercussion sur les décisions du pouvoir judiciaire, et celles-ci peuvent, elles-mêmes, avoir une influence sur les objectifs politiques du gouvernement. Ce serait un leurre de croire que, dans des États comme la France ou l'Angleterre, la séparation des pouvoirs exécutif et judiciaire est absolue. Chacun des pouvoirs exécutif et judiciaire ferait fausse route, s'il agissait sans prêter attention aux actes de l'autre.

Le problème russe, dans les États dits bourgeois, nous paraît en être un exemple concluant.

L'influence des actes du gouvernement sur les tribunaux n'est pas discutable, puisque, comme nous espérons l'avoir démontré, du fait ou de l'absence de l'acte politique de la reconnaissance dépendent les décisions des tribunaux. Ceux-ci ne peuvent pas reconnaître un gouvernement nouveau ignoré par leur propre gouvernement ; ils ne peuvent plus ignorer ce gouvernement nouveau quand il a été reconnu. Pour l'application du droit russe en France, la jurisprudence a été et reste soumise à la politique du gouvernement français vis-à-vis des Soviets.

Mais, d'un autre côté, les décisions judiciaires peuvent avoir leur contre-coup sur l'action politique du gouvernement. Ainsi, l'accord commercial anglo-soviétique de 1921, d'où est résultée la reconnaissance des Soviets par la Grande-Bretagne, s'est trouvé suspendu entre les mains des Cours anglaises. Aux termes de cet accord, les Soviets pouvaient le dénoncer immédiatement, si les juridictions anglaises ne s'étaient pas montrées très larges dans les affaires de nationalisation. Les Cours britanniques ont scrupuleusement suivi la ligne de conduite tracée par leur gouvernement. La situation politique de celui-ci, vis-à-vis de l'Union soviétique, aurait été complètement changée, si elles s'y étaient refusées.

En France, la question ne se pose pas sous une forme identique. Mais, la politique du gouvernement français ne serait-elle pas entravée si les tribunaux français adoptaient des solutions absolues, dans un sens ou dans l'autre, sur les questions de l'abolition des dettes et des nationalisations ?

Nous ne pouvons pas non plus nous dispenser d'effleurer, sans la développer, car elle nous entraînerait trop loin, une question qui touche aux fondements du droit international privé français : ne serait-il pas préférable de revenir en France à la loi du domicile pour l'état et la capacité des personnes (1) ?

____

(1) Voir à ce sujet un article de M. Camille Jordan dans R. Lapradelle, 1922-23, p. 672.

Le législateur français ne s'est pas formellement prononcé sur la loi qui devait être appliquée aux étrangers, habitant le territoire français. L'article 3 § 3 du code civil soumet les français résidant à l'étranger à leur loi nationale ·pour leur état et leur capacité. Il n'y est pas question du statut des étrangers qui habitent la France. La jurisprudence française, interprétant l'article 3 § 3, a pensé « que la règle jugée bonne pour les Français devait être également considérée comme bonne pour les étrangers ». Elle admet que les étrangers sont régis en France, par leur loi nationale, en ce qui concerne leur statut personnel.

M. Jordan fait remarquer que « cette règle générale, n'étant pas consacrée par un texte du droit positif, n'a pas la même rigueur que l'article 3 § 3 du code civil concernant les Français. Ce n'est qu'une directive qui ne peut offrir de caractère absolu. En effet, si le législateur français fait, en matière d'état et de capacité, régir les Français, même résidant à l'étranger, par les lois qu'il a spécialement édictées pour eux, on ne saurait lui supposer l'intention d'avoir voulu prescrire sur son territoire l'application sans réserve aux étrangers de leurs lois nationales, à l'élaboration desquelles il n'a aucunement participé. Tout ce qui concerne les étrangers soulève des questions de politique et d'intérêt national, des questions de droit public, qui dominent les questions de droit privé. *Jus privatum sub tutela juris publici jacet* ».

La doctrine qui régit le statut des étrangers par leur loi nationale puisse paraître supérieure, d'un point de vue purement spéculatif, cependant la soumission des étrangers résidant en France à la loi du domicile présenterait des avantages pratiques.

Elle faciliterait, dans une mesure considérable, la tâche de nos tribunaux. Ainsi, pour les sujets de l'U.R.S.S., domiciliés en France, il n'y aurait plus à rechercher dans quelle mesure leur loi nationale peut produire effet en France, puisque ce serait à la loi française, loi de leur domicile, qu'ils seraient soumis.

Mais, cette considération serait insuffisante pour nous faire prendre parti contre l'application de la loi nationale aux étrangers. Un autre argument paraît décisif : la situation même de la France. La dépopulation y amène un afflux considérable d'étrangers, qui y habitent à demeure. Tous n'ont pas la loyauté des réfugiés russes. Leur assimilation est une question vitale pour la France. L'une des meilleures mesures pour y arriver ne serait-elle pas de les soumettre à la législation française ?

Il peut paraître surprenant de constater qu'en France, pays d'immigration, est appliquée une doctrine utile aux pays de forte émigration dont elle sert les intérêts politiques, tandis qu'elle doit nuire à ceux de la France. Cette anomalie se comprend, si l'on pense que cette doctrine a été acceptée à un moment où la France était le pays le plus peuplé d'Europe.

Mais une évolution aussi profonde du droit international français ne peut pas être réalisée par le pouvoir judiciaire. Pratiquement, un acte législatif peut seul remplacer la loi nationale par la loi du domicile pour le statut personnel des étrangers résidant en France. Nous souhaitons qu'il ne tarde pas.

Au contraire, les rapports juridiques entre la France et les Soviets pourront être l'occasion, pour notre jurisprudence, de reprendre l'étude de certains points de droit et de les résoudre d'une manière plus satisfaisante qu'elle ne le fait actuellement.

Par exemple, l'incompétence absolue des tribunaux français à l'égard des Etats étrangers, admise récemment encore par nos Cours d'Appel, ne pourra pas subsister pour les Soviets. Elle aboutirait à l'incompétence de la juridiction française dans les affaires commerciales entre Français et Russes, puisque les Soviets ont monopolisé le commerce extérieur de la Russie. Et, lorsque la jurisprudence française aura adopté le système de l'incompétence relative pour l'Etat russe, elle sera contrainte de l'étendre à toutes les autres puissances.

De même, la difficulté d'appliquer en France le régime successoral du code civil soviétique pourra conduire les tribunaux à une plus juste notion du domicile successoral et de la législation applicable aux successions mobilières des étrangers dont le domicile se trouvait en France (1).

Les principes traditionnels du droit français soumettaient la succession mobilière des étrangers à la loi de leur domicile. L'arrêt, rendu le 5 Mai 1875 par la Cour de Cassation dans la célèbre affaire Forgo, a déclaré que les étrangers habitant la France ne pouvaient pas être considérés comme y ayant leur domicile, en l'absence d'une autorisation à domicile régulière ; d'où il résultait que leur succession mobilière devait être soumise à la loi de leur domicile légal, le plus souvent leur loi nationale. Cet arrêt a amené une confusion dans la jurisprudence postérieure. De nombreuses décisions ont admis que la succession mobilière d'un étranger doit être soumise, non plus à la loi de son domicile, mais à sa loi nationale.

Cette évolution de la jurisprudence a fait rentrer « les lois sur le régime successoral, en ce qui concerne les étrangers seulement, dans

---

(1) Voir Savatier, Revue critique, 1926, p. 5 et suivantes.

le statut personnel, alors que, d'après le droit coutumier traditionnel, elles relevaient du statut réel ».

La majorité de la doctrine a accueilli avec faveur la conception nouvelle de la jurisprudence. Nous pensons, avec MM. de Vareilles-Sommières et Jordan, que c'est une erreur. Le régime successoral tout entier doit être du statut réel, parce qu'ayant pour effet la répartition des biens il intéresse au plus haut point la souveraineté de l'Etat sur lequel ils se trouvent. D'ailleurs l'histoire prouve que les lois successorales ont été édictées dans un but politique. Soumettre les étrangers aux lois successorales françaises est un moyen de les assimiler par l'intérêt. Ce moyen, à défaut d'autres, se trouve au pouvoir de la jurisprudence française. Il faut espérer qu'en face des particularités de la législation soviétique, elle reviendra aux principes traditionnels de notre droit.

Le Président de la Thèse,
René CASSIN.

Vu :
Le Doyen,
C. MOUCHET.

Vu et permis d'imprimer :
Le Recteur,
CHATELET.

RELEVÉ DE JURISPRUDENCE

Quelques décisions étrangères particulièrement intéressantes

BIBLIOGRAPHIE

ALEXINSKY. — Du tsarisme au communisme, 1923.

ANDRÉ-PRUDHOMME. — La Révolution bolchévique et le statut juridique des Russes, Clunet, 1924, p. 5. — La reconnaissance en France du gouvernement des Soviets et ses conséquences juridiques, Clunet, 1925, p. 318. — La loi territoriale et les traités diplomatiques, thèse, 1910.

Anonyme. — La reconnaissance du gouvernement soviétique russe et le droit international, Clunet, 1925, p. 305.

ARTHUYS et SURVILLE. — Cours élémentaire de droit international privé, 1909.

AUDINET (André). — Du conflit des lois impératives ou prohibitives en matière de contrats, thèse, 1922.

AUDINET (Eugène). — Principes élémentaires de droit international privé, 1906. — Du divorce en France des étrangers soumis à des lois confessionnelles, S. 1924-2-9. — Article sur l'heimathlosat, Clunet, 1925.

BACH (Lydia). — Le droit et les institutions de la Russie soviétique, 1923.

BARTHÉLÉMY. — Le rôle du pouvoir exécutif dans les Républiques modernes, 1907.

BARTIN. — Etudes sur le problème des qualifications, Clunet, 1897. — De la loi à laquelle est soumis le régime matrimonial des époux, note, D. 1902-2-266. Note sous l'arrêt de la Cour de Paris, aff. Levinçon, D. 1903-2-49.

BÉRAUD (Henri). — Ce que j'ai vu à Moscou, 1925.

BONFILS et FAUCHILLE. — Droit international public, 1908.

Bureau international du travail. — L'évolution des conditions du travail dans la Russie des Soviets, Genève, 1924.

CASSIN (René). — L'interdiction du commerce et des relations économiques avec l'ennemi, R. Lapradelle, 1918, p. 5. et 388, 1919, p. 38.

CHAMPCOMMUNAL. — Étude sur les successions ab intestat en droit international privé, 1892. — La condition des Russes à l'étranger, spécialement en France, R. Lapradelle, 1924, p. 321.

de CLERCQ. — Recueil des traités de la France.

COLIN et CAPITANT. — Cours élémentaire de droit civil, 1921-1923.

COUCKE (Jules). — Admission dans la Société des nations et reconnaissance de jure, Revue de droit international et de législation comparée, 1921, p. 320.

CRANE (Lucius-F.). — Le statut du gouvernement soviétique en Angleterre et en Amérique, Clunet, 1925, p. 344.

CUQ (Marcel). — La nationalité des sociétés, thèse, 1921.

DAVID. — Interprétation des traités diplomatiques par l'autorité judiciaire, thèse, 1909.

DESPAGNET. — Précis de droit international privé, 1909. — Cours de droit public, revu par de Boeck, 1910. — La notion d'ordre public, Clunet, 1889, p. 18.

DUFOURCQ-LAGELOUSE. — Les banques étrangères en France, 1922.

DUGUIT. — Traité de droit constitutionnel, Paris, E. de Boccard, 1923.

DUMONT-WILDEN. — Le problème russe, Revue bleue, 1920.

ELIACHEFF. — Notes sur la Russie, R. d'économie politique, 1923 à 1925, notamment, 1924, p. 869, Le traité anglo-russe.

FAUCHILLE. — Traité de droit international public, Paris, Rousseau, 1921-1922.

FÉRAUD-GIRAUD. — De la compétence des tribunaux français pour connaître des contestations entre étrangers, Clunet, 1880, p. 137. — Séparation des pouvoirs, 1892.

FREUND (Docteur Henri). — La Révolution bolchévique et le statut juridique des Russes : Le point de vue de la jurisprudence allemande, Clunet, 1924, p. 51. — Les rapports des traités russo-allemands et l'application du droit soviétique en Allemagne, Clunet 1925, p. 331.

de FREYTAGH-LORINGHOVEN (Docteur). — Législation soviétique et ordre public allemand, analysé par E. Dreyfus, Clunet, 1921, p. 501. — Droits de famille chez les bolchévistes, analysé par E. Dreyfus, Clunet, 1922, p. 107.

GOBIN. — Justice et système pénal de la Russie révolutionnaire, Bulletin de la Société de législation comparée, 1922-23.

GROUBER (A.) et TAGER (P.). — La Révolution bolchévique et le statut juridique des Russes : Le point de vue de la jurisprudence française, Clunet, 1924, p. 8. — La condition des étrangers dans l'Union des Républiques Socialistes soviétiques, Clunet, 1925, p. 307.

HAURIOU. — Traité de droit public, 2ᵉ éd.

HERSHEY (Amos). — La reconnaissance des gouvernements de fait d'après la pratique des gouvernements européens, analysé dans la Revue de droit international privé et de législation comparée, 1920.

IDELSON. — La Révolution bolchévique et le statut juridique des Russes : le point de vue de la jurisprudence anglaise, Clunet, 1924, p. 28. — Observations sur l'arrêt de la Chambre des Lords du 24 Juillet 1924, Clunet, 1924, p. 1086.

JÈZE. — Cours de droit public, 1923.

JORDAN. — Portée et limite du principe consacrant l'application par les tribunaux français, aux étrangers, de leurs lois nationales régissant leur statut personnel, R. Lapradelle, 1922-23, p. 377. — Quelques considérations sur les conditions de l'application aux étrangers de leur loi nationale en matière d'état et de capacité, R. Lapradelle, 1922-23, p. 672. — Note sur l'immunité de juridiction des États étrangers, R. Lapradelle, 1922-23, p. 767.

JURISCONSULTES RUSSES (Mémoire des). — Sur le statut des réfugiés russes à l'étranger. — R. Gⁱᵉ de dr. int. public, 1922, p. 437.

KLIBANSKI. — La législation soviétique et l'Allemagne, Juristische Wochenschrift, 1920, p. 606.

LABRY (Raoul). — Une législation communiste, 1920. — La politique intérieure des Soviets en 1924, Année politique, 1926, p. 283.

LAGARDE (Ernest). — La reconnaissance du gouvernement des Soviets, 1924.

LAINÉ. — Des personnes morales en droit international privé, Clunet, 1893, p. 290.

LAMBERT (E.). — La place des codes russes dans la jurisprudence comparative, introduction aux Codes de la Russie soviétique, traduits par Patouillet et Dufour, 1925.

DE LAPRADELLE et POLITIS. — Recueil des arbitrages internationaux, 1924.

LARNAUDE. — Les Gouvernements de fait, Revue générale de droit international public, 1921, p. 457.

LYON-CAEN et RENAULT. — Traité de droit commercial, 4ᵉ éd.

DE MARTENS. — Nouveau recueil général de traités.

MICHEL. — La Révolution par le communisme, 1925.

MICHOUD. — Théorie de la personne morale, 1906-1909.

MILIOUKOF. — Histoire de la Révolution russe, 1922.

MOCH (JULES). — La Russie des Soviets, 1925.

MOYE. — Le droit des gens moderne, 1920.

NOLDE (BARON B.). — Le Code civil de la République des Soviets, Bulletin de la Société de législation comparée, 1922-23. — La fin de la guerre en Russie au point de vue du droit international, Revue de droit international et de législation comparée, 1923, p. 395.

DE PAEPE. — Etude sur la compétence civile à l'égard des étrangers.

PATOUILLET (J.) et DUFOUR (R.). — Les codes de la Russie soviétique, 1925.

PERROUD. — Mariage et divorce dans les législations à caractère confessionnel, Clunet, 1922. — Note sous l'arrêt de la Cour de Cassation du 18 Janvier 1911, Clunet, 1911, p. 939.

PIC. — De l'interprétation des traités internationaux, Revue générale de droit international public, 1910, p. 5. — Note sous l'arrêt de la Cour de Cassation du 18 Janvier 1911, D. 1918-1-73.

PIÉDELIÈVRE. — Précis de droit international public.

PILENCO. — La législation soviétique et la conférence de la Haye, 1922. — La fédération soviétique, Revue générale de droit international public, 1922, p. 223.

PILLET. — Traité pratique de droit international privé, 1923. — Des personnes morales en droit international privé, Paris, Tenin, 1914. — Note sur la compétence des tribunaux français à l'égard des étrangers, S. 1892-2-233. — Note sous l'arrêt de la Cour de Cassation, Aff. Levinçon, S. 1906-1-161. — La marque des Chartreux et les prétentions du liquidateur, Revue Lapradelle, 1907, p. 531.

PILLET et NIBOYET. — Manuel de droit international privé, 1924.

PLANIOL. — Traité élémentaire de droit civil, 1921-1922.

PODESTA-COSTA. — Des règles à suivre pour la reconnaissance d'un gouvernement de facto, Revue générale de droit international public, 1922, p. 47.

VAN PRAAG. — L'immunité de juridiction des États étrangers et l'examen de leurs actes de puissance publique par les tribunaux internes, Revue de droit international et de législation comparée, 1923, p. 440.

PRADIER-FODÉRÉ. — Traité de droit international public européen et américain.

PROUDHON. — Traité sur l'état des personnes et sur le titre préliminaire du code civil, revu par Valette, 1842.

REGNAULT. — Le mariage et la séparation de corps et le divorce, 1903.

ROUGIER. — Les guerres civiles et le droit des gens, 1902.

SCHEFTEL (JACQUES). — Notes sous décisions américaines concernant les sociétés russes, Clunet, 1925, p. 445, 450, 458.

SCHÖNDORF (Docteur). — Que faut-il entendre actuellement par droit russe ?, Deutsche Juristenzeitung, 1920, p. 305.

SOÏFER (Maurice). — La Jurisprudence française sur le divorce des étrangers soumis à des lois confessionnelles, thèse, 1916.

SUGIER (Substitut). — Conclusions en faveur de la compétence des tribunaux français en matière de divorce de Russes, Revue Lapradelle, 1922-23, p. 426.

TAGER (Paul). — Documents sur le droit international soviétique, Clunet, 1925, p. 547.

TAGER ET ELIACHEFF. — Le code civil et la législation ouvrière des Soviets, R. d'économie politique, 1923, p. 692.

TEISSIER. — Responsabilité de la puissance publique, 1906.

VALÉRY. — Observations sur le jugement du tribunal de Gênes du 19 Mai 1923, Clunet, 1923, p. 1021.

DE VAREILLES-SOMMIÈRES. — Synthèse du droit international privé.

VAUSSARD. — Réflexions sur le bolchevisme, Revue des jeunes, 1920.

VINDRY (Noel). — L'Apatridie, thèse, 1925.

DE VISSCHER (Charles). — Les gouvernements étrangers en justice. Revue de droit international et de législation comparée, 1922, p. 149.

WAHL. — Le droit civil et commercial de la guerre.

WEIL. — Le divorce des Israélites russes en France, Revue Lapradelle, 1908, p. 761.

WEISS. — Traité élémentaire de droit international privé, 1920. — Les principes de la paix et le bolchevisme, Europe nouvelle, 1919.

WELTER. — Ce qu'il faut savoir de la Russie économique, 1923.

ZAGORSKY. — La question agricole russe, R. d'économie politique, 1922

PERIODIQUES

Dalloz, Jurisprudence générale. — Sirey, Recueil général. — Journal de dr. int. pr. (Clunet). — Revue de dr. int. pr. (Lapradelle). — Revue de dr. int. pr. et de lég. comp. — Revue g^{le} de dr. int. public. — Revue critique de lég. et de jurispr. — Revue d'économie polit. — Gaz. du Palais. — Gaz. des tribunaux.

TABLE DES MATIÈRES

TITRE II

Problèmes juridiques soulevés en France par la Révolution russe

---

LIVRE DEUXIÈME

EFFETS DE LA RECONNAISSANCE DES SOVIETS
SUR LA SITUATION DES RUSSES

TITRE PREMIER

Reconnaissance par des gouvernements étrangers

TITRE II

La Reconnaissance des Soviets par la France

TITRE III

Situation juridique en France des Ressortissants de l'U.R.S.S. et des biens russes nationalisés.